Neuere DDR-Literatur

Texte und Materialien
für den Deutschunterricht

Herausgegeben von Hedwig Walwei-Wiegelmann

Ferdinand Schöningh, Paderborn

Umschlaggestaltung: G. Sander

Unter Verwendung eines Bildes vom Berliner Schriftstellerbasar 1966, das u. a.
Hermann Kant zeigt.

2., erweiterte Auflage

© 1975 by Ferdinand Schöningh at Paderborn. Printed in Germany.   8   7   6   5   4   3   2
Herstellung: Ferdinand Schöningh Paderborn.
ISBN 3-506-25370-0

Reden wir uns nichts vor, unsere junge Literatur, mitunter DDR-Literatur genannt, ist im Ausland noch nicht besonders gefragt; Ausnahmen bestätigen da nur die Regel. Gut, wir sind nicht traurig darüber, wenn unsere Feinde uns nicht drucken oder aufführen, aber schöner wäre es schon, wenn sie faktisch dazu gezwungen wären. Linke Kunst in den zwanziger Jahren erschütterte auch den Klassengegner, einfach weil sie links war und gleichzeitig Kunst! Wir müssen zunehmend Themen finden, die sozialistische Antworten geben nicht nur den Menschen bei uns, auch drüben, — Antworten, die die Menschen brauchen, um ihr Leben einzurichten, Antworten, die ihnen nützlich sind.

Helmut Baierl, 1970. In: Theater der Zeit. Organ des Verbandes der Theaterschaffenden der DDR. 8. Heft, Henschelverlag, Berlin 1970. S. 5

Inhaltsverzeichnis

Einführung 7

A. Materialien 19

I. Kulturpolitik in der DDR 19

1. Die sozialistische Nationalkultur als die Erfüllung der humanistischen Kultur des deutschen Volkes (Aus dem Programm der SED 1963) 19
2. Die „humanistische Wirksamkeit des Künstlers" in der sozialistischen Gesellschaft (Aus dem Beschluß des Staatsrates der DDR vom 30. November 1967) 20
3. Anna Seghers: Die Aufgaben des Schriftstellers heute 22
4. Die Schriftsteller und die öffentlichen Organe, insbesondere Partei und Ministerium für Kultur (Ausführungen des Staatsratsvorsitzenden Walter Ulbricht bei der „Ideenberatung mit Schriftstellern und bildenden Künstlern" am 14. Januar 1971) 24
5. Grußadresse des DSV an den VIII. Parteitag der SED (15. Juni 1971) . . 25
6. Stil und Bedeutung öffentlicher Literaturkritik (Aus dem Referat von Max Walter Schulz auf dem VI. Schriftstellerkongreß 1969 in Ostberlin) 26
7. Robert Havemann: Zur Frage der Diskussionsfreiheit 30
8. Wenn ein Autor außerhalb der DDR veröffentlichen möchte (Brief Reiner Kunzes an einen westdeutschen Verleger) 33

II. Marxistische Literaturauffassung in der DDR 35

1. Karl Marx zur Basis-Überbau-Theorie 35
2. Friedrich Engels zur Frage der „Tendenz in der Literatur" und zum Begriff „Realismus" 36
3. Stichwort „sozialistischer Realismus" im Kulturpolitischen Wörterbuch 37
4. Zum Begriff der „sozialistischen Parteilichkeit" und der „Volksverbundenheit" in der marxistischen Kunsttheorie (Aus dem marxistisch-leninistischen Wörterbuch der Philosophie) 38
5. Stichwort „Bitterfelder Weg" im Kulturpolitischen Wörterbuch . . . 40
6. Bertolt Brecht: Über sozialistischen Realismus 41
7. Georg Lukács: Über sozialistischen Realismus 42
8. Die literarische Entwicklung in der Deutschen Demokratischen Republik von 1956 bis zur Zweiten Bitterfelder Konferenz (Aus: Deutsche Literaturgeschichte, hrsg. von H. J. Geerdts) 45
9. Otto Gotsche: Unsere historische Pflicht 47
10. Helmut Sakowski: Wir sind bei der Partei in die Lehre gegangen 49
11. Helmut Baierl: Über neuere DDR-Literatur, insbesondere auf der Bühne . 50

B. Texte 53

III. Sozialistisches Bewußtsein 53

1. Christa Wolf: Sozialismus, realisierbares Angebot oder Utopie? 53
2. Walter Stranka: Hymne an die Republik 54
3. Hanns Cibulka: Karl Marx 55
4. Wulf Kirsten: satzanfang 56

5. Heinz Kahlau: Alle Sätze 56
   Für Heiterkeit 57
6. Erik Neutsch: Partei — Gesellschaft — ökonomische Basis 57
7. Volker Braun: Schauspiel 61
   Fragen eines Arbeiters während der Revolution 61
8. Kurt Bartsch: Sozialistischer Biedermeier 62
   der redner 63
   mut 63
   kämpfer 63
9. Wolf Biermann: Gesang für meine Genossen 63
10. Hermann Kant: Vier Daten 65
11. Hasso Grabner: Eine Deutung des 17. Juni 1953 67
12. Günter Kunert: Herein ohne anzuklopfen 68

IV. Sozialistische Arbeitswelt 70
1. Heiner Müller: Der Aktivist Balke 70
2. Peter Hacks: Prolog zu „Die Sorgen und die Macht". 75
3. Werner Bräunig: So viel Sand hat nicht mal die Sahara 76
4. Norbert Barth: Tägliche Planerfüllung ist unser Kampfauftrag 79
5. Gedichte schreibender Arbeiter: 82
   Helmut W. Kern: Feierabend 82
   Ernst Zober: Vor dem Fenster 83
   Jürgen Köditz: Ungeahnte Perspektiven 84
   Dreherin 84
6. Volker Braun: Freunde 85

V. Junge Generation 103
1. Christa Löhn: Der Brigadier übergibt das Zeugnis 103
2. Horst Salomon: „Man muß ihn in nützliche Bahnen lenken, sonst verplempern wir den Menschen" 105
3. Arne Leonhardt: Zulassung zum Studium 108
4. Hermann Kant: „Kampf um Vera Bilfert, Schneiderin" 117
5. Helmut Sakowski: Der LPG-Vorsitzende Paul wirbt um die Genossenschaftsbäuerin Lisa 124
6. Fritz Rudolf Fries: Die Entbindung 126
7. Günther Deicke: Wehe dem Sohn 131
8. Andreas Reimann: Wegsuche 132
9. Ulrich Plenzdorf: Der Bluejeans-Song 133

VI. Individualismus und Innerlichkeit 137
1. Günter Kunert: Individueller Ausbruchsversuch 137
2. Wolf Biermann: Rücksichtslose Schimpferei 138
3. Reiner Kunze: Von der Notwendigkeit der Zensur 139
   Kurzer Lehrgang 140
4. Volker Braun: R. 140
5. Sarah Kirsch: Der Droste würde ich gerne Wasser reichen 141
   Kleine Adresse 142
6. Christa Wolf: „Nichts weiter als ein Mensch sein" 143
7. Johannes Bobrowski: Das Wort Mensch 144

VII. Abgrenzung zur Bundesrepublik 145

   1. Aussagen zur „Abgrenzung" bzw. zur „nationalen Frage":
      Walter Ulbricht: Zur nationalen Frage 145
      Erich Honecker: Normalisierung — ein nicht mehr zu umgehendes Gebot. 146
   2. Jens Gerlach: ich weiß nicht was soll es bedeuten 147
   3. Max Oswin Schubert: Mauer im August 148
   4. Karl Mickel: Der Sohn der Scheuerfrau 150
   5. Claus Hammel: Sabines Entscheidung zwischen Michael (BRD) und Moritz
      (DDR) 155
   6. Reiner Kunze: Weckruf 159
      Düsseldorfer Impromptu 159
   7. Günter Kunert: Schillers Bett 159
   8. Wolf Biermann: Deutschland — ein Wintermärchen. Kapitel I 160

C. Anhang 163

Hinweise zu den Texten und den Verfassern 163
Verzeichnis der Abkürzungen 178
Bibliographie (Auswahl) zur Literatur und Literaturwissenschaft der DDR . . 180

Zur Einführung

Zur neueren DDR-Literatur wird hier ein Lese- und Arbeitsbuch vorgelegt, das eine breite Auswahl von Texten aller Gattungen und unterschiedlichen literarischen Anspruchs bringt und daneben Materialien heranzieht, die die ideologischen, politischen und gesellschaftlichen Voraussetzungen dieser Literatur einsehbar machen. Auch die marxistische Literaturauffassung, insbesondere die Kriterien des 1951 in der DDR als verbindlich erklärten sozialistischen Realismus, werden in Dokumenten verdeutlicht. Damit können die literarischen Texte sowohl in Zusammenhang mit der herrschenden Ideologie des Marxismus-Leninismus gesehen werden wie auch an den in der DDR gültigen literarischen Kriterien gemessen werden.

Die hier versuchte Zuordnung von Literatur und Ideologie kann zu einer sachlich begründeten Auseinandersetzung mit der Literatur der DDR beitragen. In früheren Jahren, als man von ihr eine meist geringere Kenntnis hatte und ihren politischen und öffentlichen Charakter nicht genügend berücksichtigte, wertete man sie vorwiegend ästhetisch, ohne ihren Öffentlichkeitscharakter und die politische Funktion, der sie sich nicht entziehen kann, in die Bewertung einzubeziehen. Die Intention dieses Lesebuches wäre demnach so zu umschreiben: es versucht, differenzierte Information über die ideologische, politische und gesellschaftliche Begründung von DDR-Literatur zu geben, über das Selbstverständnis und das Problembewußtsein, das Autoren, Wissenschaftler und Politiker dieser Literatur gegenüber haben, und schließlich über den Entwicklungsstand der neueren DDR-Literatur. In Hinweisen am Schluß des Buches wird zusätzliche Information angeboten; sie kann die kritische Bewertung der literarischen Texte unterstützen; durch Erläuterungen, Hinweise auf Vergleiche und gelegentliche Fragen wird versucht, den Zugang zu Texten zu erschließen.

Für die *Auswahl* galten folgende Überlegungen:

1. Literatur im weitesten Sinne ist aufgenommen worden, also poetische wie nichtpoetische Literatur, d. h. auch Gebrauchstexte wie Zeitungsartikel, Diskussionsbeiträge, politische Reden und Texte schreibender Arbeiter. Einem erweiterten Literaturverständnis entsprechend, werden damit nicht nur ästhetisch relevante Texte und literarische Gattungen vorgestellt, sondern auch unterschiedliche schriftliche Fixierungen aus dem Bereich der Gebrauchstexte. Die Weite dieses Auswahlprinzips ergab, daß von der lyrischen Form über Erzählungen, Berichte, politische Texte, Roman- und Dramenausschnitte bis hin zu einem ge-

schlossenen Bühnenstück[1] ein unterschiedlich strukturiertes, inhaltlich vielseitiges Textmaterial vorgelegt werden kann.

2. *Neuere* Literatur ist aufgenommen worden, d. h. Texte aus dem letzten Jahrzehnt, überwiegend aus den letzten Jahren. Nur ein Dramenausschnitt ist einem Ende der 50er Jahre entstandenen Stück entnommen, die Szenenfolge „Der Aktivist Balke" aus Heiners Müllers „Der Lohndrücker", weil darin die gesellschaftliche Situation in den frühen Aufbaujahren der DDR besonders deutlich wird. — Aus dem Anspruch, *neuere* Literatur zu veröffentlichen, ergab sich, daß ältere Autoren wie Peter Huchel, Stefan Heym, Stephan Hermlin, Erwin Strittmatter und Anna Seghers[2] nicht vertreten sind; sie sind für die neuere Literatur in der DDR nicht repräsentativ genug, so wichtig und interessant sie im einzelnen sind[3].

3. Einige bedeutende Autoren sind seltener vertreten, als man vielleicht erwartet, so Peter Hacks und Johannes Bobrowski; aber sie sind in der Bundesrepublik bekannt und leicht erreichbar, da ihre Werke auch hier verlegt sind. Dafür sind dann Autoren in diesem Band vertreten, die bei uns weniger bekannt sind, in der DDR aber einige Bedeutung haben, in einigen Fällen sogar Popularität und hohe Auflageziffern erreichen, z. B. Claus Hammel, Erik Neutsch, Helmut Sakowski und Horst Salomon. Das Bemühen ging auch dahin, neue Autoren mit möglichst neuen Texten aufzunehmen.

4. Die Herausgeberin ist sich bewußt, daß die Auswahl der Texte von ihrer persönlichen Erfahrung von DDR-Literatur mitbestimmt ist, die nicht beanspruchen kann, umfassend zu sein. Um die Auswahl vom Einfluß subjektiver Momente möglichst freizuhalten, hat sie daher mit Arbeitsgruppen im Deutschunterricht der Oberstufe eines Gymnasiums und in Lehrveranstaltungen an einer Pädagogischen Hochschule viele neuere Texte von DDR-Literatur auf ihre Relevanz bezüglich der Zielsetzung des Lesebuches geprüft. Aus einer großen Sammlung von Texten sind dabei viele ausgeschieden worden. Leider ist dadurch mancher DDR-Autor mit einem interessanten Beitrag nicht zu Wort gekommen, z. B. Helmut Baierl, Uwe Berger, Ernst Böttcher, Peter Gosse, Karl-Heinz Jacobs, Bernd Jentzsch, Reiner Kerndl, Hans Pfeiffer, Siegfried Pitschmann, Rolf Schneider, Martin Stade, Manfred Streubel, Paul Wiens.

---

[1] Volker Braun, Freunde, 1965.

[2] Nur ein kulturpolitischer Text von ihr ist aufgenommen (I, 3).

[3] Peter Huchel hat 1971 die DDR verlassen und lebt seitdem in der Bundesrepublik; Stefan Heym konnte seine Romane „Lassalle", „Die Schmähschrift oder Königin gegen Defoe" und „Der König David Bericht" zunächst nur im Westen herausbringen, sie sind inzwischen auch in der DDR herausgekommen; Stephan Hermlin hat seit längerem wenig publiziert; Anna Seghers, inzwischen über 70 Jahre alt, hat ihrem erzählenden Werk in den letzten Jahren keine neuen Züge hinzugefügt.

Zum *Aufbau* des Lesebuches:

Die Zusammenstellung der Texte erfolgte nach *Themen*. Diese wurden nicht aus westlicher Sicht formuliert; sie ergaben sich aus inhaltlichen Kriterien der Texte, was um so legitimer erscheint, als ohnehin in der DDR-Literatur inhaltliche Probleme vor formalen Vorrang haben. Die Titel der einzelnen Kapitel entsprechen zudem dem Sprachgebrauch in der DDR. Selbstverständlich würden sich einige Texte auch anders einordnen lassen, da es Überschneidungen gibt, etwa beim Thema „Sozialistisches Bewußtsein", das sich — zustimmend oder kritisch — in vielen Texten ausdrückt.

Das Lesebuch enthält einen dokumentarischen und einen literarischen Textteil; Hinweise auf den Standort eines Textes im Lesebuch erfolgen durch Angabe des Kapitels (römische Zahl) und Angabe des Standorts im Kapitel (arabische Zahl).

Der dokumentarische Textteil, der Materialien zu den politischen, ideologischen und gesellschaftlichen Voraussetzungen der DDR-Literatur mitteilt, ist in zwei Kapiteln vorangestellt.

Die Materialien zu Kapitel I („Kulturpolitik in der DDR") stammen aus dem letzten Jahrzehnt, überwiegend aus den letzten Jahren. Es sind partei- und regierungsoffizielle Stellungnahmen (1, 2, 4), Ausführungen von Autoren wie Anna Seghers (3), Max Walter Schulz (6) und des DSV (5) und schließlich Texte, die Schwierigkeiten als Folge der gelenkten Kulturpolitik beschreiben (7 und 8).

In Kapitel II („Marxistische Literaturauffassung in der DDR") werden zunächst die spärlichen theoretischen Ausgangspunkte der materialistischen Literaturauffassung mitgeteilt; denn Marx und Engels haben keine geschlossene Ästhetik entwickelt; ihre Aussagen zur Literatur finden sich verstreut in ihren Werken, sind meist zufällig entstanden und erst später gesammelt und Grundlage der marxistischen Literaturauffassung geworden. An der Spitze steht die wichtige Aussage von Marx über die materialistische Begründung von Literatur, die, als ein Bereich des „Überbaus", von der „gesellschaftlichen Basis" abhänge (1). Es folgen Stellungnahmen Friedrich Engels', von denen die Literaturästhetik in der DDR bis heute ausgeht: eindeutig fordert er Tendenzliteratur und Gestaltung „typischer Charaktere unter typischen Umständen" (2). Wie diese Forderungen Theorie und Praxis der DDR-Literatur beeinflußt haben, läßt sich an Texten dieses Bandes ablesen. Definitionen zum Begriff „Sozialistischer Realismus" aus Wörterbüchern der DDR (3, 4, 5) und von Bertolt Brecht folgen (6); dabei wird inhaltlich wie sprachlich eine Kluft zwischen den offiziellen Aussagen und denen Brechts sichtbar, so daß es verständlich wird, daß

Brecht in der DDR nicht zu den unmittelbaren Vorbildern des sozialistischen Realismus gehört. — Zur kritischen Bewertung des sozialistischen Realismus, wie er in der DDR verstanden wird, können Ausführungen beitragen, die Georg Lukács über Solschenizyn gemacht hat, den der VDS als einziger Schriftstellerverband im Ostblock ebenso verurteilt hat wie der sowjetische Schriftstellerverband (7). — Das Selbstverständnis der DDR-Literatur ist einsehbar in weiteren Texten dieses Kapitels: in dem Ausschnitt aus der in der DDR weitverbreiteten „Deutschen Literaturgeschichte in einem Band" (8) und in Otto Gotsches, Helmut Sakowskis und Helmut Baierls Ausführungen über Funktion und Bewertung der neueren DDR-Literatur (9, 10 und 11).

Der literarische Textteil beginnt mit Kapitel III, das Texte zum Thema „Sozialistisches Bewußtsein" bringt. Es sind zustimmende (2, 3, 4, 5) wie auch kritisch-reflektierende Texte (1, 7) bis hin zu den satirischen Kurt Bartschs (8) und dem nicht in der DDR veröffentlichten „Gesang für meine Genossen" von Wolf Biermann (9). Daß sich in der DDR die offizielle Bewertung der jüngsten deutschen Geschichte, etwa des Kriegsendes 1945 und des 17. Juni 1953, von Beurteilungen in der BRD unterscheidet, zeigen die Texte 10 und 11; sie zeigen auch, wie Autoren an der Prägung und Verbreitung dieses Geschichtsbildes mitwirken. Günter Kunerts (12) besonderes Anliegen ist es, die Inhumanität des Faschismus und das Weiterwirken faschistischen Verhaltens aufzudecken; dies ist in der Literatur der DDR ein beherrschendes Thema.

In Kapitel IV kommt die sozialistische Arbeitswelt zur Darstellung. Folgende Themen werden in dramatischen, erzählenden und lyrischen Texten behandelt: Schwierigkeiten des wirtschaftlichen und gesellschaftlichen Aufbaus in den Anfangsjahren der DDR (1); Probleme der Planwirtschaft und deren Auswirkungen auf die Gesellschaft (2, 3, 4); weiter das Bewußtsein schreibender Arbeiter in lyrischen Texten (5) und schließlich menschliche, meist erotische Probleme innerhalb einer Brigade, die neben wirtschaftlichen Problemen nun wichtig werden (6).

In Kapitel V („Junge Generation") werden Fragen junger Leute in der DDR verdeutlicht: die Einordnung ins Kollektiv (1 und 2); die Notwendigkeit des gesellschaftlichen Engagements und des Leistungsbeweises als Voraussetzung für die Zulassung zum Studium (3); wie Ehen zustande kommen, insbesondere, welche Bedeutung dabei politische und gesellschaftliche Belange haben (4 und 5); schließlich die Situation einer jungen unverheirateten Mutter (6). Das Verhältnis junger Leute zu Gesellschaft und Staat wird in den beiden letzten Texten ausgesprochen (7 und 8).

Kapitel VI („Individualismus und Innerlichkeit") bringt Texte, vor allem Gedichte, die die Wiedergewinnung einer konzentrierten Ich-Aussage zeigen; diese war in den fünfziger Jahren durch die Verherrlichung des kollektiven Wir zurückgedrängt worden. Einige Texte belegen die Suche nach der Realisierung von Lebensvorstellungen, die nicht unbedingt mit denen der sozialistischen Gesellschaft übereinstimmen (5, 6), andere die bleibende Tatsache der Isolierung des Individuums (1); andere üben scharfe Kritik am ideologischen Führungsanspruch der Partei und an ihrer Betonung des Kollektivs (2, 3, 4) und befürchten die Gefährdung der Menschlichkeit (7). Von der SED[4] und dem Schriftstellerverband der DDR[5] wurde die Rückbesinnung auf die betonte Ich-Aussage angegriffen und verurteilt; dies konnte aber die engagiert-kritische Besinnung auf das Individuum in der neueren DDR-Lyrik nicht verhindern, wie ja Lyrik überhaupt im Bereich der marxistischen Literatur eine gewisse Außenseiterrolle spielt[6].

In Kapitel VII („Abgrenzung zur Bundesrepublik") werden Texte wiedergegeben, die die Auseinandersetzung mit der BRD zum Inhalt haben. Um den Bezug dieser Texte zur herrschenden Parteiauffassung deutlich zu machen, werden Stellungnahmen Ulbrichts und Honeckers zu dieser Frage vorangestellt; sie verdeutlichen, wie die Auffassung von der „Abgrenzung zur BRD" im Wandel begriffen zu sein scheint. Einige literarische Texte zeigen dann, wie Autoren die geforderte Abwertung der BRD bis hin zur Diffamierung mitvollziehen (2, 3). Die harte Verurteilung der Bundesrepublik, die uns betroffen und nachdenklich machen kann, war in der Vergangenheit vor allem ein innenpolitisches Instrument, um Stabilität und Kontinuität der Machtverhältnisse in der DDR zu sichern. Andere Texte differenzieren die negative Vorstellung von der BRD (4, 5, 6²) oder vom Verhältnis der Deutschen zueinander (7). Reiner Kunzes „Weckruf" (6¹) beklagt die menschliche Auswirkung der deutschen Spaltung, während das erste Kapitel aus Wolf Biermanns Versepos „Deutschland — ein Wintermärchen", in geschärfter Aussage und deutlicher Nachfolge Heines die deutsche Frage bedenkt.

Um die Texte des Lesebuches einzufügen in die *Entwicklung der Literatur in der DDR*, soll diese kurz beschrieben werden. Der Akzent liegt dabei

---

[4] So auf der II. Bitterfelder Konferenz 1964 und auf dem 11. Plenum des ZK im Dezember 1965.

[5] Vgl. dazu die Ausführungen von Max Walter Schulz auf dem VI. Schriftstellerkongreß der DDR 1969 in Ostberlin (I, 6); diesem Referat sind die beiden Begriffe entnommen, die Kapitel VI des Lesebuches bezeichnen.

[6] Wissenschaft und Gesellschaft in der DDR, München 1971, S. 270 ff.

auf dem letzten Jahrzehnt. Vor allem soll das Spannungsfeld zwischen der staatlichen Kulturpolitik und dem Freiheitsraum der Autoren deutlich gemacht werden.

In den ersten Jahren nach 1945 war die Kulturpolitik in der damaligen SBZ relativ liberal und finanziell großzügig[7]. Viele Autoren, die vor dem NS-Regime hatten fliehen müssen oder die in die innere Emigration gegangen waren, entschieden sich damals für die DDR. Die bedeutendsten seien genannt: an der Spitze der Dramatiker und Lyriker Bertolt Brecht, die Erzähler Arnold Zweig, Anna Seghers, Stefan Heym und die Lyriker Peter Huchel, Johannes R. Becher, Erich Arendt und Stephan Hermlin. Die literarische Ausgangsposition der DDR war durch die Mitarbeit so vieler bedeutender Autoren günstiger als die der Bundesrepublik.

Erst die Gründung der DDR 1949 konfrontierte in wachsendem Maße die Künstler mit einer von der SED bestimmten straffen Kulturpolitik. Literatur wurde wie die Künste insgesamt zum Instrument des politischen Kampfes für den Aufbau des sozialistischen Staates. Die jeweils propagierten politischen Ziele wurden den Schriftstellern zur Bearbeitung empfohlen, so in den 50er und frühen 60er Jahren die Bewältigung des wirtschaftlichen Aufbaus[8] im Rahmen der verschiedenen „Pläne". Anfang der 60er Jahre kam die Darstellung des „sozialistischen Frühlings auf dem Lande" hinzu, d. h. der Kollektivierung der Landwirtschaft[9]. Beim „umfassenden Aufbau des Sozialismus" in den 60er Jahren wurde dann den Schriftstellern die „Ankunft im Wir", die „Erziehung zur sozialistischen Menschengemeinschaft" als Aufgabe gestellt[10]. So wurde die Kunst und insbesondere die Literatur als gesellschaftliche Kraft in das einheitliche Gesamtsystem materiell-technischer, ökonomisch-politischer und geistig-kultureller Verhältnisse integriert. Viele Schriftsteller sahen sich zum parteiideologischen Bekenntnis gezwungen oder gingen in den Westen[11].

Unter Führung der SED erarbeitete man — in Anlehnung an das sowjetische Modell — die Kunsttheorie des sozialistischen Realismus, die vom ZK der SED 1951 zum verbindlichen Gestaltungsprinzip erklärt wurde. An den kritischen Realismus der Weimarer Zeit wie an die Literatur der proletarisch-revolutionären Tradition der zwan-

---

[7] Wissenschaft und Gesellschaft in der DDR, a. a. O., S. 256.
[8] Siehe die Szenen aus Heiner Müllers „Der Lohndrücker" in IV, 1.
[9] Siehe die Szene aus dem bäuerlich-sozialistischen Volksstück „Steine im Weg" in V, 5.
[10] Siehe Gedichte in III, 5[1] und 7[1] oder die Szene aus „Der Lorbaß" in V, 2.
[11] Wissenschaft und Gesellschaft in der DDR, a. a. O., S. 256.

ziger Jahre[12] knüpfte man weniger an, obwohl gerade das nahegelegen hätte, da einige ihrer bedeutenden Vertreter nun in der DDR die kulturelle Entwicklung mitbestimmten.

Mit der Absage an literarische Traditionen der 20er Jahre und mit der Übernahme des sowjetischen Modells des sozialistischen Realismus verlief die literarische Entwicklung in der DDR in bewußter Antithese zur literarischen Entwicklung in der Bundesrepublik. Dies betonen die Kulturfunktionäre mit wachsendem Nachdruck; nach ihrer Auffassung gibt es keine gesamtdeutsche Literatur mehr, da die DDR-Literatur auf der Grundlage der sozialistischen Gesellschaft Teil der „sozialistischen Nationalkultur" geworden sei. Diese sei als die „Erfüllung der humanistischen Kultur des deutschen Volkes" anzusehen, wie es das SED-Programm formuliert[13].

Die Konzeption, daß Kunst Instrument oder, noch deutlicher, „Waffe" zur Durchsetzung sozialistischer Gesellschafts- und Produktionsformen sei, hat sich in den mehr als 20 Jahren seit dem Bestehen der DDR nicht geändert. Dafür ein Beleg aus jüngster Zeit. Auf Hermann Kants Meinung, daß der Schriftsteller mit dem, was er schreibt, der „gesellschaftlichen Entwicklung" nicht schaden dürfe, antwortete der Staatsratsvorsitzende Walter Ulbricht auf einer „Ideenberatung mit Künstlern" im vergangenen Jahr: „Das ist aber nicht die ganze Wahrheit. Die ganze Wahrheit besteht darin, daß das literarische Werk unserer sozialistischen Gesellschaft nicht nur nicht schaden darf, sondern daß es bei der Entwicklung der Menschen zu sozialistischen Persönlichkeiten helfen soll[14]."

Diese pädagogisch-politische Funktion der Literatur erlaubt den Schriftstellern keine Systemkritik und keinen Skeptizismus; sie fordert von ihnen, daß sie sich mit den Prinzipien der Partei identifizieren und die unbefriedigende Wirklichkeit unter der Perspektive einer besseren Zukunft darstellen. Eine solche Haltung bezeichnet man als „Parteilichkeit" des Künstlers; sie ist die wichtigste Voraussetzung sozialistischen Schreibens[15].

Besonders markant zeigte sich die Verknüpfung zwischen Parteiideologie und Kulturpolitik in den Bitterfelder Konferenzen 1959 und 1964, auf denen Schriftsteller, Vertreter der SED mit Ulbricht an der

---

[12] 1928 gründeten Autoren, aus dem Bürgertum kommend und sich der kommunistischen Arbeiterbewegung anschließend (u. a. Johannes R. Becher, Bertolt Brecht, Anna Seghers), zusammen mit Arbeiter-Schriftstellern (u. a. Willi Bredel, Hans Marchwitza, Bruno Apitz) den „Bund proletarisch-revolutionärer Schriftsteller".
[13] Siehe I, 1.
[14] NDL. Heft 4, 1971, S. 17.
[15] Siehe II, 3 und 4.

Spitze, Chemiearbeiter aus Bitterfeld bei Halle und Vertreter der Verlage zusammen eine DDR-spezifische Kulturpolitik entwarfen. Ihre Ziele sollten einmal durch die Arbeiter selbst verwirklicht werden und verdeutlichten sich plastisch in dem Appell: „Greif zur Feder, Kumpel, die sozialistische Nationalkultur braucht dich!" Die Schriftsteller ihrerseits wurden aufgerufen, ihre bürgerlichen Lebensformen aufzugeben und mit den Werktätigen „an der Basis" zu arbeiten, um aus unmittelbarer Erfahrung sozialistische Lebens- und Arbeitsformen überzeugend darstellen zu können. Die „Kluft zwischen Kunst und Leben" sollte auf diese Weise überwunden werden.

Eine Auswirkung des „Bitterfelder Weges" war die Organisation der kulturellen Laienarbeit durch die Partei und die Massenorganisationen (FDJ, FDGB, DFD); in den Betrieben und auf den LPGs bildeten sich Kulturclubs und „Zirkel schreibender Arbeiter", von denen es 10 Jahre nach Bitterfeld über 250 gab. Eine Flut von Arbeiterdichtung wurde von den frühen 60er Jahren an veröffentlicht; ihre Rezeption durch die Bevölkerung blieb jedoch weit hinter den Erwartungen zurück. — Von den Schriftstellern, die in die Produktion gegangen waren, hatten einige politische Schwierigkeiten, weil sie auch die negativen Aspekte in den VEB und Brigaden behandelten, so Peter Hacks in seinem Drama „Die Sorgen und die Macht" (IV, 2) und Volker Braun in seinem Bergleute-Stück „Die Kipper"; sein Brigadestück „Freunde" (IV, 6) kam bislang nicht auf die Bühne. Andere Autoren wie Günter Kunert, Stefan Heym, Karl Mickel, Fritz Rudolf Fries, Johannes Bobrowski haben sich der Bitterfelder Bewegung nicht angeschlossen.

Staaten mit einer straffen Einordnung der Künstler in das gesamtgesellschaftliche System sind anfällig für äußere und innere Erschütterungen, die zu einer vorübergehenden Lockerung in der Kulturpolitik führen können, einem „Tauwetter". Auch die DDR kennt Einbrüche in die kulturpolitische Kontinuität. Das erstemal geschah dies nach Stalins Tod 1953. Auch nach dem XX. Parteitag der KPdSU 1956, der die Enthüllungen über Stalins Herrschaftswillkür brachte, erlebte die DDR ein kurzes „Tauwetter", das sich in kritischen Auseinandersetzungen im DSV, in der Presse und auf dem von der FDJ veranstalteten Kongreß junger Künstler in Karl-Marx-Stadt manifestierte[16]. Beide „Tauwetter" aber dauerten nicht lange an, ganz im Gegensatz zu den Verhältnissen in Polen, Ungarn und der SU, wo die Schriftsteller für einige Jahre größere Bewegungsfreiheit hatten. Eine Zeit toleran-

---

[16] Näheres zu den verschiedenen „Tauwettern" bei Martin Jänicke: Der Dritte Weg, Köln 1964, S. 128 ff. und in: Wissenschaft und Gesellschaft in der DDR, a. a. O. S. 262 ff.

terer Kulturpolitik in der DDR waren auch die ersten Jahre „nach der Mauer". Die Abriegelung vom westlichen Deutschland zwang dazu, im Innern eine vorsichtige Liberalisierung zu ermöglichen, um den psychologischen Schock des Mauerbaus zu mildern.

Diese tolerantere Kulturpolitik zu Anfang der 60er Jahre, begleitet von einer Stabilisierung der inneren Verhältnisse, brachte der DDR-Literatur eine kurze Blüte: es entstanden lyrische Texte, Erzählungen und Romane sowie Dramen, die auch außerhalb der DDR Beachtung fanden. Die wichtigsten epischen Werke seien genannt: „Ole Bienkopp" von Erwin Strittmatter, „Der geteilte Himmel" von Christa Wolf, „Spur der Steine" von Erik Neutsch und „Die Aula" von Hermann Kant, letzteres wohl der interessanteste Roman dieser Jahre. Bei grundsätzlicher Bindung an den Sozialismus wird in diesen Werken der kritischen Reflexion und der Einbeziehung negativer Aspekte Raum gegeben. Auch im Formalen und Sprachlichen sind Eigenständigkeit und Individualität des Sprachstils gewachsen; die Annäherung an moderne Strukturen (wie innerer Monolog und verschiedene Zeit- und Handlungsebenen) gilt nun nicht mehr wie in der Stalinära als unerlaubt.

Von diesem liberaleren Strom wurden auch Autoren emporgetragen, die sich nicht — wie die vorgenannten — mit Themen des sozialistischen Aufbaus befaßten; dies waren Schriftsteller wie Johannes Bobrowski (VI, 7), Fritz Rudolf Fries (V, 6), Karl Mickel (VII, 4) und Günter Kunert (III, 12; VI, 1; VII, 7). Die faszinierendste Gestalt unter diesen jüngeren DDR-Autoren, die im Aufwind der liberaleren Kulturpolitik der frühen 60er Jahre an die Öffentlichkeit traten, ist Wolf Biermann (III, 9; VI, 2; VII, 8). In seinen Texten zeigt er sich als leidenschaftlicher Marxist, der nicht aufhört, gegen das Mißverhältnis zwischen sozialistischem Anspruch und machtpolitisch bestimmter Staatspraxis in der DDR zu protestieren.

Mit dem 11. Plenum des ZK im Dezember 1965 leitete die SED zu einer erneuten Straffung der Kulturpolitik über; der Kampf gegen die „sogenannte Liberalisierung" und gegen die „Ideologie des spießbürgerlichen Skeptizismus" wurde aufgenommen. Werner Bräunig (IV, 3), dessen Darstellung der Arbeitswelt zu negativ sei, Robert Havemann (I, 7), der den Absolutheitsanspruch der Partei in Frage gestellt hatte, und andere Autoren wie Wolf Biermann und Stefan Heym wurden angegriffen. Kurt Hager, Mitglied des ZK, schloß auf dieser Tagung seine Ausführungen so: „Unsere Partei geht ihrem 20. Jahrestag entgegen. Louis Fürnberg[17] schrieb das schöne Lied: ‚Die Partei hat immer

---

[17] Geb. 1909 in Iglau/Mähren, gestorben 1957 in Weimar; schrieb u. a. einige politische Gedichte, die in der DDR zum Traditionsgut geworden sind.

recht'. Das gilt für die Vergangenheit, und das gilt für die Gegenwart und für die Zukunft[18]." Eine Auswirkung dieses Plenums war auch die Schaffung einer zusätzlichen Kontrollbehörde, des „Büros für Urheberrechte", das Veröffentlichungen von DDR-Autoren im Ausland genehmigen muß.

Die straffe Kulturpolitik der letzten Jahre hat auch die Kontakte zwischen den Schriftstellern in der BRD und der DDR — im Gegensatz zu den liberaleren frühen 60er Jahren — einfrieren lassen. Die Abgrenzungsideologie bestimmte im politischen, kulturellen wie menschlichen Bereich die Beziehungen.

Wird das Ende der Ära Ulbricht und die Übernahme des höchsten Parteiamtes durch Erich Honecker im Mai 1971 eine Änderung in der Kulturpolitik herbeiführen? Erste Ansätze dazu lassen sich vielleicht erkennen, etwa wenn Honecker der Partei den Auftrag gibt, „die Künstler mit dem ganzen Reichtum ihrer Handschriften und Ausdrucksweisen auf die Prägung der sozialistischen Persönlichkeit unserer Zeit zu orientieren"; denn „gerade weil wir um die Mühen, um die Kompliziertheit der künstlerischen Schaffensprozesse wissen, bringen wir der schöpferischen Suche nach neuen Formen volles Verständnis entgegen"[19]. Honecker sagte dies auf dem VIII. Parteitag im Juni 1971. Dabei griff er die alte Vorstellung von der sozialistischen Massenkunst als Kunst für die geistigen Ansprüche der breiten werktätigen Bevölkerung wieder auf und bezog das persönliche Engagement des Künstlers mit ein: „Die geistigen Ansprüche der Leser und Hörer, Zuschauer und Betrachter, ihre Wünsche, Freude bei der Begegnung mit der Kunst zu empfinden, sind gewachsen. Diesen Ansprüchen immer besser gerecht zu werden, gehört zum Schaffensglück sozialistischer Künstler. Je tiefer sie die Wahrheit des Lebens erforschen, desto mehr werden ihre Werke frei sein von Inhaltsarmut und Farblosigkeit, Oberflächlichkeit und Langeweile[20]."

Ein halbes Jahr zuvor hatte sich Walter Ulbricht anders geäußert, als er die schon erwähnte „Ideenberatung mit Künstlern" durchführte (vgl. I, 4): „Nicht die Formen und Methoden der Schriftsteller und Künstler sind für uns in erster Linie Gegenstand der Diskussion. Jetzt kommt es auf die Höhe des sozialistischen Bewußtseins der Schriftsteller und Künstler an, auf ihre Bildung . . ."[21]

---

[18] Hermann Weber, Fred Oldenburg: 25 Jahre SED, Chronik einer Partei, 1971, S. 161.
[19] NDL, Heft 8, 1971, S. 6.
[20] ND vom 22. 7. 1971.
[21] NDL, Heft 4, 1971.

Daß Hermann Kants Roman „Das Impressum" im Frühjahr 1972 in beiden deutschen Staaten erschienen ist, nachdem dies mehr als zwei Jahre nicht möglich war; daß Christa Wolfs Roman „Nachdenken über Christa T." im Herbst 1972 in einer 2. Auflage erscheinen soll, nachdem er bisher der DDR-Bevökerung kaum zugänglich war; daß ein Stück wie „Die Kipper" von Volker Braun, das seit Anfang der 60er Jahre umstritten war und nie aufgeführt wurde, nun in der DDR an mehreren Orten zur Aufführung gekommen ist, läßt Ansätze einer veränderten Kulturpolitik vermuten.

Nachbemerkung im November 1974

Redaktionsschluß war im Frühjahr 1972. Zwei Jahre danach läßt sich die literarische Szene in der DDR so skizzieren:
Werke, die den Lesern in der DDR lange vorenthalten waren, sind inzwischen herausgekommen, so Christa Wolfs Roman „Nachdenken über Christa T." und Stefan Heyms Werke „Lassalle", „Die Schmähschrift oder Königin gegen Defoe" und „Der König David Bericht", die alle zunächst nur im Westen erschienen waren; der seit Jahren unterdrückte Lyriker Reiner Kunze[22] bekam die Genehmigung zur Herausgabe des Gedichtbandes „Brief mit blauem Siegel", auch konnte er 1973 nach München reisen, wo er den Literaturpreis der Bayerischen Akademie der schönen Künste entgegennahm; die literarische Sensation aber war der Roman Ulrich Plenzdorfs „Die neuen Leiden des jungen W.", der wegen seiner kritischen Haltung die lebhaftesten Diskussionen in der ganzen DDR auslöste[23]. triggered
Den Signalen eines erweiterten Spielraums für die Schriftsteller traten jedoch restriktive Erscheinungen entgegen. Vor allem auf der 6. und 9. Tagung des ZK der SED machte diese deutlich, daß sie nicht bereit sei, die Kontrolle der Schriftsteller aufzugeben. Honecker sprach sich offen gegen „Unzulänglichkeiten einiger neuer Werke" aus: „Manches mutet Bürgern unserer Republik, die sich mit ihrem sozialistischen Staat fest verbunden fühlen, Arbeitern, Genossenschaftsbauern und Angehörigen der Intelligenz, die ihn aufgebaut haben und Hervorragendes für seinen Fortschritt leisten, zuviel Selbstverleugnung zu. Sie stellen, und wir meinen mit Recht, in Abrede, daß bestimmte Kunstwerke zur weiteren Herausbildung sozialistischer Denk- und Verhaltens-

---

[22] Vgl. Hinweise zu Reiner Kunze, S. 174 f.
[23] Ein Abschnitt aus diesem Roman ist dem Kapitel „Junge Generation" angefügt, S. 133.

weisen beitragen. Zum Beispiel dann, wenn von der Bühne herunter verkündet wird, die Deutsche Demokratische Republik sei das ‚langweiligste Land der Welt'." Der Satz von der DDR als dem ‚langweiligsten Land der Welt' findet sich in Volker Brauns Stück „Die Kipper", das 8 Jahre lang immer wieder umgeschrieben werden mußte, ehe es 1972 endlich auf die Bühne kam. Und in Richtung auf „Die neuen Leiden des jungen W." tadelte Honecker: „Die Vereinsamung und Isolierung der Menschen von der Gesellschaft, ihre Anonymität in bezug auf die gesellschaftlichen Verhältnisse machen schon jetzt deutlich, daß die Grundhaltung solcher Werke dem Anspruch des Sozialismus an Kunst und Literatur entgegensteht."

Zwischen Zeichen einer gewissen Liberalisierung, die vor allem in der Veröffentlichung von „Schubladen-Texten" sichtbar wurde, und repressiven Maßnahmen schwankte bisher die Kulturpolitik der Ära Honecker. Dies wurde auch beim VII. Schriftstellerkongreß der DDR im November 1973 deutlich. Es gab Einschränkungen: so war es Kunze verwehrt teilzunehmen. Auch fand der Kongreß unter Ausschluß der Öffentlichkeit statt — ein im Westen unvorstellbarer Vorgang. Die literarisch interessierte Welt mußte sich daher vorerst mit Berichten in der DDR-Presse begnügen und wartete gespannt auf die Veröffentlichung der zweibändigen Protokolle. Seit dem Sommer 1974 sind sie da, aber sie sind vollzählig dem Archiv des Schriftstellerverbandes zugeführt worden, wo sie als Verschlußsache ruhen. Sie sollen brisante Aussagen enthalten, deren Veröffentlichung für nicht opportun gehalten wird[24]

Solche Vorgänge werfen ein Licht auf die tatsächliche literarpolitische Situation der DDR drei Jahre nach Beginn der Ära Honecker. In den Trend, die Schriftsteller weiter unter Kontrolle zu halten, gehören auch kürzlich bekannt gewordene Maßnahmen, die etwa Wolf Biermann im Mai 1974 die unverzügliche „Rückkehr" in die Bundesrepublik dringend nahegelegt haben oder Reiner Kunze die Fahrt nach München verboten haben, wo er im Sommer 1974 Mitglied der Bayerischen Akademie der schönen Künste geworden ist, oder die Fahrt nach Stockholm, wo seit einem Jahr ein Literaturpreis für ihn bereit liegt. Stefan Heym schließlich konnte seinen kritischen Roman über den 17. Juni („Fünf Tage im Juni") vorerst nur bei uns veröffentlichen, entgegen der Zusage, ihn gleichzeitig in beiden deutschen Staaten herauszubringen.

---

[24] FAZ vom 18. Juli 1974.

Materialien

Kulturpolitik in der DDR

> Kunst ist Waffe. Sozialistische Kunst ist Waffe im Klassen-
> kampf zwischen Sozialismus und Imperialismus. Am per-
> spektivreichsten sind daher jene künstlerischen Werke, die die
> Kunst als Waffe schärfen, im Leninschen Sinne die Partei-
> literatur.[1]
> *Erik Neutsch*

Die sozialistische Nationalkultur als die Erfüllung der humanistischen Kultur des deutschen Volkes
(Aus dem Programm der SED 1963)

In der Periode des umfassenden Aufbaus des Sozialismus führt die Sozialistische Einheitspartei Deutschlands die Herausbildung des neuen, sozialistischen Inhalts und der ihm entsprechenden neuen Formen der Nationalkultur weiter, um die kulturelle Grundaufgabe zu erfüllen: die geistige Formung des Menschen der sozialistischen Gesellschaft und die Entwicklung der sozialistischen Nationalkultur. Mit der Heraus-bildung der sozialistischen Nationalkultur wird unsere Nation die bis-her höchste Stufe ihrer kulturellen Entwicklung erreichen. Die sozia-listische Nationalkultur ist die Kultur des realen Humanismus, eine echte Volkskultur. Sie stellt damit eine neue historische Qualität dar.
Die sozialistische Nationalkultur führt gesetzmäßig alles Große, Hu-manistische, Fortschrittliche, das die Kultur unseres Volkes in der Vergangenheit hervorgebracht hat, weiter und vereint es mit den kulturellen Traditionen des mehr als hundertjährigen revolutionären Kampfes der deutschen Arbeiterklasse. Die sozialistische deutsche Nationalkultur entfaltet sich als Teil der Kultur des sozialistischen Welt-systems, die die Hauptlinie der Entwicklung der Menschheitskultur in unserer Epoche bestimmt. Sie verwirklicht die kühnsten Erziehungs- und Kulturideale humanistischer Denker aller Zeiten. Denn sie ist

---

[1] Aus: Unsere Revolutionen. In: NDL Heft 1, Berlin (Ost) 1971, S. 48.

darauf gerichtet, eine harmonische Einheit von geistiger und körperlicher Arbeit herbeizuführen und die kulturellen Unterschiede zwischen Stadt und Land zu überwinden. Das Volk, das mehr und mehr zum Gestalter der neuen Lebensweise wird, entwickelt mit all seinen schöpferischen Kräften die Kultur weiter. Die eigene künstlerische Betätigung der Werktätigen in Stadt und Land ist eines der bestimmenden Elemente unserer Kultur. Durchdrungen vom Geiste des sozialistischen Internationalismus, verbindet sie sich in immer innigerer Wechselbeziehung mit der Kultur der Völker der Sowjetunion und des ganzen sozialistischen Lagers und ist zugleich weltoffen für humanistische Kulturleistungen aller Völker.

Die im Kunstwerk gestalteten Erkenntnisse und Gefühle dienen der moralischen Veränderung im Geiste des Sozialismus. Sie regen sie zu großen Taten für den Sozialismus an, erwecken in ihnen die Liebe zur Arbeit, bereichern das geistige Leben des Volkes, bilden die rationalen und emotionalen Fähigkeiten des Menschen der sozialistischen Gemeinschaft und erziehen ihn zu echter Lebensfreude. So trägt die Kunst zugleich dazu bei, die Begeisterung für bahnbrechende Produktionstaten zu wecken und das Leben schöner zu machen. Da unsere Epoche der großen gesellschaftlichen Umwälzungen, der kühnen Vorstöße in den Weltenraum, der Herausbildung wahrhaft menschlicher Beziehungen reich an großen und starken Gefühlen ist, sind unsere Künstler und Schriftsteller vor die Aufgabe gestellt, in ihren Werken dieses neue, sozialistische Lebensgefühl zu gestalten.

Die Sozialistische Einheitspartei Deutschlands setzt sich dafür ein, daß der sozialistische Realismus mit tiefem Ideengehalt, mit mehr Phantasie und echtem Neuerertum, mit der ganzen Weite seiner schöpferischen Möglichkeiten in den verschiedenen Schaffensformen, Stilen und Gattungen diese Aufgabe erfüllt. Solche Werke, in denen das Neue unserer Gesellschaft gestaltet wird, erfordern künstlerische Meisterschaft, die auf der Verbindung von Kunst und Leben beruht.

Die „humanistische Wirksamkeit des Künstlers" in der sozialistischen Gesellschaft

(Aus dem Beschluß des Staatsrates der DDR vom 30. November 1967)

Die humanistische Wirksamkeit des Künstlers in unserer Gesellschaft besteht darin, mit seinem Schaffen sein sozialistisches Vaterland, die Deutsche Demokratische Republik, allseitig zu stärken, Menschlichkeit, wahre Freiheit und Demokratie in ihrer Vorbildlichkeit gegenüber dem anderen Staat auf deutschem Boden künstlerisch überzeugend zu gestalten und damit das Ansehen seines Staates in der Welt zu mehren. Die historische Bedeutung der DDR tief zu erfassen, das Klassenbewußtsein auf die Höhe der Zeit zu heben, darin liegt seine größte patriotische und zugleich internationalistische Pflicht.

Die brüderliche Verbundenheit der Deutschen Demokratischen Republik mit der Sowjetunion und den anderen sozialistischen Ländern, mit allen um ihre Freiheit Kämpfenden in ihrer geschichtlichen Tiefe gedanklich und emotional zu erfassen, gehört zum Verständnis des ganzen weltgeschichtlichen Prozesses, ohne das der Künstler die Kämpfe und Triebkräfte seiner Zeit weder durchschauen kann noch das Heute und seine Zukunft wahrheitsgetreu, überzeugend darzustellen vermag.

Die humanistische Wirksamkeit des Künstlers in unserer Gesellschaft besteht darin, seinen Platz im Leben und in den Kämpfen seines Volkes zu suchen und zu finden, seine Kunst bewußt in den Dienst des Volkes zu stellen. Die richtige Welterkenntnis als produktives Element künstlerischen Talents zu begreifen ist die Grundlage originärer, unverwechselbarer künstlerischer Leistung.

Die humanistische Wirksamkeit des Künstlers in unserer Gesellschaft beruht darauf, Werke des sozialistischen Realismus von hoher Qualität zu schaffen, einer Qualität, die ihre Maßstäbe sowohl aus dem Entwicklungsniveau der sozialistischen Gesellschaft als auch aus der großen realistischen Kunsttradition und den fortgeschrittensten Erfahrungen der sozialistischen Weltkultur, insbesondere der sowjetischen Literatur und Kunst, bezieht, einer Qualität, die — gegründet auf Parteilichkeit und Volksverbundenheit[2] — sich durch Klarheit und Originalität und Wissen, durch eine hohe Kultur der künstlerischen Technik auszeichnet. Das bedeutet auch, die Einheit von Ethik und Ästhetik immer wieder neu in der künstlerischen Gestaltung zu verwirklichen.

Die humanistische Wirksamkeit des Künstlers in unserer Gesellschaft beruht darauf, daß er die Wechselbeziehungen von Lebenskenntnis und Lernen als organischen Teil künstlerischen Schöpfertums und Talents erkennt. Diese Vereinigung von Begabung, Lebenskenntnis und Lernen wird dort am fruchtbarsten, wo sie sich bewußt mit den fortgeschrittensten Schichten verbindet und mit der Sicht des Planers und Leiters zu neuen, dem künstlerischen Schaffensprozeß entsprechenden Formen und Methoden der sozialistischen Gemeinschaftsarbeit vorzudringen vermag.

Ausgehend von diesen Erkenntnissen, liegt eine große Verantwortung

---

[2] Die beiden wichtigsten Forderungen an den sozialistischen Realismus — Parteilichkeit und Volksverbundenheit — werden hier vor allen anderen Kriterien genannt.

bei den Leitern und Lehrern der künstlerischen Lehranstalten[3], die jene jungen Künstler und Kulturschaffenden ausbilden, welche das Niveau unseres kulturellen und künstlerischen Lebens der kommenden Jahrzehnte entscheidend bestimmen werden.

Die humanistische Wirksamkeit des Künstlers in unserer Gesellschaft beruht darauf, im Leben der Menschen unserer Republik, in ihren Kämpfen und Siegen, Konflikten und Bewährungsproben, den neuen großen ästhetischen Gegenstand zu entdecken und künstlerisch zu verallgemeinern. Mit seinem Werk nimmt der Künstler — übereinstimmend mit dem gesellschaftlichen Auftrag der Kunst — eine geistig führende Position bei der Charakterbildung der sozialistischen Persönlichkeit, ihrer Erziehung und Selbsterziehung ein. So kann er vor allem der Jugend helfen, ihren Platz im Leben zu finden und immer wieder neu zu behaupten, ihre schöpferischen Kräfte zu entfalten, zu lernen, wie man leben muß. Er kann ihre Phantasie und ihren Optimismus beflügeln und all jene in ihr vorhandenen Talente und geistigen Kräfte mitformen, die sie befähigen, Träger und Gestalter unserer Gesellschaft von morgen zu sein.

Anna Seghers
Die Aufgaben des Schriftstellers heute

Aus dem sozialistischen Bewußtsein gehen völlig neue Themen hervor. Das ist auch der Fall, wenn das Werk einen anderen Gegenstand hat als den Aufbau des Sozialismus, wenn sich dieser keineswegs unmittelbar darin spiegelt. Man könnte viele sowjetische Bücher als Beispiel heranziehen. Was auch darin vorkommt, immer bleibt der Eindruck, daß ihre Autoren, was in der Welt geschieht, von einem neuen unverfälscht sozialistischen Standpunkt aus betrachten.

Erst wenn entwickeltes Bewußtsein und wirkliches Talent zusammenkommen, entstehen menschenverändernde, auf Menschen wirkende Kunstwerke. Um das vollkommen gelungene Kunstwerk, das viele subjektive und objektive Voraussetzungen hat, gab es und gibt es vorher und gleichzeitig viele Versuche, nur ein Vorgefühl von der neuen, der sozialistischen Welt. Sie dürfen nicht schon im Entstehen eingeschüchtert werden. . . .

---

[3] Hier wäre das Institut für Literatur „Johannes R. Becher" in Leipzig zu nennen, das seit 1955 nach dem Vorbild des Maxim-Gorki-Instituts in Moskau in mehrjährigen Lehrgängen Autoren ausbildet. Viele Schriftsteller, die als sozialistische Autoren in der DDR Ansehen und Einfluß haben, haben hier studiert (von Autoren dieses Bandes z. B. Helmut Baierl, Werner Bräunig, Volker Braun, Kurt Bartsch, Sarah Kirsch, Arne Leonhardt, Horst Salomon).

In der Skala des Menschlichen, der Erfüllung der menschlichen Werte, muß der Sozialismus den Menschen das Höchstmögliche sichern (in diesem Sinn sind auch wir nicht da auszulöschen, sondern zu erfüllen). Und im Leben wie im Kunstwerk sind wir da, das Erreichte klarzumachen und zu sichern, das Erreichte, das aus Arbeit, überwundenen Zweifeln, Selbstüberwindung und Widersprüchen entsteht, ja aus der Lösung immer neuer Konflikte.

Es ist falsch, ein Hehl zu machen aus unseren Mängeln. Unsere immer noch unerfüllten Wünsche zu verschweigen, zu verschleiern, was noch nicht erreicht wurde. Es gibt aber auch keinen Grund, seine Freude zu verstecken über etwas, was gelungen ist. Oder zu verschweigen, was Kurt Stern sagte auf unserer Vietnam-Veranstaltung, daß unser Staat und unsere Partei uns erzogen haben zum Internationalismus, zur Solidarität. Darzustellen, was es bei uns gibt, indem 120 Jahre Arbeiterbewegung in die Wirklichkeit umgesetzt werden, und zugleich indem wir abstreifen, was uns eine Last bedeutet auf dem nächsten steilen Weg — zu der Last gehören aber auch Besserwissen und Unwissenheit —, darin liegt ein Teil unserer Aufgabe.

Man kann sagen, daß alle Menschen in diesem Land durch ihre Arbeit darstellen, wer wir sind. Und die Arbeit des Schriftstellers kommt aus der Gesellschaft und wirkt auf die Gesellschaft zurück wie jede andere. Wenn er sie aber durchführt, seine Arbeit, dann ist der Schriftsteller auf besondere Weise allein, allein mit seiner Aufgabe und seinen Fähigkeiten.

Als Simonow[4] hier war, zum erstenmal nach dem Krieg, ich glaube, noch in den vierziger Jahren, war das Thema seines Vortrags, wenn ich mich richtig erinnere, „Über die Abhängigkeit und Verantwortung des Schriftstellers". An seiner Feststellung hat sich nichts verändert. Ja, der Schriftsteller ist gesellschaftlich abhängig wie jeder arbeitende Mensch. Und zugleich, wenn er schließlich die Folge zieht und schreibt, hat er eine Verantwortung, die ihm keiner abnehmen kann.

Es lohnt sich, wie man sagt, geradezustehen für diese Verantwortung, mag sie auch noch soviel Schwierigkeiten, Enttäuschungen, Diskussionen und Arbeit mit sich bringen. Sie ist groß, aber auch folgenschwer und deshalb schön. Sie heißt: Wirkung auf Menschen.

---

[4] Sowjetischer Schriftsteller, geb. 1915, schrieb u. a. lyrische Dichtungen und den Stalingrad-Roman „Tage und Nächte" (1944), der auch ins Deutsche übersetzt wurde.

Die Schriftsteller und die öffentlichen Organe, insbesondere Partei und Ministerium für Kultur

Der Staatsratsvorsitzende Walter Ulbricht eröffnete am 14. Januar 1971 eine „Ideenberatung mit Schriftstellern und bildenden Künstlern" mit folgenden Ausführungen:

1. Es ist notwendig, daß sich die Verbände der Schriftsteller und Künstler gründlich mit der Einschätzung der Lage und der Entwicklung der Literatur und Kunst der DDR, mit der sozialistischen Literatur der Sowjetunion und des sozialistischen Weltsystems sowie mit den Problemen des Kampfes gegen den Imperialismus beschäftigen.
2. Es ist bei diesem Tempo der Entwicklung eine systematische Information der Schriftsteller und Künstler über die neu entstandenen und auftauchenden Probleme notwendig, vor allem durch die Verbände, aber auch durch die Organe des Ministeriums für Kultur.
3. Es ist erforderlich, das Leben und Schaffen der Schriftsteller und Künstler in der sozialistischen Gemeinschaft durch alle Organe, die Möglichkeiten dazu haben, zu unterstützen, damit sich die Schriftsteller und Künstler mit den Erfahrungen über die neuen Probleme der Entwicklung des sozialistischen Lebens vertraut machen können und immer besser instand gesetzt werden, auch selbst an der Gemeinschaftsarbeit teilzunehmen.
4. Erforderlich ist die Förderung der Bildung der Schriftsteller und Künstler, besonders die Entwicklung ihres ethischen Bewußtseins. Mögen Sie selber die Frage beantworten, welches Bildungsniveau Sie als Schriftsteller und Künstler in dieser Zeit brauchen.
5. Es ist notwendig, daß die Schriftsteller und Künstler durch Parteiorgane, durch den Schriftstellerverband und vor allem durch die Mitarbeiter des Apparates des Ministeriums für Kultur systematisch beraten werden. Diese geduldige und helfende Beratung beziehen wir auch auf die Verlage und eine hochqualifizierte Literaturkritik. Wir sind uns voll bewußt, daß in diesem Zeitabschnitt solch komplizierte Erscheinungen auftreten, daß die Entwicklung nicht nach Schema F betrachtet werden kann. Nicht die Formen und Methoden der Schriftsteller und Künstler sind für uns in erster Linie Gegenstand der Diskussion. Jetzt kommt es auf die Höhe des sozialistischen Bewußtseins der Schriftsteller und Künstler an, auf ihre Bildung, auf ihre wertvollen literarischen und künstlerischen Leistungen im Sinne des sozialistischen Realismus. Dabei ist es notwendig, den sozialistischen Realismus nicht schematisch aufzufassen. Wir alle müssen gemeinsam davon ausgehen, daß sich in der Periode, da sich der Sozialismus auf seinen eigenen Grundlagen entwickelt, die Fortschritte und Konflikte in den Be-

ziehungen der Menschen, des gesamten gesellschaftlichen Seins anders darstellen, als das in früheren Perioden, vor allem im Kapitalismus oder zu Beginn der Übergangsperiode, der Fall war. Das erfordert die tiefe Einbeziehung der Probleme der sozialistischen Ethik und der humanistischen Lebensweise.

6. Es ist notwendig, die ganze Weite der Gegenwartsthematik zu erfassen. Wenn ich vorhin über die wissenschaftlich-technische Revolution sprach, so soll das niemanden dazu verleiten zu glauben, daß sich die Schriftsteller nun auf technische Probleme stürzen sollen. *Es gilt vielmehr, alle Probleme des Lebens der Menschen, der zwischenmenschlichen, des gesellschaftlichen Seins künstlerisch zu gestalten.* Es ist notwendig, daß unsere Literatur und Kunst auf *die Entwicklung der Revolutionäre unserer Zeit einwirkt,* auf die zahlreichen Helden, die sich auf den verschiedenen Gebieten unseres Lebens auszeichnen.

7. Sehr wichtig ist die Entwicklung des literarischen und künstlerischen Nachwuchses. Dazu möchte ich jetzt keine konkreten Anregungen geben, da ich weiß, daß Sie sich selbst damit beschäftigen und es zweckmäßiger ist, Ihre Anregungen dazu zu hören.

Das waren einige grundsätzliche Bemerkungen, die ich unserer Ideenberatung vorausschicken wollte. *Es geht um die Meisterung der Probleme des entwickelten gesellschaftlichen Systems des Sozialismus auf allen Gebieten,* von der Politik, von der Wissenschaft bis zur Literatur und Kunst, zur sozialistischen Lebensweise usw. Das Problem ist klar: Wie können unter diesen Bedingungen die Aufgaben der Schriftsteller und Künstler am besten gefördert und gelöst werden, um ein möglichst hohes Niveau an Erlebniskraft und sozialistischer Wirkung auf die Menschen zu erreichen?

Grußadresse des DSV an den VIII. Parteitag der SED

Liebe Genossen!   Berlin, am 15. Juni 1971

Wir, die Mitglieder des Deutschen Schriftstellerverbandes, senden den Delegierten des VIII. Parteitages der Sozialistischen Einheitspartei Deutschlands unsere solidarischen Grüße.

Durch unser Leben und durch unsere Arbeit, durch unser Denken und Handeln sind wir fest verbunden mit der Partei der Arbeiterklasse, der führenden Kraft in allen Bereichen unserer sozialistischen Gesellschaft. Wir danken der Partei für alles, was unter ihrer Führung entstanden ist und entsteht. Wir danken ihr für die ständige Unterstützung, die sie unserem Schaffen zuteil werden läßt.

Treu den Prinzipien des Marxismus-Leninismus und des sozialistischen Internationalismus, gestützt auf das Bündnis mit dem ganzen werktätigen Volk, hat uns die Partei, allen Anfeindungen reaktionärer Fronden zum Trotz, von Etappe zu Etappe, von Sieg zu Sieg geführt. Durch die Kraft der Partei entstand unser sozialistisches Vaterland. Es fühlt sich eins mit den Völkern der Sowjetunion, mit den Völkern der sozialistischen Bruderländer, mit allen Menschen, die mit ihrem Geist und mit ihren Waffen für Frieden und Sozialismus, gegen Imperialismus und Antikommunismus kämpfen. An diesem großen geschichtlichen Kampfe nehmen wir Schriftsteller mit unserer Arbeit teil.

Der Wahrheit der Dinge auf den Grund zu gehen, volksverbunden sein in unserer literarischen Arbeit, ihre Tiefe und Breite ständig prüfen, das Neue aufspüren, indem wir uns dem tagtäglichen Leben stellen, das Erbe im Neuen bewahren, unsere Sache als Teil der Menschheitssache darstellen — darin liegt unsere Gemeinsamkeit mit der Partei der Arbeiterklasse, der Sozialistischen Einheitspartei Deutschlands.
Mit sozialistischem Gruß

Anna Seghers
Präsidentin

Gerhard Henninger
1. Sekretär

Stil und Bedeutung öffentlicher Literaturkritik

Max Walter Schulz hielt auf dem VI. Deutschen Schriftstellerkongreß 1969 in Ostberlin das Hauptreferat zum Thema: „Das Neue und das Bleibende in unserer Literatur". Die „neue" Literatur bewertete er folgendermaßen:

Es gibt nun einmal heute in Deutschland zwei deutsche Staaten, die sich antagonistisch gegenüberstehen. Unser sozialistischer Staat ist es nicht, der den anderen mit Gewaltmitteln okkupieren möchte. Die Identifikation der heute in Deutschland lebenden Schriftsteller mit dem einen oder dem anderen Staat, der sozialistischen Gesellschaft oder der kapitalistischen Ungesellschaftlichkeit, erzeugt mithin auch zwei deutsche Literaturen. Eine dritte deutsche Literatur, die sich weder mit dem einen noch mit dem anderen identisch erklärt, die sich autonom erklärt, die keiner Sache dienen will als der eigenen, die ihre Gesellschaftlichkeit in einem nur in einigen Köpfen vorhandenen intellektualistischen Pseudo-Internationalismus sucht, ist nach aller geschichtlichen Erfahrung von vornherein zur gesellschaftlichen Wirkungslosigkeit verurteilt. Sie kann Mode machen, das kann sie. Sie kann wie die Eule der Minerva in der Dämmerung auffliegen und die Klassenlage besichtigen, das kann sie auch. Aber — um im Hegelschen Bild zu bleiben — es ist Dämmerung und Eulenaugen, die Augen des objektiven Geistes erkennen in der objektiven Realität nur das, was sie in ihr zu erkennen belieben. Der bürgerliche deutsche Schriftsteller, der seiner Gesellschaft noch den dunklen Spiegel alter bürgerlich-humanistischer und demokratischer Ideale vorhält, steht unserer sozialistischen deutschen Literatur immer noch weit näher als die Literaten des dritten Weges[5]. Diese entfernen sich mit zunehmendem Wirklichkeitsverlust aus dem Sichtbereich humanistischer Literatur. Ihr sogenannter dritter Weg entpuppt sich mehr und mehr als eine dienstwillige literarische Haltung zwischen „Innenwelt" und Antikommunismus.

Im Rowohlt Verlag Hamburg erschien im März dieses Jahres ein Lyrikband von Reiner Kunze „Sensible Wege", achtundvierzig Gedichte und ein Zyklus. Wenn man die ausgerechnet achtundvierzig Gedichte liest, erscheint einem der fatale lyrische Ort zwischen Innenweltschau und Antikommunismus in gestochener Schärfe.

Und Reiner Kunze lebt unter uns. War er nicht auch 1965 mit uns in Weimar?[6] Erging der Ruf aus Weimar nicht auch von ihm?

Aber ein Jahr später schreibt er für die Rowohlt-Schublade: „Weimar totenglöckchen / an der deutschen Eiche / Du läutest / zur Fürstengruft / Du läutest / zum Ettersberg / Du läutest / wo aber bleiben / die Vögel."[7] Welche Vögel, wenn man da fragen darf?

Möglicherweise ist der „Kurze Lehrgang"[8], der in dem Bändchen u. a. über „Dialektik" veranstaltet wird, wo es heißt: „Unwissende damit ihr / unwissend bleibt / werden wir euch / schulen", möglicher-

---

[5] Mit dem Begriff „Dritter Weg" verband die antistalinistische Opposition ihre Zustimmung zum demokratischen Sozialismus, wie er etwa im Reformkommunismus der CSSR 1968 angestrebt wurde. Die Anhänger dieser Auffassung lehnen den Stalinismus als Entartung des Sozialismus ebenso ab wie die bürgerlich-demokratische Gesellschaftsordnung westlicher Länder. Sie erstreben einen Weg zwischen beiden Systemen, der auf der Grundlage der sozialistischen Wirtschafts- und Gesellschaftsordnung mehr demokratische Freiheitsrechte ermöglicht. Die Sowjetunion und die mit ihr verbündeten Länder verwerfen eine solche Auffassung als konterrevolutionär; mit dieser Anschuldigung begründeten sie ihre Invasion in die CSSR 1968. Anhänger dieses demokratischen Sozialismus in der DDR sind, wenn sie das Land nicht verlassen haben, zum Schweigen gebracht worden, z. B. Robert Havemann und Wolf Biermann. Hier wird auch Reiner Kunze dieser Richtung zugeordnet; sein letzter Gedichtband „Sensible Wege" ist nur in der Bundesrepublik erschienen. Vgl. auch seinen Brief an einen westdeutschen Verleger (I, 8).

[6] In Weimar fand 1965 der V. Schriftstellerkongreß der DDR statt.

[7] Dieses Gedicht, benannt „Elegie", nachzulesen in dem oben genannten Gedichtband „Sensible Wege", bezieht sich auf das Konzentrationslager Buchenwald bei Weimar, zu dessen nahem Umkreis auch der Ettersberg gehört. — Vögel spielen in Kunzes Gedichten eine Rolle, sowohl im realen wie metaphorischen Sinn. Zwei Gedichtbände haben die Titel: „Vögel über dem Tau" und „Aber die Nachtigall jubelt". Vgl. auch das Gedicht „Der Vogel Schmerz" (Motto zu VII).

[8] Siehe VI, 3^2.

weise ist diese „Dialektik" eine innerlyrische Einrichtung, dergleichen Leute mit dergleichen konkreten Fragen in Unwissenheit zu belassen. Ersparen wir uns weitere Kostproben. Es ist alles in allem, trotz zwei Feigenblättern, der nackte, vergnatzte, bei aller Sensibilität aktionslüsterne Individualismus, der aus dieser Innenwelt herausschaut und schon mit dem Antikommunismus, mit der böswilligen Verzerrung des DDR-Bildes kollaboriert — auch wenn das Reiner Kunze, wie anzunehmen, nicht wahrhaben will. Innerlichkeit im sozialistischen Menschenbild ist ein Wesensteil des ganzen Menschen, Innerlichkeit befindet sich mit dem „äußeren" Wesen, dem Denken, Fühlen und Handeln, das sich unter den Augen der Öffentlichkeit, der Gesellschaft vollzieht, im ständigen Stoffwechsel. Wir verzeichnen in unserer jüngsten epischen Literatur, genauer gesagt in lyrisch getönter Prosa, einige Beispiele, wo Innerlichkeit, aufgefaßt als Wesensteil des ganzen sozialistischen Menschen, akzentuiert in den Vordergrund tritt. Die Diskussion um diese nach Inhalt und Form und nach dem Wert ihrer Innerlichkeitsproblematik zu unterscheidenden Bücher bezog sich immer wieder auf die Frage, in welcher Weise, ausreichend oder nicht ausreichend, dieser Stoffwechsel zwischen „innen" und „außen" in den Situationen, in die die Figuren geführt werden, vorhanden ist. Denn es handelt sich jeweils um Figuren, die aus einem aktiven „äußeren", gesellschaftlichen Leben kommen und in — so mag es in der Absicht der Autoren gelegen haben — Situationen gestellt werden, die vor allem „Innerlichkeit" von ihnen erfordern: wieweit aktiv „innerlich" im gesellschaftlichen Sinn ist die Frage. Die kritische Betrachtung einer solchen Konstellation zwischen „Außen" und „Innen" sieht sich, der Absicht der Autoren folgend, zu einigen allgemeineren Fragen veranlaßt: Welche lebenswirklichen, zwingenden Gründe führt die Handlung für das Eintreten der „inneren" Situation an?

Was an Lebenserfahrung, Funktionserfahrung, Charakter, Wissen und erkenntnisfähiger Bildung bringt die Figur von „außen" mit? Wie verhält sie sich in der „Innerlichkeit" zu dem Mitgebrachten? Welche Widersprüche in der Selbstverständigung und in der Verständigung mit anderen treten auf?

Welche Konflikte entstehen daraus? Welche Klärung findet statt? Welche Entscheidung wird getroffen?

Und schließlich: Geht der Mensch in seinem ganzen Wesen, also auch in seinem Gesellschaftsbewußtsein, reicher oder ärmer aus der „Innerlichkeit" hervor? Hat eine produktive geistige Aufregung stattgefunden oder ist es bei Kontemplation geblieben? Gibt es ein neues, mit dem Weg der gesellschaftlichen Entwicklung übereinstimmendes persönliches Perspektivbewußtsein oder führt Nachdenken zur Resignation?

Hier drängt sich ein offenes Wort über Christa Wolfs „Nachdenken über Christa T." auf. Wir kennen Christa Wolf als eine talentierte Mitstreiterin unserer Sache. Gerade deshalb dürfen wir unsere Enttäuschung über ihr neues Buch nicht verbergen. Wie auch immer parteilich die subjektiv ehrliche Absicht des Buches gemeint sein mag, so wie die Geschichte nun einmal erzählt ist, ist sie angetan, unsere Lebensbewußtheit zu bezweifeln, bewältigte Vergangenheit zu erschüttern, ein gebrochenes Verhältnis zum Hier und Heute und Morgen zu erzeugen. — Wem nützt das?

Wem nützt eine subjektiv ehrliche, parteilich gemeinte Absicht, wenn sie streckenweise im literarischen Text und im Gesamteindruck die Doppelbödigkeit der Aussage so eindeutig provoziert, daß sich die andere Seite nur zu wählen braucht, was ihr beliebt, nur herauszulesen braucht, was sie gern herauslesen möchte. Wir sind nun einmal noch nicht allein auf der Welt, wir Sozialisten.

Wir lassen uns unser Urteil nicht vom Gegner diktieren. Wenn aber ein Mann wie Reich-Ranicki[9], der Anna Seghers' neuen großen Roman aufs niederträchtigste beschimpfte und besudelte, gleichzeitig das „Nachdenken über Christa T." so kommentiert: „Sagen wir klar, Christa T. stirbt an Leukämie, aber sie leidet an der DDR" — dann muß uns das auch zu denken geben, um so mehr, als eine alte Methode wieder einmal praktiziert wird: Die DDR-Schriftsteller sind gegeneinander auszuspielen. Wer eindeutig parteilich schreibt, wird — je eindeutiger, je schlimmer — ohne Ansehen der literarischen Leistung literarisch disqualifiziert. Wer dagegen den Anschein erweckt, mit dem Arbeiter-und-Bauern-Staat und der Partei der Arbeiterklasse unzufrieden zu sein, rückt ohne weiteres Ansehen, wieviel Augen der literarischen Qualität er tatsächlich geworfen hat, gleich um zehn Felder vor.

Wir wären Prügel wert, wenn wir die diversante Absicht nicht durchschauten. Wo es die subjektiv ehrliche Absicht zu schützen gilt, werden wir sie lieber selber schützen. Unter uns braucht es allerdings dazu einiges mehr an Offenheit und wechselseitiger Bereitschaft zu prinzipieller kameradschaftlicher Kritik. In dieser Verantwortung rufen wir Christa Wolf zu: Besinn dich auf dein Herkommen, besinn dich auf unser Fortkommen, wenn du mit deiner klugen Feder der deutschen Arbeiterklasse, ihrer Partei und der Sache des Sozialismus dienen willst.

---

[9] Literaturwissenschaftler (siehe Bibliographie S. 176) und Literaturkritiker. Hier ist Reich-Ranickis Kritik an dem Roman „Das Vertrauen" von Anna Seghers gemeint, der in der DDR gerühmt, außerhalb jedoch als sehr mittelmäßiges Werk der bedeutenden sozialistischen Erzählerin angesehen wird.

Robert Havemann
Zur Frage der Diskussionsfreiheit

Es ist oft sehr nützlich, wenn man weiß, was man nicht gesagt hat. Im Herbst 1963 — ich war damals noch nicht aus der Partei ausgeschlossen, das geschah erst 1964 im Anschluß an meine Vorlesungen — veranstaltete die Partei in der sogenannten Professoren-Mensa der Humboldt-Universität ein Kulturgespräch mit den Dozenten und Professoren. Die Leitung hatte Wilhelm Girnus, der lange Zeit, aber letzten Endes erfolglos, Staatssekretär für das Hochschulwesen gewesen war. Zu seiner Unterstützung saßen mit ihm an einer Art Präsidiums-Tisch ein Funktionär des Kulturministeriums, der Schriftsteller Paul Wiens[10] und ich. Girnus hielt eine seiner salbadrigen Reden, lauter aneinandergereihte Plattheiten und Undeutlichkeiten, bei denen sich jeder jedes denken konnte, sehr auf professorale Würde bedacht, durch und durch unecht. Als er endlich fertig war, kam natürlich zunächst trotz wiederholter Aufforderung keine Diskussion zustande. Ich meldete mich und sagte: „Vielleicht kommt eine Diskussion leichter zustande, wenn wir unserer Beratung ein Motto geben, das ich ganz allgemein für Kulturgespräche empfehlen möchte. Es ist ein Spruch des chinesischen Weisen Lao Tse, der lautet:

,Herrscht ein ganz Großer, so weiß das Volk nur
eben, daß er da ist.
Mindere werden geliebt und gelobt.
Noch Mindere werden gefürchtet.
Noch Mindere werden verachtet.
Schenkst du kein Vertrauen, so findest du kein Vertrauen.
Wie weise waren doch die Alten im Wägen ihrer Worte.
Ihre Werke wurden vollbracht, die Arbeit wurde getan.
Und die Leute im Volk wußten:
Wir sind selbständig.' "

Das schlug ein. Die anwesenden Genossen Gesellschaftswissenschaftler fühlten sich aufgerufen, die Kulturpolitik zu verteidigen, gegen Lao Tse. Aber ihre Reden blieben matt. Die Worte Lao Tses trafen die Situation. Im weiteren Verlauf des Diskussion meldete ich mich noch einmal und goß noch mehr Öl ins Feuer. Zuerst lobte ich die neue ökonomische Politik[11] der Partei, verlangte dann aber auch eine neue Kulturpolitik.

---

[10] Geb. 1922, schreibt vor allem Lyrik.

[11] 1963 wurde — nachdem der noch laufende Siebenjahrplan als gescheitert erkannt wurde — auf dem VI. Parteitag der SED das „Neue Ökonomische System der Planung und Leitung" beschlossen. Um einen Leistungsanreiz zu schaffen, erlaubte man den Betrieben eine begrenzte Gewinnerzielung („materielle Interessiertheit") und eine Erweiterung ihrer Entscheidungsbefugnisse.

„Hätten wir die bisherige ökonomische Politik fortgesetzt, so hätte das für unsere Wirtschaft das Chaos bedeutet. Wenn wir unsere bisherige Kulturpolitik fortsetzen, so bedeutet das die Zerstörung unserer Kultur!" rief ich mit Emphase aus.

Von Chaos und Zerstörung in Verbindung mit der geheiligten Politik unserer Partei zu sprechen, war gewiß stark. Die Reaktion konnte nicht ausbleiben. Die anwesenden parteilosen Dozenten und Professoren erlebten gleichwohl voller Staunen, wie die Meute über mich herfiel. Paul Wiens versuchte eine schwache Verteidigung für mich, indem er meinte, ich habe es gar nicht so gemeint. Ich hatte es aber so gemeint. Den schärfsten Angriff führte Peter Alfons Steininger, Professor für Völkerrecht, ein wortgewandter Advokatentyp alter Schule. Er spielt sich gern als alter Kommunist auf. Während der Nazizeit hatte er aber versucht, sich bei der NS-Kulturkammer anzubiedern, mit einem schleimigen Brief, der zu seinem Ärger 1946 im Westberliner *Tagesspiegel* veröffentlicht worden war. Dadurch war seine Karriere vorübergehend gestoppt worden. Aber das war nun schon lange her. Er hatte sich inzwischen mit Erfolg wieder hochgedient. Steininger redete überlaut, seine Stimme überschlug sich.

„Und solche Worte müssen wir ausgerechnet aus dem Munde des Genossen Robert Havemann hören. Chaos und Zerstörung, unserer Partei gesagt, ich wiederhole es, das hast du gesagt, Robert", bei der Nennung meines Vornamens als Anrede legte er den Klang verzweifelter Besorgnis eines guten Freundes in seine Stimme, „Robert, was hast du dir dabei gedacht, unsere Partei ist die Partei der Ordnung und des Aufbaus. Chaos und Zerstörung ist das Wesen des Imperialismus, nicht unser Wesen. Wohin bist du geraten . . ." Und so weiter.

Als er fertig war, meldete ich mich. Girnus wollte mir zuerst das Wort nicht erteilen. „Nur einen Satz, bitte!" sagte ich. Er reagierte nicht. Ich stand aber einfach auf und sagte:

„Meine Damen und Herren, ich verstehe Ihre Aufregung nicht. Was ich hier gesagt habe, ist doch der Gipfel der Harmlosigkeit — verglichen mit dem, was ich denke." Und setzte mich wieder.

Wie gesagt, es ist gut, wenn man weiß, was man nicht gesagt hat. Denn die Sache hatte natürlich ein Nachspiel. Ich wurde in die Bezirksleitung[12] zitiert. Den Spruch von Lao Tse kannten inzwischen alle auswendig. Die ganze Veranstaltung war ja auf Band aufgenommen. Am meisten empört war man aber über meinen letzten Satz.

„Ich versteh euch nicht", begann ich, „das ist doch immer so, was ein Mensch sagt, ist doch immer viel harmloser als das, was er denkt.

---

[12] Die Bezirksleitungen der SED stehen über den Kreis- und Stadtleitungen der Partei.

Zum Beispiel, was ein Mann zu einer hübschen jungen Frau sagt, meint Ihr nicht auch?"

Die Genossen wußten nicht, ob sie lachen oder empört sein sollten.

„Aber Scherz beiseite", fuhr ich schnell fort, „stellt euch bloß vor, was ich alles hätte sagen können über die chaotischen Verhältnisse in unserer Wirtschaft vor dem neuen ökonomischen System, über die riesigen Fehlinvestitionen in der Flugzeugindustrie, im Rostocker Hafen. Darüber, daß eine Kommission der staatlichen Plankommission zu dem Ergebnis gekommen ist, daß man wegen der vielfältig verschachtelten Subventionspolitik nicht in der Lage ist, auf Grund der geltenden Preise festzustellen, ob die Fabrikation und der Export von Schiffen für die Wirtschaft der DDR ein Gewinn- oder ein Verlustgeschäft ist. Über die riesigen Lagerbestände an Ladenhütern in unserer Elektroindustrie, über das Geld, das wir für das Farbfernsehen zum Fenster hinausgeschmissen haben. Wollt Ihr noch mehr hören?"

Nein, sie wollten nicht. Sie waren mir zu dankbar für alles das, was ich nicht gesagt hatte.

......

Gegenwärtig gibt es eine einigermaßen lebendige wissenschaftliche Diskussion auf marxistischer Grundlage nur außerhalb des sogenannten sozialistischen Blocks. In den sozialistischen Staaten werden auch die Antworten auf theoretische Fragen weitgehend von der Behörde dekretiert, jedenfalls immer dann, wenn sie für die Politik der Partei praktische Relevanz haben. Die freie Entfaltung der wissenschaftlichen Auseinandersetzung kann aber auch in den sozialistischen Staaten erzwungen werden. Dazu ist es erforderlich, daß sich alle Parteien, die die Notwendigkeit der freien und öffentlichen politisch-wissenschaftlichen Diskussion fordern und für sich anerkennen, wie beispielsweise die italienische und die französische Kommunistische Partei, nicht nur in ihrer Presse und auf internationalen Konferenzen ganz allgemein mit dieser Forderung auftreten, sondern daß sie sich noch mehr als bisher mit den wenigen kritischen Marxisten solidarisieren, die noch oder schon ihre Stimme innerhalb der sozialistischen Länder erheben.

Für die Zukunft der revolutionären sozialistischen Bewegung in der Welt hängt alles davon ab, daß die theoretische Stagnation, diese Sklerose des Marxismus, wie Sartre sie genannt hat, überwunden wird. Das Vorhandensein von theoretischen Meinungsverschiedenheiten ist ja nicht das Übel. Im Gegenteil, es ist gut, daß es sie gibt. Schlecht ist aber, daß diese Meinungsverschiedenheiten nicht gründlich und öffentlich zur Sprache gebracht und ausdiskutiert werden, sondern gegenseitige Diffamierung und Verleumdung die einzige Praxis des Auseinandersetzens ist.

Die Offenheit der Auseinandersetzung würde allerdings bedeuten, daß jede Partei es sich gefallen lassen muß, daß ihre Politik und ihre theoretischen Ansichten von anderen Parteien und überhaupt von jedem innerhalb und außerhalb des Landes kritisiert werden können. In den meisten sozialistischen Staaten ist eine derartige Kritik bisher praktisch ausgeschlossen. Kritische Meinungen werden nicht publiziert, wer sie in Reden und Vorträgen, selbst in der bescheidensten Form von Öffentlichkeit äußert, wird sehr schnell auch von diesen Möglichkeiten abgeschnitten und hat sogar mit strafrechtlichen Verfolgungen zu rechnen. Demokratische Freiheiten innerhalb der sozialistischen Staaten sind also auch unabdingbare Voraussetzung für Erneuerung und Wiederbelebung der marxistischen theoretischen Arbeit.

Wenn ein Autor außerhalb der DDR veröffentlichen möchte
(Brief Reiner Kunzes an einen westdeutschen Verleger)

Der Verleger Dieter Hülsmanns bat 1971 Reiner Kunze um einen Beitrag zu einer für 1972 geplanten Anthologie mit dem Titel „Schaden spenden", an der etwa hundert deutschsprachige Autoren teilnehmen sollten; Reiner Kunze sagte ab, nicht freiwillig, wie der Brief, in dem er seine Absage erläuterte, klar macht:

Greiz, den 27. April 1971

Lieber Herr Hülsmanns,

gern hätte ich etwas für Ihre Anthologie geschrieben, aber der Staat hat Mittel, einem Autor die Beteiligung an Anthologien abzugewöhnen.

Zuerst erläßt der Staat ein Gesetz[13], in dem verfügt wird, daß jede Vergabe von urheberrechtlichen Nutzungsbefugnissen nach jenseits seiner Grenzen genehmigungspflichtig ist, und er gründet eine Institution, durch die er die Genehmigung erteilen oder verweigern lassen kann. Wendet sich dann ein Autor an diese Institution und bittet um Genehmigung, sich an einer Anthologie beteiligen zu dürfen, erhält er beispielsweise vier Wochen lang keine Antwort. Dann wird ihm mitgeteilt, daß man, bevor man überhaupt zur Bearbeitung des betreffenden Vertragsentwurfs kommen könne, das Verzeichnis aller an der Anthologie beteiligten Autoren benötige. Der Autor schreibt dem Verlag, der Verlag schickt dem Autor das Verzeichnis (Laufzeit eines Eileinschreibens von Frankfurt am Main nach Thüringen bis zu drei Wochen, vorausgesetzt, daß es nicht verlorengeht), und der Autor sendet das Verzeichnis an die Institution. Daraufhin fordert die Institution das Manuskript des

---

[13] Seit 1966 gibt es dieses Gesetz, das Autoren verpflichtet, Veröffentlichungen außerhalb der DDR durch das „Büro für Urheberrechte" genehmigen zu lassen.

33

Beitrags an, den der Autor für die Anthologie geschrieben hat. Der Autor reicht es ein, worauf ihm mitgeteilt wird, die Überprüfung des Vertragsentwurfs habe ergeben, daß eine Genehmigung nicht erteilt werden kann. Inzwischen sind vier Monate vergangen, die Anthologie mit dem Beitrag ist im Druck, und der Autor steht vor der Entscheidung, den Vertrag ohne Genehmigung zu unterschreiben oder die Maschinen anhalten zu lassen. Er unterschreibt, vertrauend auf die Verfassung eines Staates, die keine Zensur vorsieht und das Recht auf freie und öffentliche Meinungsäußerung garantiert. Der Staat aber, den der Autor selbst unterrichtet und bei dem er, alle Vorschriften beachtend, seinen Devisenanspruch gegenüber dem Verlag anmeldet, eröffnet gegen den Autor ein Verfahren und verurteilt ihn zur höchstmöglichen Geldstrafe, die unter Umständen das Dreißigfache des Honorars betragen kann, das der Autor für seinen Beitrag erhält.

Beteiligt sich der Gemaßregelte weiterhin an Anthologien usw., obwohl ihm die Genehmigung verweigert wird und er Strafe zahlen muß, läßt man ihn eines Tages wissen, daß er ab sofort auch nicht mehr als Übersetzer publizieren darf, und man kündigt ihm die bereits abgeschlossenen Verträge. Die betreffenden Verlage schreiben ihm fast gleichzeitig Briefe, in denen es heißt: „Wir bedauern, Ihnen heute mitteilen zu müssen, daß unser . . . ohne Ihre Nachdichtungen erscheinen wird. Zu dieser Entscheidung haben uns die von Ihnen . . . veröffentlichten Gedichte veranlaßt, die uns zeigen, daß Sie mit den von unserem Verlag verfolgten kulturpolitischen Zielen nicht mehr übereinstimmen." Oder es heißt: „Gedichte von Ihnen, veröffentlicht in . . ., belehren mich, . . . daß Ihnen an einer weiteren Zusammenarbeit mit uns unter bedingten Voraussetzungen nichts mehr liegt . . . Wir teilen Ihnen hierdurch mit, daß wir Ihre Nachdichtungen der Werke von . . . nicht publizieren werden."

Ich bitte Sie also um Verständnis, wenn ich für Ihre Anthologie keinen Beitrag schreiben kann, und ich danke Ihnen für ihre freundliche Einladung.

Lieber Herr Hülsmanns, Sie können sich sicherlich vorstellen, daß der Staat noch andere Mittel besitzt, einem Autor die Beteiligung an Anthologien abzugewöhnen, und so möchte ich es bei den angeführten Beispielen belassen.

Mit schönen Grüßen   Ihr *Reiner Kunze*

Marxistische Literaturauffassung in der DDR

Die marxistisch-leninistische Ästhetik hat von Anbeginn keinen Zweifel darüber gelassen, daß sozialistische Parteilichkeit letztlich das „Verschmelzen" mit dem Parteistandpunkt bedeutet.[1]

Karl Marx zur Basis-Überbau-Theorie

Karl Marx hat in dem Vorwort „Zur Kritik der politischen Ökonomie" (1859) programmatisch die Basis-Überbau-Theorie formuliert, die den Ausgangspunkt der marxistischen Literaturauffassung bildet:

In der gesellschaftlichen Produktion ihres Lebens gehen die Menschen bestimmte, notwendige, von ihrem Willen unabhängige Verhältnisse ein, Produktionsverhältnisse, die einer bestimmten Entwicklungsstufe ihrer materiellen Produktivkräfte entsprechen. Die Gesamtheit dieser Produktionsverhältnisse bildet die ökonomische Struktur der Gesellschaft, die reale Basis, worauf sich ein juristischer und politischer Überbau erhebt, und welcher bestimmte gesellschaftliche Bewußtseinsformen entsprechen. Die Produktionsweise des materiellen Lebens bedingt den sozialen, politischen und geistigen Lebensprozeß überhaupt. Es ist nicht das Bewußtsein der Menschen, das ihr Sein, sondern umgekehrt ihr gesellschaftliches Sein, das ihr Bewußtsein bestimmt. Auf einer gewissen Stufe ihrer Entwicklung geraten die materiellen Produktivkräfte der Gesellschaft in Widerspruch mit den vorhandenen Produktionsverhältnissen oder, was nur ein juristischer Ausdruck dafür ist, mit den Eigentumsverhältnissen, innerhalb deren sie sich bisher bewegt hatten. Aus Entwicklungsformen der Produktivkräfte schlagen diese Verhältnisse in Fesseln derselben um. Es tritt dann eine Epoche sozialer Revolution ein. Mit der Veränderung der ökonomischen Grundlage wälzt sich der ganze ungeheure Überbau langsamer oder rascher um. In der Betrachtung solcher Umwälzungen muß man stets unterscheiden zwischen der materiellen, naturwissenschaftlich treu zu konstatierenden Umwälzung in den ökonomischen Produktionsbedingungen und den juristischen, politischen, religiösen, künstlerischen oder philosophischen, kurz, ideologischen Formen, worin sich die Menschen dieses Konflikts bewußt werden und ihn ausfechten. Sowenig man das, was ein Individuum ist, nach dem beurteilt, was es sich selbst dünkt, ebensowenig kann man eine solche Umwälzungsepoche aus ihrem Bewußtsein be-

---

[1] Aus: Sozialistischer Realismus. Positionen, Probleme, Perspektiven. Hrsg. von Prof. Dr. Erwin Pracht und Dr. Werner Neubert, Dietz-Verlag, Berlin (Ost) 1970, S. 252.

urteilen, sondern muß vielmehr dies Bewußtsein aus den Widersprüchen des materiellen Lebens, aus dem vorhandenen Konflikt zwischen gesellschaftlichen Produktivkräften und Produktionsverhältnissen erklären.

Friedrich Engels zur Frage der „Tendenz in der Literatur" und zum Begriff „Realismus"

Friedrich Engels hat in Briefen an Verfasserinnen sozialkritischer Romane zu zwei literaturtheoretischen Fragen Stellung genommen, zur „Tendenz in der Literatur" und zum Begriff „Realismus". Seine Auffassung dazu hat die Theorie des Sozialistischen Realismus entscheidend mitbestimmt, vor allem in der Forderung nach „Treue des Details" und nach „getreuer Wiedergabe typischer Charaktere unter typischen Umständen".

An Minna Kautsky[2] in Wien; London, 26. November 1885

Ich bin keineswegs Gegner der Tendenzpoesie als solcher. Der Vater der Tragödie, Äschylus, und der Vater der Komödie, Aristophanes, waren beide starke Tendenzpoeten, nicht minder Dante und Cervantes, und es ist das Beste an Schillers „*Kabale und Liebe*", daß sie das erste deutsche politische Tendenzdrama ist. Die modernen Russen und Norweger, die ausgezeichnete Romane liefern, sind alle Tendenzdichter. Aber ich meine, die Tendenz muß aus der Situation und Handlung selbst hervorspringen, ohne daß ausdrücklich darauf hingewiesen wird, und der Dichter ist nicht genötigt, die geschichtliche zukünftige Lösung der gesellschaftlichen Konflikte, die er schildert, dem Leser an die Hand zu geben. Dazu kommt, daß sich unter unsern Verhältnissen der Roman vorwiegend an Leser aus bürgerlichen, aber nicht zu uns direkt gehörenden Kreisen wendet, und da erfüllt auch der sozialistische Tendenzroman, nach meiner Ansicht, vollständig seinen Beruf, wenn er durch treue Schilderung der wirklichen Verhältnisse die darüber herrschenden konventionellen Illusionen zerreißt, den Optimismus der bürgerlichen Welt erschüttert, den Zweifel an der ewigen Gültigkeit des Bestehenden unvermeidlich macht, auch ohne selbst direkt eine Lösung zu bieten, ja, unter Umständen, ohne selbst Partei ostensibel zu ergreifen.

Ihr F. Engels

---

[2] Populäre sozialdemokratische Schriftstellerin (1837—1912), Verfasserin verschiedener sozialer Romane und Novellen, die z. T. von Marx und Engels gerühmt wurden.

An Miss Harkness[3], April 1888

Wenn ich etwas zu kritisieren habe, so ist es dies, daß die Erzählung vielleicht doch nicht realistisch genug ist. Realismus bedeutet, meines Erachtens, außer der Treue des Details die getreue Wiedergabe typischer Charaktere unter typischen Umständen. Nun sind Ihre Charaktere typisch genug, soweit sie geschildert werden; aber die Umstände, die sie umgeben und sie handeln lassen, sind es vielleicht nicht in gleichem Maße. In dem „*City girl*"[4] figuriert die Arbeiterklasse als eine passive Masse, die unfähig ist, sich zu helfen, und nicht einmal einen Versuch macht, danach zu streben, sich zu helfen. Alle Versuche, sie aus ihrem stumpfen Elend herauszuziehen, kommen von außen, von oben. War nun dies eine zutreffende Schilderung um 1800 oder 1810 in den Tagen Saint-Simons und Robert Owens, so kann sie als solche nicht im Jahre 1887 einem Manne erscheinen, der fast 50 Jahre lang die Ehre gehabt hat, an den meisten Kämpfen des streitbaren Proletariats teilzunehmen. Die rebellische Auflehnung der Arbeiterklasse gegen das Milieu der Unterdrückung, das sie umgibt, ihre Versuche — konvulsivisch, halbbewußt oder bewußt —, ihre Stellung als menschliche Wesen wiederzuerlangen, gehören der Geschichte an und müssen darum auf einen Platz im Bereich des Realismus Anspruch erheben.

Ich bin weit davon entfernt, darin einen Fehler zu sehen, daß Sie nicht einen waschechten sozialistischen Roman geschrieben haben, einen Tendenzroman, wie wir Deutschen es nennen, um die sozialen und politischen Anschauungen des Autors zu verherrlichen. Das habe ich keineswegs gemeint. Je mehr die Ansichten des Autors verborgen bleiben, desto besser für das Kunstwerk.

Stichwort „sozialistischer Realismus" im Kulturpolitischen Wörterbuch

Zum Ursprung dieser Kunsttheorie wird hier (S. 451) gesagt:
Der Ausdruck „künstlerische Methode des s. R." wurde, unter der unmittelbaren Mitwirkung J. W. Stalins 1932 in der Sowjetunion geprägt und wenig später im Statut des Sowjetischen Schriftstellerverbandes verankert. Die dort gegebene Definition lautete: „Der sozialistische Realismus ... erfordert vom Künstler eine wahrheitsgetreue, konkret-historische Darstellung der Wirklichkeit in ihrer revolutionären Entwicklung".
Diese offizielle Definition ist bis heute gültig. Sie wurde zur Grundlage der Kunstauffassung in der DDR. Ihre Kriterien benennt das Kulturpolitische Wörterbuch so:

---

[3] Englische Schriftstellerin des ausgehenden 19. Jahrhunderts, Verfasserin von Romanen, die sich mit der Situation der englischen Arbeiterklasse befaßten.
[4] Diesen sozialkritischen Roman der Harkness hielt Engels für so nützlich für die sozialistische Propaganda, daß er seine Übersetzung ins Deutsche empfahl.

Realismus, sozialistischer:

1. künstlerische Methode; sich dynamisch entwickelndes und vervollkommnendes System objektiv begründeter, historisch konkreter Prinzipien, Verfahren und Zielsetzungen der künstlerischen Aneignung der Wirklichkeit vom Standpunkt der revolutionären Arbeiterklasse und der sozialistischen Gesellschaft (→ *Methode, künstlerische*). Das System dieser Prinzipien bestimmt die ideologische und ästhetische Einheit der sozialistisch-realistischen Kunst im ganzen wie im individuellen (bzw. kollektiven) künstlerischen Schaffen. Die Prinzipien der künstlerischen Methode des s. R. beruhen auf der Erkenntnis der grundlegenden Gesetzmäßigkeiten der künstlerischen Aneignung der Wirklichkeit in den Epochen des Kampfes der Arbeiterklasse für den Sozialismus und des Übergangs vom Kapitalismus zum Sozialismus im Weltmaßstab. Die Prinzipien der künstlerischen Methode des s. R. stellen eine qualitative Weiterentwicklung der durch die Entwicklung aller realistischen Methoden in der Kunstgeschichte (→ *Realismus*) gewonnenen und erprobten Schaffensprinzipien dar; künstlerische Beziehung zur gesamten humanistischen, progressiven und revolutionären Kunstentwicklung der Vergangenheit und sozialistisches Neuerertum stellen in der Literatur und Kunst des s. R. eine untrennbare Einheit dar. Die Grundsätze sozialistischer Parteilichkeit (→ *Parteilichkeit, sozialistische*) und → *Volksverbundenheit* bilden die übergreifenden, in allen Punkten der künstlerischen Erfassung, Verallgemeinerung (→ *Typisches*), ästhetischen Wertung (→ *Wertung, ästhetische*) und künstlerischen → *Gestaltung* wirksam werdenden Prinzipien der Methode des s. R., durch die künstlerisches Schaffen einerseits fest mit den Zielsetzungen und Kampfaufgaben der von der marxistisch-leninistischen Partei geführten revolutionären Arbeiterklasse als der Hauptkraft des gesellschaftlichen Fortschritts in unserer Zeit verbunden ist, andererseits ebenso fest mit den tatsächlichen, historisch bestimmten ideellen und künstlerischen Interessen und Bedürfnissen der breitesten Volksmassen. Entspr. den konkreten historischen Gegebenheiten widerspiegeln die Prinzipien der Methode des s. R. die Einheit aller revolutionären Entwicklungsprozesse des Kampfes der Arbeiterklasse um den Sozialismus bzw. die Einheit der Entwicklung des sozialistischen Seins und Bewußtseins auf dem Boden der neuen Gesellschaft und die gesetzmäßig notwendige Führung dieser Entwicklung durch die marxistisch-leninistische Partei (→ *Kulturpolitik*).

Zum Begriff der „sozialistischen Parteilichkeit" und der „Volksverbundenheit" in der marxistischen Kunsttheorie

(Aus dem marxistischen-leninistischen Wörterbuch der Philosophie)

Die *materialistisch-leninistische Theorie der Kunst* stellt die Kategorie der Parteilich- in den Mittelpunkt ihres Koordinatensystems (LENIN, Parteiorganisation und Parteiliteratur). Die ikonischen Künste gehören einem speziellen Bereich der ästhetischen Wertaxiomatik an. Die Formierung nach dem inhärenten Maß der Dinge — also auch nach den Gesetzen der Schönheit — bezieht sich hier speziell auf die menschliche Persönlichkeit und auf das organisierte und bewußte Gattungsleben des Menschen, die Gesellschaft sowie die in ihr wirksamen persönlichen Beziehungen. Der Mensch ist nach MARX gerade insofern Gattungswesen, als er sich zu sich selbst als der gegenwärtigen, lebendigen Gattung als einem universellen Wesen verhält. Dieses Verhalten zu sich selbst als Gattungswesen und zu seinem bewußten und organisierten Gattungsleben ist ständige Entscheidung, ständige Parteinahme und bildet den eigentlichen Gegenstand der Kunst. Unbeteiligtsein oder Neutralität ist in der geistig-praktischen Bestimmung dieses Verhältnisses nicht denkbar. In der Klassengesellschaft spiegelt die Kunst daher die Interessen und Selbsttäuschungen der jeweiligen Klassen wider. Künstlerische Prozesse sind ihrem Wesen nach also ideologischer Natur. Die Kunst bildet daher in der sozialistischen Gesellschaft ein unersetzbares und unentbehrliches Element des gesellschaftlichen Lebensprozesses, mit dessen Hilfe der Mensch der sozialistischen Gemeinschaft sich in sinnlich faßbaren Bildern die Alternativmöglichkeiten seiner Selbstverwirklichung als Gattungswesen in einer jeweils gegebenen einmaligen historischen Situation vergegenwärtigt, um die optimale persönliche Entscheidungsmöglichkeit als typischen Fall sichtbar werden zu lassen. Auch alle echte Kunst der Vergangenheit war Parteinahme für eine humanistische Zukunft. Im Gegensatz jedoch zu dieser zumeist spontanen Form der Parteinahme in der Vergangenheit stellt die «Parteilichkeit» des sozialistischen Künstlers eine bewußte Haltung, eine ständige Entscheidungsbereitschaft für die Interessen der Werktätigen unter der Führung der Arbeiterklasse auf der weltanschaulichen Grundlage des Marxismus-Leninismus dar. Diese Parteilichkeit wird manifest in der Wahl des Sujets, in der Analytik des sozialen Kausalkomplexes, in der Bewertung der sozialen, politischen, ideologischen, psychischen Faktoren des gesellschaftlichen und individuellen Lebensprozesses, in Ethos und Pathos, im Stimmungsgehalt, in der weltanschaulichen Grundhaltung, in der Stellung zu den ästhetischen Mitteln, im Verantwortungsbewußtsein gegenüber dem Volk, vor allem jedoch im Fühlbarwerden der Entwicklungsrichtung (Perspektiven) des sozialistischen Menschen als historisches Subjekt.

Die Parteilichkeit stellt somit für die sozialistische Gesellschaft ein entscheidendes künstlerisch-ästhetisches Wertkriterium dar, sie spiegelt die Subjektpotenz des sozialistischen Menschen; der Revisionismus hat stets seine Angriffe gegen sie konzentriert. Der Marxismus-Leninismus geht davon aus, daß sich die sozialistische Persönlichkeit im gesellschaftlichen Handeln konstituiert und entwickelt; das aber setzt das Hinausgreifen über das Sinnlich-Gegenwärtige und ein entsprechendes Zukunftsbewußtsein voraus. Die Kunst kann ihrer Funktion, maßgeblich an der Formung der sozialistischen Persönlichkeit mitzuwirken, nicht gerecht werden durch bloße Kopie des Bestehenden (wie LUKÁCS behauptet); sie muß schöpferisch an der Ermittlung und Darstellung des sozialistischen Menschenbildes der Zukunft mitwirken. Sie muß in geeigneter Form darstellen, was noch nicht Wirklichkeit ist. LENIN unterstreicht daher den Gedanken FEUERBACHS, daß die Kunst «nicht die Anerkennung ihrer Werke als Wirklichkeit fordert». Täte sie dies, würde sie zur bloßen Illustration der Geschichte herabsinken und ihre schöpferische Funktion einbüßen. Die eigentliche Sphäre, in der der Mensch sich als bewußtes Gattungswesen bewährt, ist «das praktische Erzeugen einer gegenständlichen Welt, die Bearbeitung der unorganischen Natur . . . indem er sich nicht nur im Bewußtsein intellektuell, sondern werktätig, wirklich verdoppelt und sich selbst daher in einer von ihm geschaffenen Welt anschaut» (MARX). Daher bildet diese Sphäre nicht nur den zentralen Gegenstand sozialistischer Kunst, sondern in der gesamten geschichtlichen Entwicklung der Kunst stellen die produktiven Schichten der Gesellschaft, die jeweils das werktätige Gattungsleben der Menschheit historisch in sich repräsentieren, das eigentliche «fruchtbare Erdreich» (HEGEL) aller schöpferischen Kunst dar: das Volk. Daher ist Volksverbundenheit ein konstitutives Merkmal der Kunst.

Einen besonderen Teil der Theorie der Künste bildet die Theorie des Realismus und des sozialistischen Realismus als der produktivsten und fortschrittlichsten Methode künstlerischer Aktivität. Neben MARX, ENGELS, LENIN haben zahlreiche Marxisten am Ausbau der marxistischen Kunsttheorie gearbeitet und sie weiterentwickelt. So PLECHANOW, F. MEHRING, LUNATSCHARSKI, MAJAKOWSKI, GRAMSCI, BRECHT, BECHER. Die Grundsätze sozialistischer Kunstpolitik, denen eine geschlossene Theorie der Künste zugrunde liegt, sind innerhalb der Deutschen Demokratischen Republik in dem Beschluß des Staatsrats vom 30. November 1967 niedergelegt. Daraus ergibt sich, daß viele Probleme noch der wissenschaftlichen Klärung harren.

Stichwort „Bitterfelder Weg" im Kulturpolitischen Wörterbuch

Bitterfelder Weg: Die Bezeichnung B. ist von den Bitterfelder Konferenzen abgeleitet, auf denen W. Ulbricht Grundaufgaben der Entwicklung der sozialistischen deutschen Nationalkultur behandelte. Die 1. Bitterfelder Konferenz fand am 24. 4. 1959 als Autorenkonferenz des Mitteldeutschen Verlages Halle (Saale) statt. Sie stand unter der Losung „Greif zur Feder, Kumpel, die sozialistische deutsche Nationalkultur braucht dich!". Die 2. Bitterfelder Konferenz wurde am 24./25. 4. 1964 von der Ideologischen Kommission beim Politbüro des ZK der SED und dem Ministerium für Kultur veranstaltet. Beide fanden im Kulturpalast des Elektrochemischen Kombinats Bitterfeld statt. In diesem Betrieb arbeitet die Brigade „Nikolai Mamai", die die Kollektive der Werktätigen mit der Losung „Sozialistisch arbeiten, sozialistisch lernen, sozialistisch leben" zum Wettbewerb um den Titel „Brigade der sozialistischen Arbeit" aufrief. „Der Bitterfelder Weg ist und bleibt das Programm der Vereinigung von Kunst und Leben, von Künstler und Volk und der werdenden sozialistischen Gesellschaft. Er gibt die Gewähr dafür, daß der sozialistische Realismus weiterhin die der Entwicklung unserer Kultur angemessene künstlerische Methode bleibt." (W. Ulbricht) Der B. in der DDR hat die Herausbildung solcher Beziehungen der Kunstschaffenden zu der sich entwickelnden sozialistischen Wirklichkeit zum Inhalt, die dem Fortschritt der sozialistisch-realistischen Kunst optimal förderlich sind. Er gilt der Herausbildung, Befriedigung und stetigen Erweiterung sozialistischer Kulturbedürfnisse der Arbeiterklasse und der werktätigen Massen. Er zielt auf die bewußte Beherrschung und Nutzung der hauptsächlichen Gesetzmäßigkeiten und Triebkräfte der künstlerisch-kulturellen Entwicklung auf sozialistischen Grundlagen durch ein ganzes System künstlerischer, kulturpolitischer, ideologischer, wissenschaftlicher und auch ökonomischer Aktivitäten in der kulturpolitischen Arbeit der SED, der sozialistischen Staatsmacht, der gesellschaftlichen Organisationen, Betriebe und Genossenschaften. Der B. wurde im Zusammenhang mit der Vorbereitung des Sieges der sozialistischen Produktionsverhältnisse in der DDR beschritten. Die Herausarbeitung seiner grundlegenden Momente und Prinzipien auf der 1. Bitterfelder Konferenz bedeutete eine weite Voraussicht, die sich bei der Gestaltung der dem Sozialismus eigenen Kultur und kulturvollen Lebensweise der Werktätigen voll bewährt. „Ohne die Erstürmung der Höhen der Kultur kann die Arbeiterklasse ihre großen Aufgaben, den Sozialismus zum Sieg zu führen, nur schwer erfüllen", betonte W. Ulbricht 1959. Der B. wurde zum Weg vielfältiger Initiativen von Kollektiven der Arbeiter und Genossenschaftsbauern, sich die Schätze der Kunst anzueignen, höhere kulturelle Bildung (→ *Kulturniveau*) zu erwerben, insbesondere die Erfüllung von → *Kultur- und Bildungsplänen* zum Bestandteil des sozialistischen Wettbewerbs zu machen und selbst künstlerisch-schöpferisch tätig zu sein. Das hat prinzipielle Bedeutung für die allseitige Höherentwicklung aller schöpferischen Fähigkeiten, Kräfte und Talente des werktätigen Volkes und die Herausbildung einer kulturellen sozialistischen → *Lebensweise*. Die Bewegungen schreibender (bzw. anderweitig künstlerisch-schöpferisch tätiger) Arbeiter, Junge Talente, die Bildung von Arbeitertheatern usw. wurden zum unmittelbaren Ausdruck und Erfolg des B. Das volkskünstlerische Schaffen in seiner Gesamtheit erlebte einen bedeutenden Aufschwung, der auf verschiedensten Gebieten beachtliche Kunstleistungen zeigte.

Bertolt Brecht
Über sozialistischen Realismus

Was *sozialistischer Realismus* ist, sollte nicht einfach vorhandenen Werken oder Darstellungsweisen abgelesen werden. Das Kriterium sollte nicht sein, ob ein Werk oder eine Darstellung andern Werken oder Darstellungen gleicht, die dem sozialistischen Realismus zugezählt werden, sondern ob es sozialistisch und realistisch ist.

1
Realistische Kunst ist kämpferische Kunst. Sie bekämpft falsche Anschauungen der Realität und Impulse, welche den realen Interessen der Menschheit widerstreiten. Sie ermöglicht richtige Anschauungen und stärkt produktive Impulse.

2
Realistische Künstler betonen das Sinnenmäßige, „Irdische", im großen Sinn Typische (historisch Bedeutsame).

3
Realistische Künstler betonen das Moment des *Werdens und Vergehens*. Sie denken in allen ihren Werken historisch.

4
Realistische Künstler stellen die *Widersprüche* in den Menschen und ihren Verhältnissen zueinander dar und zeigen die Bedingungen, unter denen sie sich entwickeln.

5
Realistische Künstler sind interessiert an den *Veränderungen* in Menschen und Verhältnissen, an den stetigen und an den sprunghaften, in welche die stetigen übergehen.

6
Realistische Künstler stellen die Macht der Ideen dar und die materielle Grundlage der Ideen.

7

Die sozialistisch-realistischen Künstler sind human, das heißt menschen-
freundlich, und stellen die Verhältnisse zwischen den Menschen so dar,
daß die sozialistischen Impulse erstarken. Sie erstarken durch prakti-
kable Einsichten in das gesellschaftliche Getriebe und dadurch, daß sie
— die Impulse — zu Genüssen werden.

8

Die sozialistisch-realistischen Künstler haben nicht nur eine realistische
Einstellung zu ihren Themen, sondern auch zu ihrem Publikum.

9

Die sozialistisch-realistischen Künstler berücksichtigen Bildungsgrad
und Klassenzugehörigkeit ihres Publikums sowie den Stand der Klassen-
kämpfe.

10

Die sozialistich-realistischen Künstler behandeln die Realität vom Standpunkt der werktätigen Bevölkerung und der mit ihr verbündeten In-
tellektuellen, die für den Sozialismus sind.

Georg Lukács
Über sozialistischen Realismus

Der marxistische Literaturwissenschaftler Georg Lukács (1885—1971) hat zur Kunsttheorie des sozialistischen Realismus wichtige Beiträge geliefert. Er hat die partei-
konforme Literatur in kommunistischen Ländern negativ bewertet, da sie vor allem
dazu diene, Beschlüsse der Partei zu propagieren und praktische Anweisungen und
Hilfen zu ihrer Realisierung zu geben. „Illustrierend" nennt er diese Art von Literatur, wie sie in der Stalinzeit, aber auch danach und auch in der DDR anzutreffen
war; ihre „sozialistische Parteilichkeit" bewertete er lediglich als „formelle Partei
gemäßheit".
Am Beispiel Solschenizyns zeigt sich die gegensätzliche Auffassung vom sozialistischen Realismus, wie sie einerseits in der literarischen Theorie und Praxis der DDR
vorherrscht und andererseits von Georg Lukács vertreten wird. Während der Schriftstellerverband der DDR Solschenizyn in den Bann getan hat und sich 1970 öffentlich
gegen die Verleihung des Nobelpreises an ihn aussprach, sieht Lukács in Solschenizyns Werken eine Renaissance großer Erzählliteratur, die Ausdruck des sozialistischen
Realismus ist.

Aus der Erklärung des Schriftstellerverbandes der DDR vom 28. Oktober 1970 zur
Verleihung des Nobelpreises an Alexander Solschenizyn:

Wenn wir unseren guten Willen sehr bemühen, können wir die dies-
jährige Entscheidung der Schwedischen Akademie einen groben Irrtum
nennen; was dann immer noch bleibt, ist die Wirkung ihres Schrittes:
er hat einer weitgespannten antisowjetischen und antisozialistischen
Kampagne Anschub gegeben; der Entspannung — und damit auch der

Literatur, denn die eine gedeiht durch die andere — wurde ein übler Dienst erwiesen.

Wir möchten alle, die es angeht, wissen lassen: die Mitglieder des Deutschen Schriftstellerverbandes wissen sich in uneingeschränkter Solidarität und Freundschaft mit ihren Kollegen und Genossen des Sowjetischen Verbandes. Sie werden gemeinsam mit ihnen alle Angriffe auf den Sozialismus und seine Literatur zurückweisen; sie werden immer gemeinsam mit ihnen kämpfen, für den Sozialismus, für den Frieden, für die Literatur.

Georg Lukács über Probleme des sozialistischen Realismus, insbesondere im Blick auf Solschenizyn:

Das zentrale Problem des sozialistischen Realismus ist heute die kritische Aufarbeitung der Stalinzeit. Natürlich ist dies die Hauptaufgabe der gesamten sozialistischen Ideologie. Hier werde ich mich auf das Gebiet der Literatur beschränken. Will der sozialistische Realismus, der infolge der Stalinschen Periode auch in den sozialistischen Ländern zuweilen zum verächtlichen Schimpfwort geworden ist, die Höhe wiederfinden, die er in den zwanziger Jahren einnahm, so muß er wieder seinen Weg finden, den Menschen der Gegenwart real zu gestalten. Dieser Weg führt aber notwendig durch eine wahrheitsgetreue Schilderung der Stalinschen Jahrzehnte mit all ihren Unmenschlichkeiten. Die sektiererischen Bürokraten erheben dagegen den Einwand: man soll nicht in der Vergangenheit wühlen, sondern nur die Gegenwart darstellen. Das Vergangene sei vergangen, bereits völlig überwunden, aus dem Heute verschwunden. Eine solche Behauptung ist nicht nur unwahr — wie sie aufgestellt wird, zeigt die noch immer höchst einflußreiche Gegenwart der Stalinschen Kulturbürokratie an — sie ist auch vollkommen unsinnig.

. . . . . .

Würde diese (bürokratische Auffassung) tatsächlich zum Maßstab der Literatur, so würden wir einer geradlinigen Fortführung der „illustrierenden Literatur" der Stalinzeit gegenüberstehen. Diese war eine grobe Manipulation der Gegenwart: sie entstand nicht aus der Dialektik der Vergangenheit und der realen Zielsetzungen, Aktionen wirklicher Menschen, sondern war stets durch die jeweiligen Beschlüsse des Apparats dem Inhalt und der Form nach bestimmt. Da die „illustrierende Literatur" nicht aus dem Leben erwuchs, sondern aus der Kommentierung von Beschlüssen entstand, mußten und konnten die hierzu konstruierten Marionetten keine Vergangenheit haben wie wirkliche Menschen. Sie hatten statt dessen bloß „Kaderblätter" (Personality tests), die je nachdem ausgefüllt wurden, ob man sie als „positive" Helden" oder als „Schädlinge" betrachtet sehen wollte.

. . . . . .

Wenn sich die sozialistische Literatur wieder auf sich selbst besinnt, wenn sie wieder künstlerische Verantwortung gegenüber den großen Problemen ihrer Gegenwart empfindet, können mächtige Kräfte entfesselt werden, die in die Richtung einer aktuellen sozialistischen Literatur drängen. In diesem Umwandlungs- und Erneuerungsprozeß, der dem sozialistischen Realismus gegenüber einen scharfen Richtungswandel bedeutet, kommt der Erzählung Solschenizyns[5] die Rolle eines Marksteins auf dem Weg zur Zukunft zu.

(1964)

Nach dem Erscheinen von Solschenizyns Romanen „Krebsstation" und „Der erste Kreis der Hölle" sagte Georg Lukács:

Bei aller fundierten Anerkennung für Solschenizyns Novellen als einen bedeutenden Schritt in der Erneuerung der großen Traditionen des sozialistischen Realismus der zwanziger Jahre habe ich seinerzeit vorsichtig die Frage offengelassen, ob er selbst die Wiedergeburt des sozialistischen Realismus und seinen neuen Aufstieg zu weltliterarischer Bedeutung verwirklichen werde. Ich kann jetzt mit Freude feststellen, daß ich viel zu vorsichtig war: die beiden soeben erschienenen Romane stellen einen vorläufigen Gipfelpunkt in der gegenwärtigen Weltliteratur dar.

. . . . . .

Es kann nicht eindringlich genug hervorgehoben werden: echte Literatur ist nicht dazu da, konkrete Rezepte für die jeweilige Tagespraxis auszuarbeiten oder zu propagieren; freilich auch nicht, um nirgends wirklich vorhandene, von den großen gesellschaftlichen Fragen angeblich unabhängige unmittelbar privat-persönliche, partikulare Lebensäußerungen zum alleinigen Gegenstand der Gestaltung zu machen. Die große Literatur aller Zeiten, von Homer bis heute, hat sich letzten Endes damit „begnügt", zu zeigen, wie ein gegebener Gesellschaftszustand, eine Entwicklungsetappe, eine Entwicklungstendenz auf die Richtungen des Menschseins, des Menschwerdens, auf die zur Entmenschlichung, zur Entfremdung des Menschen von sich selbst einwirken.

. . . . . .

In dieser Hinsicht tritt Solschenizyn nicht nur das Erbe der besten Tendenzen der Anfänge des sozialistischen Realismus an, sondern auch das gewaltige Erbe der großen Literatur, vor allem das von Tolstoi und Dostojewski.

---

[5] „Ein Tag im Leben des Iwan Denissowitsch".

Die literarische Entwicklung in der Deutschen Demokratischen Republik von 1956 bis zur Zweiten Bitterfelder Konferenz[6]

Allgemeine Charakteristik

Die zweite Etappe der sozialistischen Kulturrevolution[7] in der Deutschen Demokratischen Republik leiteten die I. Kulturkonferenz der Sozialistischen Einheitspartei Deutschlands im Jahre 1957 und der V. Parteitag der SED 1958 ein. Schon vorher hatten die 3. Parteikonferenz der SED im März 1956 und die 30. Tagung des Zentralkomitees der SED Anfang 1957 weitreichende Schlußfolgerungen für die neue Lage in Deutschland, die sich nach der Eingliederung Westdeutschlands in die NATO ergab, für das Nebeneinanderbestehen zweier deutscher Staaten mit entgegengesetzter Gesellschaftsordnung gezogen.

Die Partei der Arbeiterklasse ging, trotz massiver Störversuche des Imperialismus und bei offener Grenze nach Westdeutschland, unter schweren Bedingungen daran, alle Kräfte zu formieren, die sozialistischen Produktionsverhältnisse voll zu entfalten. Im „sozialistischen Frühling auf dem Lande" traten die Bauern durchgehend in landwirtschaftliche Produktionsgenossenschaften ein. Damit hatten sich 1960 die sozialistischen Produktionsverhältnisse im gesamten Bereich der Wirtschaft durchgesetzt und waren die Voraussetzungen für den umfassenden Aufbau des Sozialismus geschaffen.

Die ökonomischen und gesellschaftlichen Umwälzungen dieser Periode bewirkten eine immer engere Verknüpfung der ökonomischen, politischen und kulturellen Aufgaben. In den Klassenbeziehungen entwickelte sich eine neue Qualität. Die moralisch-politische Einheit des Volkes unter der Führung der Arbeiterklasse bildete sich heraus; das kulturelle Interesse und die kulturschöpferische Tätigkeit der Werktätigen erfuhren einen weiteren Aufschwung.

Im Verlaufe dieser Entwicklung entstehen literarische Werke in der DDR, in denen die Probleme der Gegenwart, des „Hier und Heute" des sozialistischen Lebens zum zentralen Stoff und Thema der Darstellung werden. Es erfolgt eine vertiefte Aneignung der ästhetischen Ansichten der Klassiker des Marxismus, der revolutionären Traditionen

---

[6] 1964.

[7] Das Kulturpolitische Wörterbuch definiert diesen Vorgang, dessen Vollzug für die DDR als gegeben hingestellt wird: „Sozialistische Kulturrevolution: allgemeine Gesetzmäßigkeit des Aufbaus des Sozialismus, die im System der ideologischen Arbeit sowie der Planung und Leitung geistig-kultureller Prozesse von der marxistisch-leninistischen Partei mit Hilfe des sozialistischen Staates und der gesellschaftlichen Organisationen bewußt gelenkt und durchgesetzt wird". (Kulturpolitisches Wörterbuch, a.a.O., S. 320).

der sozialistischen deutschen Literatur aus der Zeit der Weimarer Republik und aus der Zeit des Kampfes gegen den Hitlerfaschismus. Revisionistische Auffassungen werden zurückgewiesen, und das Bewußtsein von der Rolle der sozialistischen Literatur als nationalliterarischer Potenz, die Konzeption der sozialistischen deutschen Nationalliteratur der DDR werden entwickelt. Eine große Anzahl neuer Schriftsteller tritt mit bedeutenden Arbeiten hervor, in denen die Entscheidung der Menschen für den Sozialismus mit wachsendem künstlerischem Vermögen dargestellt wird, mit Arbeiten, die von dem staatsbürgerlichen Selbstbewußtsein der Bürger des ersten sozialistischen deutschen Staates geprägt sind.

Eine wichtige Hilfe für den Kampf der Partei und der werktätigen Massen um den Aufbau des Sozialismus waren die vom Parteitag der SED formulierten Normen der sozialistischen Moral, in denen das Menschenbild des Sozialismus fixiert wurde. Es fand seinen lebendigen Ausdruck in der Entwicklung der sozialistischen Gemeinschaftsarbeit. Am 3. Januar 1959 begann die Jugendkomplexbrigade „Nikolai Mamai" im VEB Elektrochemisches Kombinat Bitterfeld den Wettbewerb um den Titel „Brigade der sozialistischen Arbeit". Ende 1961 nahmen mehr als 130 000 Brigaden und Produktionskollektive an diesem Wettbewerb teil. Über 34 000 Arbeits- und Forschungsgruppen wetteiferten um den Titel „Gemeinschaft der sozialistischen Arbeit". Die Entwicklung der sozialistischen Gemeinschaftsarbeit führte zu einem Wachstum der persönlichen Verantwortlichkeit des einzelnen und zu einer höheren Stufe des sozialistischen Kollektivismus und damit auch zu neuen Auffassungen vom Sinn des Lebens und vom Glück des Menschen.

Auf zentralen Konferenzen wurde das Programm für den Sieg des Sozialismus in der Deutschen Demokratischen Republik im Bereich der Kultur und Kunst konkretisiert. Nach der Bitterfelder Autorenkonferenz des Mitteldeutschen Verlages im April 1959 sind diese besonderen Aufgaben der Kultur und Kunst unter dem Begriff „Bitterfelder Weg" zusammengefaßt worden. Die Partei der Arbeiterklasse setzte sich auf diesen Konferenzen intensiv mit Einflüssen des Revisionismus, der Dekadenz, des Schematismus und mit oberflächlichem Illustrieren im Kunstschaffen auseinander. Sie wies die Künstler darauf hin, sich praktisch-tätig mit dem Aufbau des Sozialismus zu verbinden, die neuen Erscheinungen im Leben sorgsam zu studieren und die Kluft zwischen Kunst und Leben endgültig zu überwinden. Gleichzeitig hob die Partei die sich überall entwickelnde kunstschöpferische Tätigkeit der Werktätigen auf die Höhe einer organisierten Bewegung. In kurzer Zeit entstanden mehr als 130 Arbeitertheater; alljährliche Arbeiterfestspiele in Industriezentren entwickelten sich zu Höhepunkten des kulturellen Lebens in unserer Republik; Massenfestspiele wie die Aufführung der dramatischen Ballade „*Klaus Störtebeker*" (1959) von KUBA in Ralswiek auf Rügen oder die Schiller-Aufführungen des Bauerntheaters in Bauerbach bei Meiningen vereinigten Tausende von Berufs- und Laienkünstlern zu gemeinsamer künstlerischer Aktion; der Aufruf zur „Bewegung schreibender Arbeiter", der von der Bitterfelder Autorenkonferenz des Mitteldeutschen Verlages im April 1959 ausging, fand ein lebhaftes Echo, und es entstanden daraufhin vielerorts Brigade-Tagebücher, Gedichte, Reportagen, Erzählungen und andere literarische Formen, in denen Werktätige aktiven Einfluß auf die Entwicklung neuer menschlicher Beziehungen in der Sphäre der Produktion nahmen.

So setzte die Partei große ideologische Kräfte frei, um trotz der antikommunistischen und revanchistischen Offensive des deutschen Imperialismus den Aufbau des Sozialismus im ersten deutschen Arbeiter- und Bauern-Staat erfolgreich fortzuführen. Die Arbeiterklasse wurde zum bewußten Leiter und Organisator bei der Verwirklichung der Gesetzmäßigkeiten des sozialistischen Aufbaus; sie übte ihren Einfluß mehr und mehr dahingehend aus, die gesamte Bevölkerung für den Sozialismus zu gewinnen. Das gab auch die Möglichkeit, den Übergang zur genossenschaftlichen Produktion auf dem Lande im Frühjahr 1960, im „sozialistischen Frühling auf dem Lande", trotz aller Störversuche des westdeutschen Imperialismus in kürzester Frist im gesamten Bereich der Deutschen Demokratischen Republik zu vollenden. Der allgemeine Übergang zur genossenschaftlichen Produktion auf dem Lande bedeutete die Entwicklung einer neuen Qualität in den Klassenbeziehungen; er trug zu einer Festigung der moralischen und politischen Einheit des Volkes bei.

Otto Gotsche
Unsere historische Pflicht

Antwort auf die Frage der sowjetrussischen Literaturzeitschrift „Woprossy Literatury"[8] an DDR-Schriftsteller:
„Welche Veränderungen vollziehen sich im Arsenal[9] der künstlerischen Mittel und in der Genre-Struktur der DDR-Literatur und welche davon erscheinen Ihnen am perspektivreichsten?"

Die Sozialistische Einheitspartei Deutschlands, deren Mitglied ich bin, ging von jeher von der Überlegung aus, daß Kunst und Literatur Be-

---

[8] Dt. „Fragen der Literatur".
[9] Ein Ausdruck wie dieser, der Sprache des Militärs entnommen (Arsenal = Waffenkammer), weist auf die kämpferische Funktion hin, die sozialistische Literatur nach der Intention der Partei in der Sowjetunion und in der DDR hat.

standteile des Überbaus der Gesellschaft und Mittel sind, den Entwicklungsprozeß, der sich in der DDR vollzieht, konstruktiv und positiv zu beeinflussen. Der Mensch, der diese Veränderungen bewirkt, wurde in der Literatur der DDR wie auch im Leben immer mehr vom Objekt zum mitgestaltenden Subjekt. Die Schriftsteller der DDR standen vor einer ganz konkreten Frage: Was ist Sozialismus, schließt Sozialismus Kultur ein? — Die Antwort konnte nur lauten: Nicht nur, Sozialismus ist Kultur schlechthin!

Ist es die geschichtliche Aufgabe der Arbeiterklasse im Heimatlande von Marx und Engels, den Sozialismus aufzubauen? — Ja, es ist die historische Pflicht der Arbeiterklasse, diese Aufgabe zu übernehmen, und niemand kann sie dieser Verpflichtung entbinden.

Warum stehen diese Fragen im Mittelpunkt? Weil sie bedeuten, daß es die Aufgabe der deutschen Arbeiterklasse ist, ihren eigenen geschichtlichen Beitrag für die Entwicklung der neuen deutschen sozialistischen Nationalkultur und -literatur zu leisten. Die konkreten Aufgaben nach der Zerschlagung des Faschismus ließen der deutschen Arbeiterklasse und der sozialistischen Kultur, Kunst und Literatur keine Zeit, sich auf Nebenwege zu begeben. Der Sozialismus ist etwas Reales, Greifbares, Konkretes. Die sozialistischen Produktionsverhältnisse haben in der DDR gesiegt, die Arbeitsproduktivität steigt ständig und ist nicht statisch[10], und die sozialistische Kunst und Literatur erfordert unseren Verhältnissen angepaßte Gestaltungsmittel. Bei näherer Betrachtung der Aufgaben ergab sich aus dem marxistisch-leninistischen Denkprozeß heraus zwangsläufig, den sozialistischen Realismus als Mittel der Gestaltung künstlerischer Prozesse einzusetzen, ihn als die angemessene Schaffensmethode in den Mittelpunkt zu stellen. Die Frage des Genres war dabei unwesentlich. Es ist dem Schriftsteller und Künstler voll überlassen, welchem Genre er sich zuwenden will; ob er die kleine Form anwendet, die Skizze, die Kurzgeschichte, die Novelle, die künstlerische Reportage, oder ob er die große Form des Poems oder des Romans benutzt. Alle Formen bieten sich an und sind gleichwertig. Was nicht gestattet ist, sind demoralisierende Formenspielereien, die oft als Deckmantel zu verleumderischen Angriffen auf die sozialistische Gesellschaftsordnung benutzt werden, sind zersetzender Formalismus[11] und die verschiedenen abartigen Auflösungserscheinungen. Eines ist in

---

[10] Angaben zur Arbeitsproduktivität in der DDR finden sich auf S. 80, Anmerkung 10.
[11] Hier ist ein ästhetischer Grundsatz der offiziellen Literaturauffassung in der DDR wiederholt, der bereits auf der SED-Tagung vom März 1951, als der sozialistische Realismus zur verbindlichen Doktrin erklärt wurde, ausgesprochen wurde: die Absage an einen differenzierten Sprachstil und an eine aus subjektiv-kritischer Reflexion gewonnene Formensprache. In der damaligen Entschließung des ZK der

Kunst und Literatur als allgemeingültig erkannt: Den höchsten Beitrag für die Entwicklung der sozialistischen Menschengemeinschaft und unserer Arbeiter- und-Bauern-Macht geben die literarischen Beiträge, die sich mit dem Schaffen und der Entwicklung der Menschen in unserer Gegenwart beschäftigen. Sie sind gleichzeitig der Stoff mit der weitreichendsten Perspektive.

Helmut Sakowski, Kandidat des ZK, Schriftsteller: Wir sind bei der Partei in die Lehre gegangen

In diesen Tagen, auf dem VIII. Parteitag, stecken wir nun die nächste Etappe des gemeinsamen Weges ab. Und wie jeder Schriftsteller freue ich mich natürlich besonders über die guten, anregenden und auch anspornenden Worte, die der Genosse Honecker für den Bericht des ZK gefunden hat, als er über die Entwicklung der Literatur sprach.
Wir mußten vieles lernen, und wir sind bei der Arbeiterklasse und ihrer Partei in die Lehre gegangen. Wir haben gelernt, daß sich die humanistischen Ideen des Sozialismus kämpferisch durchsetzen müssen, daß man die Welt nur verändern kann, wenn man an der Seite von Gleichgesinnten für die Macht der Arbeiterklasse streitet, und als Genossen der SED haben wir gelernt, daß Genosse sein bedeutet, Verantwortung für das Ganze zu übernehmen.
Als eine Mannschaft sozialistischer Schriftsteller müssen wir alle uns verstehen. Nun schließt aber eine gemeinsame Grundhaltung und der unverbrüchlich sichere feste Boden, auf dem wir stehen, nicht aus, daß wir Meinungsverschiedenheiten haben. Manchmal wird uns eine gewisse Eigenwilligkeit oder Eigensinnigkeit nachgesagt. Das mag stimmen, und vielleicht gehört das sogar zu unserem Beruf. Unser Verband ist kein Verein von braven Ordensbrüdern, und wer streitbare Literatur schreiben soll, dem muß auch mal ein kräftiges Wort in der Diskussion gestattet sein, ohne daß da jemand gleich aus allen Wolken fällt.
Wir müssen uns streiten, und wir sind im Bericht des ZK an den VIII. Parteitag zum offenherzigen, sachlichen und schöpferischen Meinungsstreit ausdrücklich aufgefordert. Es geht um sozialistische Literatur, um unsere eigene Sache — und es geht um höhere Anforderungen, die an jeden von uns gestellt sind. Qualität wird überall verlangt. Auch von der Kunst. Wir dürfen niemals übersehen, daß durch die jahrelange

---

SED hieß es: „Der Formalismus bedeutet Zersetzung und Zerstörung der Kunst selbst. Die Formalisten leugnen, daß die entscheidende Bedeutung im Inhalt, in der Idee, im Gedanken des Werkes liegt... Eine Formgebung in der Kunst, die nicht vom Inhalt des Kunstwerkes bestimmt wird, führt in die Abstraktion..." (In: Wissenschaft und Gesellschaft der DDR, a.a.O., S. 259).

geduldige Erziehungsarbeit der Partei die Kunstansprüche der Arbeiterklasse, der Bauern, daß die Kunstansprüche des ganzen Volkes enorm
gewachsen sind und daß diese Ansprüche konkreter geworden sind.
Wer das bezweifeln will, der kennt sich nicht aus in der Sache.
Ich rede der Vielfalt sozialistischer Literatur das Wort, der Qualität, der
Unterhaltsamkeit, den gewachsenen Ansprüchen der Arbeiterklasse,
des ganzen Volkes, die wir befriedigen müssen mit Geschichten von
heute und gestern, mit großen und kleinen Geschichten, mit lustigen
oder traurigen, mit den verschiedenartigsten Geschichten, die nur eins
gemeinsam zu haben brauchen: einen klaren, eindeutigen parteilichen
Standpunkt, den ihre Dichter einnehmen. (Beifall)

Helmut Baierl
Über neuere DDR-Literatur, insbesondere auf der Bühne

Wir bringen in unserer Kunst immer noch viel zu wenig große Emotionen zustande — ich meine jetzt nicht mehr das Fernsehen allein.
Wir sollten Emotionen nicht dem Feind überlassen, sondern selbst
diese Kunst der Erzeugung von Emotionen durch Kunstwerke besser
und sicherer beherrschen lernen. Und wir sollten keine Angst davor
haben. Angesichts des Gros unserer Film-Theater-Fernsehproduktion,
angesichts dessen, was da alles weggespielt, unterkühlt, vermaskiert
und angekrampft wird, wünscht man sich wirklich einmal wieder echte
Erschütterung beim Genießen eines Filmes oder anderen Kunstwerkes.
Ich weiß, wer uns gelehrt hat, mit Emotionen vorsichtig umzugehen[12],
aber er hat nie verlangt, daß keine neuen großen Emotionen für den
Sozialismus erzeugt werden dürfen, im Gegenteil. Bei aller Wert-
schätzung der Spiele und Filme, die der Fernsehfunk in letzter Zeit
herausbrachte, und auch der Kinofilm, der seinen Spuren folgte, gab
es eine zunehmende Tendenz, gerade in Stücken der Gegenwart, die
ökonomisch-wissenschaftliche Gegenwart zum Sujet haben, eine mit
Erschrecken wahrzunehmende Verflachung von Figuren. Um nur ein
Beispiel zu nennen — praktisch zeigt sich mir das so: Da läuft eine
Handlung ab über ein Problem, sagen wir, ein betriebs-technisches
Problem, mit dem die handelnden Personen konfrontiert werden. Nun
baut der Autor so, daß die Figuren immerzu über dieses Problem reden,
auch wenn sie ganz privat sind, auf dem Riesenrad sitzen, über eine
Wiese Rad fahren, im Bett liegen oder im Heu, immerzu reden sie über
das Problem. Sie bekommen vom Autor nur ein Interesse zugebilligt:
das Problem. Aber so verhalten sich Menschen in der Realität nicht,

---

[12] Hinweis auf Brecht, zu dessen Schülern Baierl zählt.

und solche Menschen, zeigt man sie nicht als verbohrte Sonderfälle —
erzeugen keinen Realismus, sondern Langeweile. Das ist eine verkappte
Neuauflage des Traktoristen seligen Angedenkens, der mit seinem
Mädchen nachts nur über Traktoren sprach. Und das ist — wie gesagt —
nur ein Beispiel für Verflachung von Figuren. Ähnliche Tendenzen
gibt es auch auf dem Theater, obwohl da die Gefahr geringer ist, weil
die Anforderungen, die das Theater an seine Figuren stellt, größer sind.
Hier ist eine Wechselbeziehung bei weitem nicht produktiv gemacht.
. . . . . .
Soziale Determinationen bei künstlerischen Figuren besonders zu be-
tonen, war in den letzten Jahrzehnten fast eine „Mode" geworden.
Natürlich ist die soziale Determination wichtig und wird es bleiben;
Klassenmäßiges muß betont werden, solange es Klassen gibt — zum
Zweck der Abschaffung der Klassenverhältnisse. Aber der Mensch als
Schöpfer seiner selbst will sich jetzt in aller Vielfalt sehen. Die Forderung nach Vielfalt im Menschenbild ist nötig, entspricht der Realität.
Der erhobene Zeigefinger, der da durch viele Stücke und Inszenierungen
geisterte (ich nehme mich nicht aus), kann sich wieder ins Ensemble
der menschlichen Hand zurückbegeben; man wird schon nicht vergessen, daß er, wenn es nötig wird, gehoben werden kann. Überhaupt
kann man heute den Zuschauern weitaus größere Souveränität zu-
billigen als früher. Wir arbeiten als Künstler nicht im Vakuum (wie
viele linke Künstler im Kapitalismus), unser Publikum wird gespeist
von sozialistischen Universitäten, Lehrgängen, Schulungen, Berufen
— von der Gesamtheit der Systeme des Sozialismus. Es ist unsinnig,
in der Kunst so zu tun, als hätte man Klippschüler vor sich; es ist unsinnig, seine Kunst für das Alleinseligmachende zu betrachten, die
Bretter des Theaters als die Welt, Film als alleinige Kultur des Sehens
usw.; es ist unsinnig, gegen starke Emotionen zu sein, auch wenn die
Träne im Auge schlechter sehen läßt. Man muß nicht immer die Augen
klar haben für den Blick auf die Welt, man kann sie auch einmal schließen, vielleicht um sich selbst zu betrachten. Inneres ist nicht weniger
wichtig als Äußeres, ist gleichberechtigtes Feld der Kunst, und im
großen und ganzen fehlt es uns. Es gibt große gesellschaftliche Stimuli,
die einem Menschen gewaltige Produktivität verleihen, aber es gibt
Anstöße, die aus der Tiefe der Psyche des Menschen, über den Dschun-
gel des Unterbewußten kommen, die ebenfalls gewaltige Schubkraft
haben, positiver wie negativer Richtung. Was feuert den Menschen an?
Der Aufbau des Sozialismus? Ja. Aber was noch? Ehrgeiz, Neid, Ge-
fallsucht, Sexualität, Liebe? Das Ensemble menschlicher Gefühle und
Leidenschaften? Sie sind in unserer Gesellschaft ebenso Tatsache wie
in jeder anderen, mit der allerdings enormen Einschränkung, daß un-

sere sozialistischen Verhältnisse langsam zwar, aber hartnäckig immer weniger Anlaß geben zu Neid, Mißgunst, Habsucht — zu all den Untugenden, die die Menschheit im Lauf einer dreitausendjährigen Klassengesellschaft herausbildete.

Trotzdem wäre es vermessen zu sagen, unsere Gesellschaft bestünde aus Gleichen — jeder hätte in ihr die gleiche Ausgangschance! Sozialismus ist keine Gesellschaft sozial Gleicher, sondern führt erst zu dieser Gesellschaftsform. Das sozialistische Gesellschaftsprinzip ist nicht: Jedem nach seinen Bedürfnissen[13], sondern: Jedem nach seinen Leistungen. Die Skala der sozialen und psychischen Verschiedenheiten der Menschen bei uns ist riesig breit. Ja, die psychische Skala wird breiter, je freier und selbständiger, sozial souveräner der Mensch wird. Revolutionäre aller Zeiten sind sich darin gleich, daß sie Revolutionen anführen, aber zwischen dem auf der Barrikade und dem in der Betriebsversammlung ist schon ein Unterschied. Natürlich ist es richtig, daß unsere Kunst mit dem Revolutionär unserer Tage in den Angriff sollte, mehr als es bisher geschah, und vielleicht anders! Reden wir uns nichts vor, unsere junge Literatur, mitunter DDR-Literatur genannt, ist im Ausland noch nicht besonders gefragt; Ausnahmen bestätigen da nur die Regel. Gut, wir sind nicht traurig darüber, wenn unsere Feinde uns nicht drucken oder aufführen, aber schöner wäre es schon, wenn sie faktisch dazu gezwungen wären. Linke Kunst in den zwanziger Jahren erschütterte auch den Klassengegner, einfach weil sie links war und gleichzeitig Kunst! Wir müssen zunehmend Themen finden, die sozialistische Antworten geben nicht nur den Menschen bei uns, auch drüben, — Antworten, die die Menschen brauchen, um ihr Leben einzurichten, Antworten, die ihnen nützlich sind.

---

[13] Die gesellschaftspolitische Zielsetzung „Jeder nach seinen Fähigkeiten, jedem nach seinen Bedürfnissen" hat Karl Marx formuliert (Karl Marx, Kritik des Gothaer Programms 1875. In: K. Marx und Fr. Engels, Ausgewählte Schriften in zwei Bden. II, Berlin (Ost) 1952, S. 17). Helmut Baierl, der sie in ihrem zweiten Teil zurückweist, identifiziert sich hier mit dem in der DDR-Verfassung von 1968 verankerten „sozialistischen Prinzip": „Jeder nach seinen Fähigkeiten, jedem nach seiner Leistung" (Artikel 2, Absatz 3). Die Verwirklichung dieses Prinzips macht die DDR-Gesellschaft zu einer sozialistischen Leistungsgesellschaft; einige Texte des Lesebuches veranschaulichen Art und Umfang der Leistungsanforderungen in der DDR, etwa IV, 1 und V, 3.

Sozialistisches Bewußtsein

Manche sagen: Auf die Dauer ist der Sozialismus gar nicht
vermeidbar
Gut. Aber wer setzt ihn durch?[1]   *Wolf Biermann*

Christa Wolf
Sozialismus, realisierbares Angebot oder Utopie?

In dem Roman „Nachdenken über Christa T." sucht die Icherzählerin ihrer früh verstorbenen Freundin Christa T. gerecht zu werden, indem sie deren Leben überdenkt.
In den Anfangsjahren der DDR haben die beiden zusammen studiert; die Entwicklung des Sozialismus, der „neuen Welt", war für sie eine zentrale Frage.

Denn die neue Welt, die wir unantastbar machen wollten, und sei es
dadurch, daß wir uns wie irgendeinen Ziegelstein in ihr Fundament
einmauerten — sie gab es wirklich. Es gibt sie, und nicht nur in unseren
Köpfen, und damals fing sie für uns an. Was aber immer mit ihr geschah oder geschehen wird, es ist und bleibt unsere Sache. Unter den
Tauschangeboten ist keines, nach dem auch nur den Kopf zu drehen
sich lohnen würde . . .
Sie hat, jetzt spreche ich von Christa T., nichts inniger herbeigewünscht
als unsere Welt, und sie hat genau die Art Phantasie gehabt, die man
braucht, sie wirklich zu erfassen — denn was man auch sagen mag, mir
graut vor der neuen Welt der Phantasielosen. Der Tatsachenmenschen.
Der Hopp-Hopp-Menschen, so hat sie sie genannt. Und sich ihnen, in
ihren finsteren Stunden, tief unterlegen gefühlt. Auch wohl versucht,
sich ihnen anzugleichen, einen Beruf angestrebt, der sie in die Öffentlichkeit geführt hätte: Sie hatte sich mit diesem Ziel selbst überrascht
und überlistet. Und zur Raison gezwungen. Ihrem Hang zum Schauen,
Träumen, Geschehenlassen eine Grenze gesetzt. Die schmerzhaft
empfundene Schranke zwischen Denken und Tun beiseite geräumt.
Alle Bedingungen gestrichen. *Wir müssen schon einiges dazu tun, um alle*
lebenswert zu leben. Man muß bereit sein, eine gewisse Verantwortung zu über-
nehmen. Allerdings — das setzt sie sofort hinzu — *muß man sie glatt über-*
schauen können und sie voll ausfüllen und darin nicht lasch sein . . .

---

[1] Aus: Frage und Antwort und Frage. In: Mit Marx- und Engelszungen. Gedichte
Balladen Lieder. Quartheft 31. Verlag Klaus Wagenbach, Berlin (West) 1968, S. 18.

Sie hat an unseren Gesprächen teilgenommen, jenen herrlichen ausschweifenden nächtlichen Gesprächen über die Beschaffenheit des Paradieses, an dessen Schwelle wir, meistens hungrig und Holzschuhe an den Füßen, mit großer Gewißheit standen. Die Idee der Vollkommenheit hatte uns erfaßt, aus unseren Büchern und Broschüren war sie in uns eingedrungen, und von den Podien der Versammlungen kam die Ungeduld dazu: Wahrlich, ich sage dir, heute noch wirst du mit mir im Paradiese sein! Oh, wir hatten das Vorgefühl davon, es war unleugbar und unersetzbar, wir vergewisserten uns seiner, indem wir stritten: Würde es mit Atomstrom beheizt sein, unser Paradies? Oder mit Gas? Und würde es zwei Vorstufen haben oder mehr, und woran würden wir es, wenn es endlich einträte, erkennen? Wer aber, wer würde würdig sein, es zu bewohnen? Die Allerreinsten nur, das schien doch festzustehen. Also unterwarfen wir uns erneut den Exerzitien, lächeln heute, wenn wir uns gegenseitig daran erinnern. Werden noch einmal, für Minuten, einander ähnlich, wie wir es damals durch diesen Glauben jahrelang waren. Können uns heute noch an einem Wort, einer Losung erkennen. Blinzeln uns zu. Das Paradies kann sich rar machen, das ist so seine Art. Soll den Mund verziehen, wer will: Einmal im Leben, zur rechten Zeit, sollte man an Unmögliches geglaubt haben.

Walter Stranka
Hymne an die Republik

Oktobertag[2], du Wandrer durch die Räume,
an tausend grauen Nebeln selbst ergraut,
bestaune nur die Werke und die Träume
der jungen Republik, die wir erbaut.

Wir schufen sie mit unsern Schwielenhänden
im Trommelfeuer alter Barbarei,
berufen, das Karthago abzuwenden
und brüderlich ins Glück zu gehn dabei.

Sie war uns gut vom allerersten Tage
und ließ dem Räuber kaum die Galgenfrist.
Sie gab uns Wissen, nahm uns Not und Plage
und hat ein Herz für den, der tüchtig ist.

---

[2] Gemeint ist die Oktoberrevolution in Rußland 1917.

Sie schickt, was wir geschaffen, auf die Reise
und bringt uns, was wir brauchen, mit nach Haus.
Und wer zurückbleibt, den ermahnt sie weise
und stellt ihm die Signale auf voraus.

Sie sorgt sich um die Mädchen und die Buben
und hat die Liebe von der Angst befreit
und hat gern Gäste in den neuen Stuben
und hat für Feinde auch die Faust bereit.

Dem Lande Lenins ist sie fest verbündet,
sie hält mit ihm in allen Stürmen stand.
und überall, wo ihre Stimme mündet,
erweckt sie neue Hoffnung für das Land.

Es schlägt ihr Herz in allen deutschen Gassen.
Die Flur der Zukunft wird von ihr bestellt.
Wer sie verläßt, der ist fürwahr verlassen,
und mächtig ist, wer sich zu ihr gesellt.

Oktobertag, du Wandrer durch die Räume,
an tausend grauen Nebeln selbst ergraut,
bestaune nur die Werke und die Träume
der jungen Republik, die wir erbaut.

Hanns Cibulka
Karl Marx

Du hast in meinem Leben
die finsteren Waldungen gerodet,
törichte Menschen,
die noch immer nicht wissen,
woher du kommst, wohin du gehst.

Wissend geworden an der Arbeit,
immer dem Irdischen nahe,
der Erde,
rufst du die Völker
bei ihrem eigenen Namen.

Und hacken auch die Krähen
Tag und Nacht an deinem Himmel,
du bist „die Umkehr aller Herzen
und die Erhebung aller Hände
für die Ehre des freien Menschen!"

In deinem Feuer
brennt meine Einsamkeit
zu Asche.

Genossen,
laßt uns im Dornenbusch der Zeit
das Herz der Liebe pflücken,
alle Sterne sind herabgestiegen
und die Himmel brennen!

Wulf Kirsten
satzanfang

den winterschlaf abtun und
die wunschsätze verwandeln!
saataufgang heißt mein satzanfang.
die entwürfe in grün überflügeln
meiner wortfelder langsamen wuchs.

im überschwang sich erkühnen
zu trigonometrischer interpunktion!
ans licht bringen
die biografien aller sagbaren dinge
eines erdstrichs zwischenein.

inständig benennen: die leute vom dorf,
ihre ausdauer, ihre werktagsgeduld.
aus wortfiguren standbilder setzen
einer dynastie von feldbestellern
ohne resonanznamen.

den redefluß hinab im widerschein
die hafergelben flanken
meines gelobten lands.
seine rauhe, rissige erde
nehm ich ins wort.

Heinz Kahlau
Alle Sätze

Bilde alle Sätze mit wir.
Auch in den Wüsten,
auch in den Träumen, —
auch in den Finsternissen.
Alle Sätze
bilde mit WIR.

Für Heiterkeit

Überall,
wo die Porträts der Klassiker
des Marxismus
gezeigt werden,
macht es mich traurig,
daß sie so ernst
auf uns schaun.

Ist nicht,
was wir in ihrem Namen erfüllen —
von allen Menschenwerken
das heiterste?

Unser Ziel ist doch:
Freundlichkeit.
War Engels ein Sauertopf?
Warum zwinkert uns Lenin,
der listige Denker,
nicht aufmunternd zu?
Wo ist das Land,
auf dessen Erbauer
ein lachender Marx schaut?

Erik Neutsch
Partei — Gesellschaft — ökonomische Basis

In dem Schauspiel „Haut oder Hemd" geht es um Fragen des Strukturwandels in Brücktal, einem Industriegebiet der DDR, wo seit Generationen Kohle gefördert wird und nun im Zuge der technischen Revolution Erdöl und Atomkraft an deren Stelle treten sollen.
Personen der folgenden Szene:
Kolbasser, Direktor des Braunkohlenkombinats, der für die Erhaltung der Kohle als Energieträger kämpft
Stiller, Wirtschaftssekretär der Kreisleitung der SED
Broken, Wirtschaftssekretär der Bezirksleitung der SED.

Büro.
Schreibtisch, Stühle

LÜCKENBÜSSER:
   Das ist ein Parteibüro. Und wie es darin aussieht — jeder weiß es.
   Hier arbeitet Genosse Stiller, der Wirtschaftssekretär des Kreises.
Ab.

Stiller und Kolbasser. Später Broken.

KOLBASSER: Gib mir Antwort. Kohle ja oder Kohle nein.

STILLER: Es geht nicht um die Kohle, sondern um die Menschen.

KOLBASSER: Das hatten wir schon vor einer Viertelstunde. Denk an den Einbruch letzten Winter. Ich bin gekommen, weil ich darauf Antwort haben will. Wenigstens von dir. Von der Partei.

STILLER: Und ich hab dich hierherbestellt, weil du die Disziplin mit Füßen trittst, dich wie ein Anarchist benimmst. Du kommandierst sogar die Nationale Front[3] von Dornberg. Hier, die Beschwerden. Kulturbund[4], Oberschule. Sogar vom Pfarramt.

KOLBASSER: Und vielleicht von Berg?[5]

STILLER: Wieso Berg?

KOLBASSER: Hat er auch dich verrückt gemacht? Wie die Kumpels letzte Woche? Die Computer machen jetzt die Politik. Von dir jedoch war nichts zu sehen. Die Partei . . .

STILLER: Hattest du mich informiert?

KOLBASSER: . . . macht Nachtrab, fällt uns in den Rücken.

STILLER: Noch ein solches Wort, und ich schmeiß dich raus.

KOLBASSER: Ich geh von selbst. Doch ich komme wieder. Und dann . . . Dann laß ich euch die Sessel unterm Arsch wegbaggern. Darauf kannst du dich verlassen. *Ab.*

STILLER *allein:* Die Partei macht Nachtrab. Sie fällt uns in den Rücken . . . Ich werde dich zur Verantwortung ziehen, Kolbasser. Du beleidigst die Partei. — Doch vielleicht meint er damit mich? Dann soll er sagen: Stiller, du machst Nachtrab . . . Und wär es denn die Wahrheit? — Was bleibt, das ist: Seit Wochen ein und dasselbe. Prognose, Zukunft, Sozialismus. Hilf uns, Sekretär, Kohle ja und Kohle nein. Ich aber weiß kein Ja, kein Nein. Kolbasser schreit mich an, ich schrei zurück. Er hat ein Wort parat, ich nur die Faust . . . Und erst seit Wochen? Nicht schon länger? — Wenn es so wäre, Kolbasser hätte recht. Er nennt es Nachtrab. Und es heißt: Stiller, du führst nicht mehr. Ich bringe die Partei in Verruf. — Hilde! Hilde! Greif mal in den Renommierschrank! Einen Wodka. Nein. Lieber ein Glas Wasser.

BROKEN *mit einem Glas Wasser in der Hand:* Hier ist es. Prost.

---

[3] In der Nationalen Front sind die Parteien und Massenorganisationen (FDJ, FDGB, DFD) zusammengeschlossen; die Leitung besteht überwiegend aus SED-Funktionären.

[4] Der „Kulturbund zur demokratischen Erneuerung Deutschlands", 1945 auf Initiative der Sowjets gegründet, vereinigt „alle Angehörigen der Intelligenzberufe" und setzt sich für die Durchdringung der „sozialistischen Kultur in der DDR" ein.

[5] Berg ist leitender Ingenieur des Rechenzentrums und unterstützt die Umstellung auf Erdöl und Atomenergie.

STILLER: Was denn ... Die Bezirksleitung? Max, du? Hat dich der Lärm Kolbassers hergetrieben?

BROKEN: Ich traf ihn auf der Treppe. Als er zu heulen anfing, sagte ich ihm, er soll dorthin gehen, wo die Entscheidung fallen muß. In die Prognosegruppe.

STILLER *trinkt:* Mir ist die Kehle trocken wie früher vor den Öfen. Ich hab geredet und geredet. In den Wind. *Leert gierig das Glas.* Max, Parteiarbeit ist Schwerstarbeit.

BROKEN: Wem sagst du das? Doch von dir höre ich's zum ersten Mal.

STILLER *schiebt ihm einen Stuhl hin:* Nimm bitte Platz.

BROKEN: Danke. Ich wandre lieber, brauch Bewegung. Eine Sitzung jagt die andere. Zwischendurch die Schaukelei im Wolga[6]. Man müßte mal was anderes erfinden. Diskussion nicht mehr auf Stühlen, sondern an Turngeräten. Was glaubst du, wie kurz sich jeder fassen würde. Mit dem Kopf nach unten. Während eines Handstands auf dem Barren.

STILLER *schiebt ihm wiederum den Stuhl hin:* Besser ist, du sitzt. Ich hab dir was zu sagen.

BROKEN *setzt sich:* Wie weit ihr mit der neuen Produktionsstruktur im Brücktal seid, vermutlich. Los. Berichte. Deshalb kam ich.

STILLER: Nein. Es betrifft die Schwerstarbeit. — Ich bin meiner Aufgabe nicht mehr gewachsen.

BROKEN *steht auf:* Soll ich wiederkommen, wenn du ihr gewachsen bist?

STILLER: Halt. Mir ist es ernst. Todernst. Sorge um die Kader[7]. Rechtzeitig abberufen, wenn's notwendig ist. Das stammt von dir.

BROKEN: Nein. Von Lenin.

STILLER *wütend:* Von ihm, von dir, mir gleich. Ich jedenfalls ... Ich schaff's nicht mehr.

BROKEN: Bist du krank? Haben dich die Ärzte in der Mangel?

STILLER: Die finden immer was, wenn du erst hingehst. Ich bin gesund.

BROKEN: Und wen schlägst du dann vor? Als deinen Nachfolger? Name? Adresse? Seit wann ist er Parteimitglied?

STILLER: Ich habe keinen.

BROKEN: Ich auch nicht. Keinen. Georg. Sieh her. *Nimmt das Glas und stülpt es um.* Fällt noch ein einziger Tropfen? *Stiller begreift nicht und schüttelt den Kopf.* Dein Durst war größer. Doch mit deinem nicht im geringsten zu vergleichen ist der Durst der Republik nach Kadern.

---

[6] Wagen der oberen Mittelklasse, der in den Ostblockstaaten als Taxifahrzeug eingesetzt wird.

[7] Als Kader werden alle Personen in Partei, Staat, Wirtschaft, Kultur usw. verstanden, die zur Erhaltung und Festigung des sozialistischen Systems durch Übernahme einer Funktion oder eines Amtes beitragen.

STILLER: Wir beide kennen uns seit dem Anfang. Ich kann verlangen, daß du mir vertraust. Vor zwanzig, zehn, vor fünf Jahren noch war alles leichter. Die Monopole und die Güter, Brutstätten des Faschismus zu enteignen — dazu genügte schon, Antifaschist zu sein. Den Sozialismus aufzubauen, einen volkseigenen Betrieb zu leiten — das konnte ich noch als ehemaliger Gießer. Doch jetzt? Ich bin erschöpft. Völlig leer. Wie dieses Glas hier. Du kannst mich pressen.

BROKEN: Soll ich die Probe aufs Exempel machen, Schorsch? *Er umarmt ihn, drückt ihn. Beide ringen. Stiller lacht.* Na, wenigstens hast du noch Humor. — Erledigt?

STILLER: Nein.

BROKEN: Gut. Hartnäckig warst du schon immer. Doch du weißt wie ich, daß ein Versagen, eins, nicht reicht vor der Partei. Was sie von jedem von uns fordert, das weißt du. *Stiller sieht ihn an.* Treue zur Arbeiterklasse. — Verantwortungsfreude. — Eiserne Arbeitsdisziplin.

STILLER: Ich mach nichts halb.

BROKEN: Unduldsamkeit gegenüber Mängeln. — Das Vermögen, mit Sachlichkeit zu kalkulieren ...

STILLER: Ich bin so sachlich, mich selber einzuschätzen.

BROKEN: Bleibt nur noch eins. Die Schöpferkraft. Mut, neue Wege zu beschreiten. *Stiller schweigt.* Ist das der Punkt? Dein Versagen?

STILLER: Mir fehlen die Ideen. Ich wiederhole mich. Ich merkte es mit aller Deutlichkeit, als mir vorhin Kolbasser gegenüberstand. Er schreit nach Kohle. Ich aber kann ihm nur entgegnen: Es geht nicht um die Kohle, sondern um die Menschen.

BROKEN: Das ist doch richtig. Aber — was tust du für die Menschen? Sieh her. *Er nimmt das Glas und zerschlägt es.*

STILLER: Max! Du blutest ...

BROKEN: Wenn du ein Glas zertrümmerst, glaubst du, du wärst damit die Sorge um das Wasser los?

STILLER: Ich versteh dich nicht.

BROKEN: Du brauchst ein neues Glas. Stell es hin.

STILLER: Du meinst die Neustruktur.

BROKEN: Ja. Und zwar eine Struktur von völlig neuer Qualität, eine, wie sie der Kapitalismus dem Menschen niemals bieten kann. Die jetzige Struktur des Brücktals aber, die ist noch immer sein Werk. Wir brauchen unsre eigenen Dimensionen, Produktionsverhältnisse, die dem Sozialismus angemessen sind. Eine ökonomische Basis für den befreiten Menschen. Die ihn nicht beengt, wenn er wächst. Sag das deinen Leuten. Uhlenhorst, Kolbasser ... Die Prognosegruppe ist gebildet worden, um in diesem Kampf den Faktor Zeit zu überwinden. Seit Marx, sag ihnen, war es stets die Eigenschaft der Kommunisten, der Zeit voraus zu sein.

STILLER: Du machst die Schwerstarbeit nicht leichter, Max.

BROKEN: Ich kann's nicht ändern. — Und noch eins, Georg. Vergiß nicht, heute schon Nachfolger für uns beide zu erziehen.

Volker Braun
Schauspiel

Das ist kein Geheimnis mehr:
Wir lassen uns nichts mehr vormachen.
Wir sitzen nicht stumm mit glotzenden Augen.
Wir trommeln nicht Beifall auf die Folterbänke.
Wir zahlen nicht gröhlend das Spiel der Großen
Das Schlachten der Körper oder wenigstens Seelen.
Der Auftritt der Massen hat begonnen
Auf der grell beleuchteten Szene:
Überall finden Proben statt ohne Netz.
Auf den Straßen, Kathedern und Partituren.
(Nur das Banjo darf noch nicht spielen.)
Fernrohre sind auf die Ränge montiert
Die Zeichen der Zeit zeitig zu entdecken.
Souffleure funken ratlos dazwischen
Und drehn sich fröhlich das Wort im Mund um.
Jeder sagt was er denkt — wir spielen das Stück
Unsres Lebens. Es kann nicht mehr abgesetzt werden.
(Das Banjo wartet auf seinen Einsatz.)
Verständlich wie eine Losung, leicht wie ein Gewand
Das jedem paßt, führn wir sie langsam herauf:
Die Freiheit.

Fragen eines Arbeiters während der Revolution

So viele Berichte.
So wenig Fragen.
Die Zeitungen melden unsere Macht.
Wie viele von uns
Nur weil sie nichts zu melden hatten
Halten noch immer den Mund versteckt
Wie ein Schamteil?

Die Sender funden der Welt unsern Kurs.
Wie, an den laufenden Maschinen, bleibt
Uns eine Wahl zwischen zwei Hebeln? —
Auf den Plätzen stehn unsere Namen.
Steht jeder auf dem Platz
Die neuen Beschlüsse
Zu verfügen? Manche verfügen sich nur
In die Fabriken. Auf den Thronen sitzen
Unsre Leute: fragt ihr uns
Oft genug? Warum
Reden wir nicht immer?

Kurt Bartsch
Sozialistischer Biedermeier

Zwischen Wand- und Widersprüchen
machen sie es sich bequem.
Links ein Sofa, rechts ein Sofa,
in der Mitte ein Emblem.

Auf der Lippe ein paar Thesen,
Teppiche auch auf dem Klo.
Früher häufig Marx gelesen,
Aber jetzt auch so schon froh.

Denn das „Kapital" trägt Zinsen:
eignes Auto. Außen rot.
Einmal in der Woche Linsen.
Dafür Sekt zum Abendbrot.

Und sich noch betroffen fühlen
von Kritik und Ironie.
Immer eine Schippe ziehen,
doch zur Schippe greifen nie.

Immer glauben, nur nicht denken
und das Mäntelchen im Wind.
Wozu noch den Kopf verrenken,
wenn wir für den Frieden sind?

Brüder, seht die rote Fahne
hängt bei uns zur Küche raus.
Außen Sonne, innen Sahne —
nun sieht Marx wie Moritz aus.

der redner

als er ankündigte,
er werde zur Sache reden,
fragten sich viele:
weshalb nicht zu uns?

mut

„wenn ich meine eigene
meinung äußern darf",
begann er ungewohnt kraß,
„so hat schon Karl Marx gesagt, daß . . ."

kämpfer

fast hätte er sich beteiligt
an der revolution.

er fluchte schon.

Wolf Biermann
Gesang für meine Genossen

Jetzt singe ich für meine Genossen alle
das Lied von der verratenen Revolution
für meine verratenen Genossen singe ich
und ich singe für meine Genossen Verräter
Das große Lied vom Verrat singe ich
und das größere Lied von der Revolution
Und meine Gitarre stöhnt vor Scham
und meine Gitarre jauchzt vor Glück
und meine ungläubigen Lippen beten voller Inbrunst
zu MENSCH, dem Gott all meiner Gläubigkeit

Ich singe für meinen Genossen Dagobert Biermann[8]
der ein Rauch ward aus den Schornsteinen
der von Auschwitz stinkend auferstand
in die viel wechselnden Himmel dieser Erde
und dessen Asche ewig verstreut ist

---

[8] Vater Wolf Biermanns, jüdischer Kommunist, der 1943 in Auschwitz ermordet
wurde.

über alle Meere und unter alle Völker
und der jeglichen Tag neu gemordet wird
und der jeglichen Tag neu aufersteht im Kampf
und der auferstanden ist mit seinen Genossen
in meinem rauchigen Gesang

Und ich singe für Eldridge Cleaver[9]
Genosse im Beton-Dschungel von San Francisco
wie er den Schwarzen schwarz auf weiß macht
daß der Feind nicht schwarz ist oder weiß, sondern
schwarz und weiß, das singe ich euch
wenn Eldridge seinen monumentalen Niggerarsch
über Washington auf das Weiße Haus pflanzt
Und wie die BLACK PANTHERS ausbrachen aus der Manege,
aus dem bürgerlichen Zirkus, Panik im Publikum
ich singe die Schweine, wie sie aus den Logen fliehn

Und ein Abgesang auf den Genossen Dubček
der jetzt auf dem türkischen Hund ist[10]
und der lieber hätte gehen sollen
den geraden Weg unter das Hackbeil
oder den krummen Weg unter die Panzer
oder hätte schwimmen sollen in seinem Volk
wie der berühmte Fisch des Genossen Mao
Und darum singe ich den heilsamen Hochmut
des Niedergeworfenen gegen alle Reaktion
gegen die Konterrevolution vom 21. August.

Ich schreie und schrei die Prosa von Viet-Nam
ich singe die Heuchelei, das exotische Mitleid
den politischen Schwulst von Frieden und Freiheit
Ich singe den schütteren Bart von Onkel Ho,
dem erspart blieb, diesen Krieg zu überleben
den er längst gewonnen hatte, diesen Krieg
der weitertobt in der Zelle von Muhamad Ali[11]
und der täglich verhöhnt wird im Spenden-Rummel
in der behördlich verordneten Solidarität
im Ablaßhandel mit den revolutionären Sünden

---

[9] Einer der Führer der Black Panthers, geb. 1935, wegen Diebstahls, Rauschgift-handels und Vergewaltigung 11 Jahre in kalifornischen Gefängnissen, seit 1969 in Algerien im Exil, journalistisch und schriftstellerisch tätig.
[10] Dubček war nach seinem Sturz vorübergehend Botschafter der CSSR in der Türkei.
[11] Name des Boxers Cassius Clay als Angehöriger der Black Muslim-Sekte.

Und ich singe noch immer auch meine Liebe
zu meiner nacht — nächtlichen Jungfrau
zu meiner heiligen Genossin
die mich in die Schlacht führt und rettet
in der höheren Gerechtigkeit ihres Lächelns
die mir noch immer auch alle Wunden sanft
aus der Stirn küßte, die ich ihr schlug
ja, ich singe den Klassenkampf der Geschlechter
die Befreiung aus dem patriarchalischen Clinch
aus der Leibeigenschaft unserer Leiber

Und ich singe all meine Verwirrung
und alle Bitternis zwischen den Schlachten
und ich verschweige dir nicht mein Schweigen
— ach, in wortreichen Nächten, wie oft verschwieg ich
meine jüdische Angst, von der ich behaupte
daß ich sie habe — und von der ich fürchte
daß einst sie mich haben wird, diese Angst
Und ich singe laut in den dunklen Menschenwald
und schlag mir den Takt mit meinen Knochen
auf dem singenden Bauch der Gitarre

Ich singe den Frieden mitten im Krieg
Aber ich singe auch Krieg in diesem
dreimal verfluchten mörderischen Frieden
der ein Frieden ist vom Friedhoffrieden
der ein Frieden ist hinter Drahtverhau
der ein Frieden ist unter dem Knüppel
Und darum singe ich den revolutionären Krieg
für meine dreimal verratenen Genossen
und noch auch für meine Genossen Verräter:
In ungebrochener Demut singe ich den Aufruhr

Hermann Kant
Vier Daten

Aus Anlaß des 100. Geburtstages Wladimir Iljitsch Lenins fand am 27. April 1970
in der Kongreßhalle in Ostberlin eine Veranstaltung des Deutschen Schriftstellerverbandes statt, auf der Hermann Kant diese Eröffnungsrede hielt:

Man muß nicht unbedingt Schriftsteller sein, um in dieser Spanne Zeit
zwischen dem 22. April und dem 8. Mai das Besondere, das Außer-
ordentliche zu erkennen.

Man wäre kein Schriftsteller, bliebe man unversucht, diese siebzehn Tage eine Periode der sozialistischen Erschütterungen, der Welterschütterungen zum Sozialimuss hin, zu nennen.

22. April: Lenin; 1. Mai: 1. Mai; 5. Mai[12]: Karl Marx; 8. Mai[13]: Tag unserer Befreiung, Tag unseres Beginnens, endlich. — Mühelos, ohne Überanstrengung historischer Dialektik stellen sich die Bezüge zwischen diesen Daten her, werden sie sichtbar eher, als daß sie gezeigt werden müßten.

Zeigen wir sie dennoch, gehen wir mit unserem Schreiben und Sagen den Verbindungswegen nach zwischen den großen Augenblicken der Geschichte, benennen wir die Zusammenhänge noch einmal, obwohl sie so offen zutage liegen, so tun wir es, weil wir zwar an die Vernunft glauben, aber auch an das zähe Vorhandensein von noch viel Unvernunft; weil wir zwar auf die Überzeugungskraft der Wirklichkeit setzen, und doch wissen: Das Wirkliche will bei seinem richtigen Namen genannt sein, wenn es erkennbar werden soll.

Wer Grund hat, unser Feind zu sein, hat Grund, die vier Kalenderblätter mit den Eintragungen: Karl Marx und Internationaler Kampftag der Arbeiterklasse, Wladimir Iljitsch Lenin und Tag des Sieges über den Faschismus schwarz zu umranden, hat Grund, diese knappe Doppeldekade mit gleich vier solchen Markierungen einen finsteren Zeitlauf zu heißen.

Der Lauf der Zeiten, die Richtung der Geschichte, die zwingende Kraft der sozialistischen Bewegung, der unaufhaltsame Einzug der marxistischen Idee, der unaufhaltsame Zug der aufgestandenen Klassen, die Unaufhaltsamkeit derer, die Lenins Logik folgen und zu Lenins Disziplin sich finden, die Freiheit, die vom richtigen Denken kommt und vom bedachten Handeln, die materielle Gewalt der gewaltigen Gedanken, die Unbesiegbarkeit unserer Sache, die herkommt von der Wahrhaftigkeit unserer Sache und von der Konsequenz derer, die sie betrieben haben und sie verfechten heute hier in diesen Tagen und auf dieser Welt und auch in diesem Land — all das ist eingetragen unter den Daten: 22. April und 1. Mai und 5. Mai und 8. Mai.

Unser Abend, unsere Tage stehen im Zeichen Lenins, und also stehen sie im Zeichen unserer Freiheit, die mit unserer Befreiung begann, die vorgedacht worden ist von Karl Marx und ein Teil sein wird der allgemeinen Befreiung der Völker unserer Erde.

Zu feiern haben wir viele Gründe, weiter kämpfend zu leben viele mehr.

---

[12] Am 5. Mai 1818 wurde Marx geboren
[13] 8. Mai 1945: Ende des Zweiten Weltkrieges

Hasso Grabner
Eine Deutung des 17. Juni 1953

In der Erzählung „Monolog einer Brücke" schildert Grabner am Schicksal einiger
Leute, so des jungen Schlossers Jürgen Meinhardt, die innere Entwicklung der DDR.
Wie Jürgen Meinhardt und sein Werkmeister den 17. Juni 1953 erfahren und auffassen,
wird in folgendem Ausschnitt deutlich:

Der Werkleiter hatte ihm schon mehrmals gesagt: Mein lieber Jürgen
— erst denken, dann reden! Das erstemal vor einem Jahr, als die Leute
verrückt spielten, durch die Straßen zogen, Kioske anzündeten und
„Freiheit" schrien[14]. Aus dem Betrieb waren keine dabei, aber im Betrieb schrien auch welche: Freiheit. Einer davon hieß Jürgen. Der Werkleiter hatte ihn an der Schlosserbluse gepackt und gefragt: Welche denn?
Als Jürgen darauf nicht gleich zu antworten wußte, hatte ihm der
Werkleiter eine Eselsbrücke gebaut: Freiheit zum Vorwärtskommen,
ja? Das war zu bejahen gewesen. Vorwärtskommen! Wunderbar! In
drei Jahren geht Schmiedgen in die Rente, da wird eine Meisterstelle
frei. Wollen Sie die haben? hatte der Werkleiter gefragt. Jürgen hatte
unsicher genickt.
Können Sie in drei Jahren, was Schmiedgen kann? Oder sollen wir Sie
ohne Kenntnisse als Meister einsetzen, daß die Leute dann sagen können, Meister Meinhardt ist eine Pfeife.
Das war eine schwierige Frage, und der Werkleiter hatte hinzugefügt:
So ist das mit der Freiheit des Vorwärtskommens. Die haben Sie un-
beschränkt, solange Sie sich nicht einbilden, frei von den Kenntnissen
sein zu können, die den Meister ausmachen. Von einem Ingenieurstudium will ich gar nicht reden. Das steht Ihnen auch frei. Bitte, entscheiden Sie sich. Da schien es Jürgen, als fiele bei ihm der Groschen.
Er knurrte: Ach so, Chef! Nee, nee, darum geht's überhaupt nicht —
mehr Lohn wollen wir haben . . . Der Werkleiter sah ihn nachdenklich
an. Natürlich, antwortete er, ich wußte doch, daß wir uns irgendwie
einigen können. — Aber — sagen Sie, es stimmt doch, daß Ihr Großvater einen Hof hatte? Jürgen war ein bißchen verblüfft gewesen, teils,
weil das nicht zum Thema gehörte, teils, weil der Werkleiter das wußte.
Aber es stimmte schon, Großvater war Bauer gewesen, gar nicht so
winzig, fünfzig Morgen. Und da war er sein freier Mann, fuhr der
Werkleiter fort, und er konnte sagen: Ich bin so frei und fress' das
Saatgut auf. Nun war Jürgen ganze zwei Jahre alt gewesen, als Großvaters Gut unter den Hammer kam, aber sein Vater, Großvaters vierter

---

[14] Gemeint sind die Vorgänge des 17. Juni 1953, die als Demonstration Ostberliner
Bauarbeiter gegen eine Normenerhöhung begannen und dann — sich über die ganze
DDR ausbreitend — zu politischen Forderungen führten, z. B. nach freien Wahlen,
freier Presse, Fortfall der Grenze.

Sohn, Paul Meinhardt, hatte noch genug bäuerliche Weisheiten in sein Brikettierdasein übernommen. Eine davon beschwor die Unantastbarkeit des Saatgutes. Da merkte Jürgen, daß der Groschen nur eine Spielmünze gewesen war, zu leicht, als daß unten die Freiheit herauspurzeln konnte. Das hätte ihn eigentlich zum Nachdenken bewegen müssen. Hat es auch, aber viel später. In diesem Augenblick versetzte es ihn nur in böse Wut. Er hatte geschrien: Die ganzen dreckigen Bonzen wollen wir loshaben. Gleich darauf hatte er sich die Wange halten müssen, die sehr schnell rot wurde, und bemerkte viel Zorn in den Augen des Werkleiters. Ein bißchen kleinlaut hatte er gesagt: Ich habe Sie doch gar nicht gemeint, und der Werkleiter hatte geantwortet: Ich weiß, wegen mir hätte ich Ihnen auch keine Ohrfeige gegeben. Und das nächste Mal: Erst denken, dann reden.

Günter Kunert
Herein ohne anzuklopfen (Für H. G. Adler)[15]

Wenn diese Erde einmal ausgegraben wird und die Wißbegierigen stoßen auf die Schicht, die das zwanzigste Jahrhundert bildet, werden sie finden, an welchen Stätten sich dieses Säkulum überdeutlich ausprägte. Wesentlicher als New York und Moskau wird für die Kenntnis der Epoche eine winzige Ortschaft[16] sein, halben Wegs zwischen Aussig und Prag, hingesetzt in einen Talkessel, umgrenzt von Bergen, bedeckt durch wechselnde, nichtssagende Himmel, benannt nach ihrer Gründerin, Kaiserin von Österreich, lange vor Umbau des Städtchens zu einem Eingang ins Nichts.

Ungenau ist und bleibt die Zahl derer, die durch dieses Tor aus ihrem einmaligen unwiederholbaren Dasein gestoßen wurden. Dein Enkel war darunter, mein Großvater, und die Schwestern jener und die Brüder derer. Mit ihnen dahin und für jeden Ausgräber unauffindbar: Gedanken, Ideen, ungestaltete Schöpfungen, Werke, zerstört vor ihrer Schaffung; unerreichbar für den archäologischen Spaten ein Reichtum an Wissen, eine Fülle von Leben, das sich nicht erfüllte.

Gemauert im Stil von Kasernen, im Kasemattenstil, den kaum der Verfall, kaum ein dürrer Grasbewuchs mildert, so wird sich die Pforte zeigen, die keinen mehr entließ, der durch sie getreten war und wurde, und aus der nur wenige den Fuß zurückziehen durften.

---

[15] H. G. Adler, geb. 1910 in Prag, war im 2. Weltkrieg mehrere Jahre Häftling im KZ Theresienstadt in Böhmen, schrieb darüber die Bücher: Theresienstadt 1941—1945. Das Antlitz einer Zwangsgemeinschaft, 1955, und Die verheimlichte Wahrheit, Theresienstädter Dokumente, 1958.
[16] Theresienstadt, 1941—1945 Konzentrationslager für Juden.

Etwas später, ungefähr zur Jahrhundertmitte hin, ist sie stillgelegt und mit musealen Zügen versehen, um den vergeblichen Beweis anzutreten, Vergangenheit sei bereits, was geschehen ist. Aber die Geschichte, die täglich Geschichtliches anhäuft, kann sie damit nicht bedecken. Nicht in absehbaren Zeiten. Zu den unseren nicht. Nicht, solange die einstmals fleißigen Kameraden Charons[17] unberührt und ungerührt ihr Frühstück genießen, das man ihnen bezahlt. Nicht, solange irgendwo auf der Welt eine ähnliche Tür ins Unsein aufgeschlagen werden kann, um Besitzer abweichender Nasen, abweichender Meinungen, abweichender Herkunft in Seife zu verwandeln, in Rauch und Dünger und abgehakte Ziffern.

Verlassen liegt heute die Menschenschleuse, offen und visitierbar; wer sich dort einfindet, macht eine Entdeckung, die künftiger Forschung wahrscheinlich versagt bleibt: Heute stäubt, ohne merklichen Luftzug, durch das Tor in unsere Gegenwart eine feine Substanz, wie ganz zarte Asche, eine Art Mehltau, der sich weithin über uns legt; manchmal gar nicht, manchmal ein wenig, manchmal deutlich zu spüren und schlimm wie das Nessusgewand[18].

Wenn die Erde einmal ausgegraben wird; wenn sich das dann noch lohnt; wenn es so weit gekommen ist: dieserorts wurde das Modell der Vernichtung geschaffen. Alles hat seinen Anfang.

Wer diesen mitgemacht und überlebt hat, wird Nachricht davon geben, verfaßt in der Sprache, in der Steine reden, weil die Menschen verstummen mußten: eine letzte Warnung an jene, die ohnehin auf keine hören wollen.

---

[17] In der griechischen Sage der Fährmann, der die Verstorbenen über den Acheron, den Grenzfluß der Unterwelt, setzte.

[18] Giftgetränktes Gewand, das der Sage nach Herkules tötete.

Sozialistische Arbeitswelt

Einen Gehirntrust müssen wir aufbauen, in dem vom Arbeiter
bis zum Professor aus dem Forschungsinstitut jeder — jeder! —
mitarbeitet, in dem sich jeder einzelne jeden Tag, jede Stunde
den Kopf zerbricht, wie man dies und das und jenes verbessern
kann. Immer besser. Und noch besser.[1]

Heiner Müller
Der Aktivist Balke

Das Stück „Der Lohndrücker" spielt 1948/49, als die wirtschaftlichen Schwierigkeiten beim Aufbau der DDR noch groß waren. Die Geschichte des Ringofens,
der gerissen ist und während der Reparatur nicht stillgelegt wird, ist authentisch.
Die Belegschaft der Brennerei ist keineswegs sozialistisch in ihrer Haltung: neben
den Funktionären, die Phrasen im Munde führen, gibt es einige verantwortliche
Arbeiter, aber auch Indifferente, ehemalige Nazis und Saboteure. So steht der Aktivist Balke fast allein und wird als „Lohndrücker" und „Arbeiterverräter" bekämpft.
Gegner hat er auch unter den Ingenieuren. Aber er tut, was noch keiner getan hat:
er mauert bei 100 Grad Hitze den Ringofen, um Planausfall und finanziellen Verlust
für den Betrieb zu verhindern. Indem er sagt, daß eine „revolutionäre" Tat wie die
seine von jedem ausgeführt werden könne, verdeutlicht er die sozialistische Auffassung von Arbeit, wie sie sich in der DDR herausgebildet hat. Die Szenenfolge
setzt ein, nachdem bereits ein Arbeiter, Lerka, wegen Sabotage zu 8 Jahren Haft
verurteilt worden ist; er hatte an dem gerissenen Ofen so schlecht gearbeitet, daß
der Schaden noch größer wurde.

*Technisches Büro. Die Ingenieure Kant und Trakehner, der Direktor, Schorn[2],
Balke[3], Bittner[3]*

DIREKTOR: Der Ofen 4 ist gerissen. Ich brauche Ihnen nicht zu erklären, was das heißt. Die zerbombten Öfen sind noch nicht wieder
aufgebaut, Material ist knapp. Wenn ein Ofen ausfällt, ist der Plan
ein Stück Papier.

TRAKEHNER: Das ist er mit und ohne Ofen 4.

DIREKTOR: Darüber läßt sich streiten. Sie haben sich den Ofen an-
gesehn. Eins ist klar: Er muß völlig umgebaut werden, mit Aus-

---

[1] Horst Kleineidam in dem Schauspiel „Von Riesen und Menschen". In: Sozialistische
Dramatik. Autoren der Deutsch. Dem. Rep. Nachwort von Karl Heinz Schmidt.
Henschelverlag, Berlin 1968, S. 594.
[2] Parteisekretär.
[3] Arbeiter im VEB ‚Roter Oktober'.

flicken ist nichts getan. Das heißt: Er fällt aus, vier Monate, so lange dauert der Umbau.

Es wird an der Tür geklopft.

FRÄULEIN MATZ: Entschuldigung. Der Zeitungsreporter ist hier. Er will zu Ihnen. Er sagt, er braucht was aus der Produktion, für die Sonntagsbeilage.

DIREKTOR: Sagen Sie ihm, er soll über Maikäfer schreiben. Das interessiert die Leute im Dezember. Ich kann ihn nicht gebrauchen. Jetzt nicht.

FRÄULEIN MATZ: *kichert, dann* Aber ... *Auf einen Blick vom Direktor* Ja, Maikäfer. *Ab.*

DIREKTOR: Es ist üblich, den Ofen für die Zeit des Umbaus ganz stillzulegen. Es ist immer so gemacht worden. *Pause; trocknet sich den Schweiß ab.*

TRAKEHNER: Ich sehe keine andere Möglichkeit.

BITTNER: Richtig, es ist immer so gemacht worden.

Kant schweigt.

DIREKTOR: Wenn wir den Ofen stillegen, kommen wir in Teufels Küche. Da sind vor allem die Liefertermine.

TRAKEHNER: Ist es vorgekommen, daß sie eingehalten wurden?

DIREKTOR: Es ist vorgekommen. Jedenfalls, mit dem Ofen 4 steht und fällt der Produktionsplan. Stillegen ist ausgeschlossen.

TRAKEHNER: Schön und gut, aber nicht stillegen ist auch ausgeschlossen.

DIREKTOR: Das wollte ich fragen.

KANT: Sie wollen den Ofen bei Feuer umbauen?

DIREKTOR: Ja. Die Kammer, die in Arbeit ist, wird natürlich stillgelegt.

TRAKEHNER: Unfug.

BITTNER: Wenn das ginge, die Unternehmer hätten es gemacht.

TRAKEHNER: Preisfrage: Was fällt eher zusammen: Maurer oder Ofen?

KANT: Bei 100 Grad Hitze kann man vielleicht arbeiten. Die Frage ist: Kann man sauber arbeiten? Ich bezweifle das.

SCHORN: Das ist nicht nur eine Frage der Technik, des Materials.

TRAKEHNER: „... sondern eine Frage des Bewußtseins". Ich maße mir nicht an, Ihnen da hineinzureden, schließlich werden Sie dafür bezahlt. Aber hier handelt es sich um Tatsachen.

SCHORN: Die Arbeiterklasse schafft neue Tatsachen.

TRAKEHNER: Hut ab vor der Arbeiterklasse. Aber Ausbeutung ist keine neue Tatsache.

DIREKTOR: Der Maurer Balke hat sich bereit erklärt, den Ofen umzubauen, bei Feuer. Ich bin dafür, daß sein Vorschlag geprüft wird.

TRAKEHNER: Balke ist ein Wirrkopf.

SCHORN: Balke ist Maurer.

TRAKEHNER: Ich verstehe. Wenn der Maurer den Ofen macht, ist er ein Held. Wenn der Ofen reißt, sind wir die Saboteure.

Schorn lächelt.

BITTNER: Der Ofen wird reißen.

BALKE: Er ist gerissen.

BITTNER: Du denkst, du bist gerißner, was?

TRAKEHNER: Ich lehne die Verantwortung ab.

BALKE: Ich verlange, daß ich den Ofen machen kann.

Pause; Trakehner raucht sich eine Zigarre an.

DIREKTOR *sich den Schweiß abtrocknend:* Wir kommen in Teufels Küche.

TRAKEHNER: Denken Sie von mir, was Sie wollen. Ich habe immer meine Pflicht getan.

DIREKTOR: Mehr.

TRAKEHNER: Jawohl auch mehr. Aber daß ich meinen Ruf als Fachmann aufs Spiel setze, das geht zu weit. Das kann niemand von mir verlangen. *Pause.* Dieser Plan ist etwas für den Papierkorb, eine Utopie.

BALKE *zum Direktor:* Ich kann den Ofen auch ohne Ingenieur umbauen.

TRAKEHNER: Bitte. *Er steht auf.* Ich finde mein Brot überall. Ihren Sozialismus aufzubauen, ist kein Spaß. *Er drückt seine Zigarre aus.* Nicht einmal die Zigarren sind ein Spaß.

SCHORN: Sie haben recht.

TRAKEHNER: Wie?

SCHORN: Ich sage, Sie haben recht. Aber Balke kann den Ofen 4 nicht ohne Ingenieur machen.

Pause; Trakehner setzt sich und raucht die Zigarre wieder an.

KANT *zu Balke:* Haben Sie eine Kalkulation gemacht?

BALKE *reicht ihm die Papiere:* Ich hab's versucht.

Schweigen; Kant liest.

8b

Halle. Arbeiter. Der Direktor, Balke und Schurek[4] vor ihnen.

DIREKTOR: Eine große Sache haben wir vor. Das gibt ein Beispiel für die ganze Produktion. Damit können wir beweisen, was die Arbeiterklasse leisten kann. Es muß für euch eine Ehre sein, mitzumachen. *Pause.*

SCHUREK: Es ist eine Arbeit wie jede andere. Nur daß sie zum erstenmal gemacht wird.

EIN ARBEITER: Schnaps ist Schnaps, sagte der Budiker und schenkte Terpentin aus.

---

[4] Vorsitzender der Betriebsgewerkschaftsleitung (BGL).

KRÜGER[5]: Das ist Ausbeutung.

BALKE: Es geht um den Plan, Kollegen.

STIMME *aus dem Hintergrund:* Wir scheißen auf den Plan.

BALKE: Fragt sich, ob ihr was zu scheißen habt ohne den Plan.

Brillenträger[5] lacht meckernd, verstummt, als die andern nicht mitlachen.

Ich kann den Ofen nicht allein umbauen, aber wir brauchen ihn.

Schweigen.

DIREKTOR: Krüger, du sagst: Ausbeutung. Du bist dein Leben lang ausgebeutet worden. Jetzt ist dein Junge auf der Universität.

KRÜGER: Hab ich ihn auf die Universität geschickt? Ich war dagegen.

Schweigen.

BALKE: Es wird schwer sein, sehr heiß. Doppelter Verdienst, dreifache Arbeit.

EIN ARBEITER: Und acht Jahre, wenn was schiefgeht, wie bei Lerka.

BITTNER: Ich sage, das wird Murks.

BALKE: Ich weiß, was ich mache.

Pause.

KOLBE[5]: Ich hab in einem Panzer gesessen, bis fünfundvierzig. Das war auch kein Kühlschrank. Ich mache mit.

KRÜGER *tritt vor:* Wenn's sein muß.

8c

Hof. Stettiner[5], Geschke[5], dann Brillenträger, später Kolbe.

STETTINER: Brauchst du trockene Steine, Geschke? Am Ofen 4 liegt Vorrat.

GESCHKE: Die braucht Balke selber.

STETTINER: Eben.

Brillenträger, aus der Kantine kommend, bleibt stehen.

Mensch, wenn die den Ofen fertigkriegen, ist unser Lohn versaut bis 1980.

Kolbe kommt mit Balkes Essen aus der Kantine. Stettiner spricht laut.

Er schleppt ihm schon das Essen in den Ofen, dem Herrn Brigadier. Der schont sich.

KOLBE: Wenn ich herauskriege, wer Balke die Jacke geklaut hat, daß er nicht in die Kantine kann, aus der Ofenhitze über den kalten Hof, ich weiß, was ich mache.

STETTINER: Die Menschen sind schlecht.

Kolbe ab.

GESCHKE: Hast du die Jacke?

STETTINER: Wenn du sie brauchst, dir geb ich sie billig, Geschke.

Geschke ab.

---

[5] Arbeiter.

BRILLENTRÄGER: Guter Stoff?
STETTINER: Reine Wolle. Fast neu.

8d

Am Ofen. Balke und Krüger. Sie sind erschöpft. Kolbe kommt mit Balkes Essen und Bier.

KOLBE *trinkt:* Gegen den Ofen war der Panzer ein Kühlschrank.

BALKE *essend:* Der Ofen ist kein Nazitank. Du kannst aussteigen. *Kolbe schweigt.*

KRÜGER *zu Kolbe:* Hast du die Zeitung mit?

KOLBE *zieht eine Zeitung aus der Tasche.* Hier. *Er liest vor.* „Durchbruch im VEB ‚Roter Oktober'. Die Arbeiter des VEB ‚Roter Oktober' erzielten einen Durchbruch. Der Aktivist Balke entwickelte den Plan, einen Ringofen, der gerissen war, ohne Betriebsunterbrechung umzubauen, was in diesem Produktionszweig als unmöglich galt. Propagiert durch den BGL-Vorsitzenden Schurek . . ."

KRÜGER: Ausgerechnet Schurek.

KOLBE: „. . . wurde diesem Plan begeistert zugestimmt, der eine Einsparung von 400000 Mark bedeutet und die Planerfüllung sicherstellt. Wir suchten die Brigade des kühnen Neuerers an ihrem Arbeitsplatz auf, wo ein reges Treiben herrscht, und konnten einen Blick in den Ofen werfen. Wie diese Männer mit den Steinen umgehen, das ist sozialistisches Tempo . . ." Spinner! Ohne Tempo verbrennst du dir die Pfoten. *Er liest weiter.* „Sie arbeiten mit Handschuhen, denn die Steine glühen, und im Vordergrund steht die Sorge um den Menschen. Während eine Kammer nach der anderen stillgelegt, abgerissen und neu ausgemauert wird, brennt nebenan hinter einer dünnen Wand das Feuer weiter. Es kommt vor, daß die Pantinen der Männer in Brand geraten. Eine Leistung, welche sich der Laie nicht vorstellen kann. Von den nackten Oberkörpern rinnt der Schweiß, aus den Gesichtern sprechen Entschlossenheit und Zuversicht. Die Belegschaft ist stolz auf sie."

BALKE: Deswegen klauen sie uns auch die trocknen Steine, die wir brauchen.

KOLBE: Wenn der Tintenkuli wiederkommt, machen wir Schulung mit ihm, bei 100 Grad im Ofen.

KRÜGER: Dich hat er ja ganz schön herausgestrichen, Balke.

9

Ofen. Darin Balke, Krüger und Kolbe bei der Arbeit. Brillenträger wirft im Vorbeigehen einen Stein, der Balke trifft.

KRÜGER: Das ist zuviel.

KOLBE *den Stein aufhebend:* Den heben wir auf. Das ist ein Beweisstück.

BALKE *die getroffene Stelle reibend:* Ist er trocken?

KOLBE: Ja.

BALKE *grinsend:* Das Beweisstück wird vermauert.

Kolbe reicht ihm den Stein.

Peter Hacks
Prolog zu „Die Sorgen und die Macht"

Dieses Stück ist Hacks' Beitrag zum „sozialistischen Gegenwartstheater". Die Fabel
ist authentisch: eine Brikettfabrik arbeitet schnell, aber schlecht, so daß die Glasfabrik, die die schlechten Briketts verwenden muß, ihren Plan nicht erfüllen kann.
Gute Briketts würden der Glasfabrik zur Erfüllung des Plans helfen; aber dann würde
die Brikettfabrik wegen geringerer Produktion ihren Plan nicht erfüllen können. Der
Widerspruch, der zwischen der Forderung nach hohen Produktionszahlen und hoher
Qualität liegt, soll schließlich durch eine höhere Moral der Arbeiter überwunden
werden.

Prolog

Fidorra, Max, ein junger Brikettierer,
Gewinnt, mit Geld und guten Worten, Herz
Und Bett von Hede Stoll, Sortiererin
In einer Glasfabrik. Fidorra ist reich,
Stoll arm, warum? In der Brikettfabrik
Machen sie elende Briketts, wurmstichige
Preßlinge, Affen ihrer Gattung, aber
Von denen viel, und viel ist einträglich;
Und liefern diese schlechten, vielen und
Einträglichen Briketts der Glasfabrik,
Deren Maschinen sich den Magen dran
Verrenken und stillstehn. Also ist Stoll arm
Durch Schuld Fidorras, ist Fidorra reich
Auf Kosten Stolls. Doch Zeit und Änderung kommt.
Denn neunzehnsechsundfünfzig, im Oktober[6],
Setzt Eifer mächtig ein der Kommunisten
Und Anstrengung, die Güte der Briketts
Zu bessern, was bedeutet, erst die Güte
Zu bessern der Partei. Und ab von oben
Nach unten rolln die Kämpfe, deren das Gute
Bedarf in einem guten Land. Sie enden
Siegreich. Die Männer alle werden redlich,
Und auch Fidorra tut für seine Freundin,
Was er nicht für den Sozialismus täte.
Aufblüht die Liebe unterm rußigen Mond,

---

[6] In Polen und Ungarn kam es im Oktober 1956 zu Aufständen gegen das kommunistische Regime.

Hart in die Wagen schellen die Briketts,
Und großen Fortgang nimmt die Glasfabrik.
Doch auf Betrug verzichtend, verzichten die
Brikettkumpel auf Lohn. Das geht drei Monat,
Dann geht das nicht mehr. Das Gewicht des gern
Gebrachten Opfers nimmt beim Tragen zu.
Müd werden die Beschlüsse, wach die Triebe.
Und los von neuem brichts, klirrend und blutig,
Und jeder muß jetzt seinen Kopf festhalten,
Denn weniger wird nicht genommen als
Sein Kopf und sein ganzes Denken. Hie gut, hie viel
Und viel, viel, viel, schreit die Regierung, ders
Um Katarakte geht von Energie;
Sie murmelt auch von Qualität was, aber
Lobt dich für Menge. Gute Gründe pflastern
Den Weg des Irrtums. Wohin geht Fidorra?
Fidorra Max ist arm, Hede Stoll reich.
Sie kauft, schafft an, bezahlt. Wer zahlt, herrscht.
Die Würde dieses deutschen Proletariers
Ist tief verletzt. Ganz unvermögend steht er
Und mit der Kraft des Gelds entschwinden ihm
Des Geists, der Muskeln und der Lenden Kräfte.
Schlimme Verknotung: diese Liebe scheitert
Daran, daß einer Geld hergab aus Liebe.
Was kann allein die Liebe retten? Geld.
Und doch entscheidet er sich gegen Geld.
Und gegen Liebe, und doch wird ihm Liebe:
Ihm, der um mehr als Liebe Liebe wegwirft.

Werner Bräunig
So viel Sand hat nicht mal die Sahara

Wir waren ausgezogen, einen Meister zu loben oder einen Polier, wie
derselbe auf Deutsch heißt — und wir waren hingegangen nach Halle-
West. Wir hatten dann auch schnell einen gefunden, der hieß Michel
Herale, und alle sagten nur Gutes über ihn. Also sagten wir uns, gehen
wir hin, loben wir ihn.
Und damit fing der Ärger schon an. Unser Mann nämlich wollte nicht
gelobt werden. Nicht etwa aus Bescheidenheit, wie wir anfangs dachten,
ach wo. Er meinte einfach, es sei da nichts Lobenswertes. Und wenn
wir schon unbedingt über ihn schreiben wollten, dann sollten wir
schreiben: Er sei ein Lügenpastor, wie er im Buche stehe. Er schwindele

das Blaue vom Himmel herunter, er könne gar nicht anders. Und weil er das tue, deshalb sei er auch allerorts solch ein beliebter Mann.

Da saßen wir natürlich beträchtlich in der Klemme. Sagen Sie selbst: Schreibt man so was vielleicht in die Zeitung? Und überhaupt: Vielleicht war das bloß so ein Tick von dem Mann? Oder er wollte uns auf den Arm nehmen? Oder er war mit dem falschen Bein aufgestanden, oder? Kurz und gut, wir waren nun hellhörig geworden, wie das ja bei Zeitungsleuten hin und wieder mal vorkommt. Wir wollten der Sache auf den Grund gehen. Also, sagten wir sogleich, Junge, wie kannst du bloß solche Geschichten erzählen? Bißchen bösen Mann markieren, wie? Irreführung der Presse, was?

Da sah uns der Meister Herale aber seltsam an. Und dann grinste er ein bißchen und sagte: Bitte sehr, und die Sache wäre die. Nämlich, er sei doch der Mann, der die Abrechnungen für mehrere Brigaden macht und die Stunden schreibt. Nun ja, und da schriebe er eben Stunden auf, die es gar nicht gibt. Zum Beispiel mit dem Sand. Also so viel Sand, wie in den Büchern von Halle-West abgerechnet worden ist, von den Meistern geschrieben und von den Bauleitern akzeptiert, so viel Sand gibt es nicht einmal in der Sahara. Wenn der wirklich geschippt worden wäre, da wäre Halle-West schon zugeschüttet bis zum zehnten Stockwerk. Oder nehmen wir beispielsweise das Holz, das laut Abrechnung transportiert und aufgesammelt und sonstwie durch die Hände der Hochbauleute gegangen und bezahlt worden ist. Also, meine Lieben, das ist so ungefähr die Menge, die in ganz Sibirien seit der Oktoberrevolution gewachsen ist, eher ein bißchen mehr.

Solche Sachen mache er also, sagte der Meister Herale, und er zucke da mit keiner Wimper. Und außer ihm erst recht keiner. Könnt ihr mal sehen!

Je nun, da waren wir freilich ernstlich betrübt. Der Mann war also doch ein „Lügenpastor", und was für einer! Und dann erzählt er das auch noch, als ob's eine Großtat wäre. Da konnten wir bloß noch fragen, ob er denn nicht wenigstens Gewissensbisse hätte.

Wie bitte? fragte unser Mann, wie heißen die Dinger?

Na, Gewissensbisse, Skrupel, schlaflose Nächte etc.

Darauf sagte er erst mal nichts. Und dann sagte er: Hm!

Und sagte ferner: Ihr dürft nun allerdings nicht glauben, daß die Lügengeschichte eine Geheimkunst ist. Deshalb erzähle ich sie ja auch. Vielleicht, daß sich dann leichter was ändern läßt . . .

Und wir erfahren folgendes:

Wie alle anständigen Menschen wollen die Arbeiter von Halle-West gutes Geld verdienen für gute Arbeit. Gutes Geld für schlechte Arbeit wollen sie nicht. Weil aber die gute Arbeit nicht gut organisiert ist, kommt es dauernd zu Ausfallstunden und Stillstandzeiten. Fertigteile fehlen, das Plattenwerk liefert nicht sortiments- und qualitätsgerecht. Kräne stehen still, teure Hand- und Nebenarbeiten müssen zur Überbrückung herhalten, qualifizierte Arbeitskräfte stehen da und beschäftigen sich. Das paßt aber den Arbeitern nicht. Mehr Platten oder weniger Leute, sagen einige. Und vielleicht sind auch ein paar Kräne zuviel, sonst würden doch nicht dauernd welche stillstehen. Und sowieso hängt alles ab von der Kapazität des Plattenwerkes. Wenn die nicht liefern, können wir nicht mehr montieren. Also auf, laßt uns woanders Hütten bauen.

Dies nun paßt wiederum den Leitern nicht. Leute, sagen sie, keine Panik, bleibt da, ihr werdet gebraucht. Wir haben Planschulden, wie sollen wir die aufholen ohne euch? Diesen Monat klappt's ja nicht so richtig, aber nächsten Monat wird's dann schon richtig klappen. Wir sind doch auch Menschen, und wir tun unser Bestes, habt also ein Einsehen.

Also haben die Arbeiter ein Einsehen. Die einen helfen vorübergehend beim Tiefbau aus — bei einer Arbeit, die zwei oder drei Lohnstufen niedriger liegt. Die anderen nehmen vorübergehend weiterhin Stockungen und Ausfallzeiten in Kauf, und Meister Herale bügelt das dann irgendwie aus mit erfinderischem Bleistift. Die Bauleiter unterschreiben. Halle-West wächst. Die Kosten wachsen auch.

Natürlich, sagt Meister Herale, so viel weiß ich selber: Mit Kritik alleine ist es nicht getan. Da muß was Konstruktives her! Zum Beispiel muß sich endlich herumsprechen, daß jeder nicht nur für das verantwortlich ist, was gerade vor seiner Nase liegt, sondern für alles; und unser aller Verantwortung hier hört erst auf, wenn Halle-West endgültig fertig dasteht und in Ia-Qualität.

Was augenblicklich getan wird, ist vorläufig Vorläufiges. Was wir wollen, ist endlich Endgültiges. Wir wollen uns nicht selbst betrügen. Wir wollen, daß unsere Arbeit Gewinn bringt für unsere Gesellschaft und nicht, daß der Staat zusetzen muß. Auf die Dauer hilft da nur eins: Ehrlichkeit, Schluß mit diesem Bereichsdenken, vernünftige Entscheidungen, straffe Leitung! Und heraus aus diesem ewigen Karussell von Behelfen und Zwischenlösungen; wir brauchen die zeitgemäße optimale Lösung ...

... Wir waren ausgezogen, Meister zu loben. Daß einer, der sich selber „Lügenpastor" nennt, am Ende zu loben ist für Ehrlichkeit, ist uns noch nicht untergekommen. Hiermit tun wir es. Und wir sind mit Michel Herale auch darin einer Meinung: Man darf dergleichen nicht einreißen lassen, stillschweigend geduldeter Schwindel als Kompromißlösung.

Bliebe noch dies: Wer zu nahe an ein Haus herangeht, sieht bloß noch die Risse im Putz. Wer zu weit weggeht, sieht bloß noch die Umrisse. Es gibt aber immer eine mittlere Entfernung, von da aus das Ganze gut zu sehen ist *und* das Detail. Einen solchen Blickwinkel, scheint uns, hat ungefähr der Meister: Er ist Mittler zwischen Leitung und Brigaden — und nicht nur das. Sicherlich gibt es Leute, auch in der Leitung, die davon profitieren könnten. Wenigstens sollte das einmal versucht werden.

1966

Norbert Barth
Tägliche Planerfüllung ist unser Kampfauftrag

Wir können dem Parteitag mitteilen, daß die Bergarbeiter, Ingenieure und Angestellten aus den Betrieben der SDAG Wismut[7] in enger sowjetisch-deutscher Gemeinschaftsarbeit im sozialistischen Wettbewerb zu Ehren des VIII. Parteitages[8] alle Positionen des Planes erfüllt haben. (Lebhafter Beifall)
Wir setzen damit eine bewährte Tradition unseres Industriezweiges fort. Seit seinem Bestehen wurde der Plan stets erfüllt und übererfüllt. Das ist für alle Werktätigen unseres Industriezweiges eine Ehrensache.
In wenigen Tagen besteht unser Industriezweig 25 Jahre. Diese Zeit ist gekennzeichnet von einer sich ständig entwickelnden und vertiefenden sowjetisch-deutschen Gemeinschaftsarbeit, vom gemeinsamen Ringen von Bergarbeitern der DDR und sowjetischen Spezialisten um die Sicherung und Erhaltung des Friedens.
Es ist auch kein Zufall, daß in unserem Industriezweig unmittelbar nach der Veröffentlichung der Dokumente des XXIV. Parteitages[9] in allen Brigaden und Kollektiven mit einem intensiven Studium begonnen wurde. Bei uns wissen die Werktätigen: Wer mit der Sowjetunion im Bunde ist, gehört zu den Siegern der Geschichte! (Beifall)
Ich bin Parteigruppenorganisator und Hauer in einer Jugendbrigade. Von unseren 13 Brigademitgliedern gehören sieben der Sozialistischen Einheitspartei Deutschlands an. Ein Jugendfreund stellte in Vorbereitung des VIII. Parteitages den Antrag, Kandidat unserer Partei zu werden.
Genossen Delegierte! Glaubt nur nicht, daß bei so vielen Parteimit-

---

[7] Sowjetisch-deutsche Aktiengesellschaft Wismut: sowjetisch-deutsches Großunternehmen zur Gewinnung von Uran, 1946 als sowjetischer Staatskonzern gegründet, 1952 in deutsche Verwaltung überführt.
[8] Juni 1971.
[9] Parteitag der KPdSU im April 1971.

gliedern im Kollektiv alles klar ist und keine Probleme auftreten. Unsere Probleme begannen bereits bei der Brigadebildung. Damals erhielten drei Jugendfreunde und ich als Parteigruppenorganisator den Auftrag, ein neues Jugendkollektiv zu bilden. Wir schieden aus einem hervorragenden Jugendkollektiv der DDR aus, und uns wurden neun Hauer zugeteilt, die aus anderen Bergbauzweigen unserer Republik zur Wismut kamen. Diese neuen Freunde mußten wir mit den spezifischen Bedingungen des Wismutbergbaus vertraut machen. Es gab dabei oft harte Auseinandersetzungen.

In der Parteigruppenwahlversammlung haben wir uns sehr eingehend darüber beraten, daß die Durchsetzung der führenden Rolle der Arbeiterklasse auf allen Gebieten des gesellschaftlichen Lebens einen ständigen Kampfauftrag für jeden Genossen darstellt. Das heißt für jeden einzelnen von uns, nicht nur Vorbild in der täglichen Planerfüllung zu sein, sondern nach dem Grundsatz zu handeln: Wo ein Genosse ist, da ist die Partei!

Uns ist auch klar, daß die Klassenauseinandersetzung mit dem Imperialismus in erster Linie durch eine höhere Arbeitsproduktivität[10] entschieden wird. Aber eine höhere Arbeitsproduktivität wird nur erreicht, wenn sich das gesamte Kollektiv seiner politischen Verantwortung im Kampf um die allseitige Stärkung der Republik bewußt ist. Deshalb ist es nicht zufällig, daß unser Hauptkampffeld gegenwärtig die Durchsetzung der komplexen sozialistischen Rationalisierung darstellt. Die Leitung des Betriebes stellte unserer Jugendbrigade die Aufgabe, in sozialistischer Gemeinschaftsarbeit mit dem wissenschaftlich-technischen

---

[10] Unter Arbeitsproduktivität wird der „Beitrag zum Bruttosozialprodukt je Arbeitskraft" verstanden (DDR-Wirtschaft. Eine Bestandsaufnahme von P. Mitzscherling. M. Melzer, E. Hagemann u. a., Fischer-Bücherei 6137, Frankfurt/M. 1971, S. 144). Die Forderung nach erhöhter Arbeitsproduktivität innerhalb der sozialistischen Planwirtschaft der DDR überrascht zunächst; ihre Motivation (Auseinandersetzung mit dem Imperialismus) verdeutlicht, daß auch der Bereich der Wirtschaft ideologisiert wird.
Im Fischerbuch wird zum Vergleich der Arbeitsproduktivität in der DDR und der Bundesrepublik gesagt:
„Für die Jahre 1967 und 1968 wurde ein umfangreicher Vergleich der Arbeitsproduktivität in der Industrie der DDR und der Bundesrepublik durchgeführt. Über die Produktion von etwa 200 Industrieerzeugnissen — zu westdeutschen Preisen bewertet — wurde durch Hochrechnung die Bruttoproduktion der Industrie der DDR und der BRD ermittelt. Mit diesen Werten und den Beschäftigtenzahlen konnte die Arbeitsproduktion errechnet werden.
Für die gesamte Industrie betrug der Rückstand der Arbeitsproduktivität in der DDR gegenüber der Bundesrepublik 1968 knapp ein Drittel". (S. 122—123)
Tabelle 24, S. 285, gibt an, daß dieser Rückstand seit 1960 in annähernd gleicher Höhe bestanden hat.

Zentrum und dem ingenieurtechnischen Personal eine neue effektive Abbautechnologie zu Ehren des VIII. Parteitages zu entwickeln.

Der überwiegende Teil unseres Kollektivs war anfangs skeptisch, weil es um etwas völlig Neues in unserem Betrieb ging. Althergebrachte Arbeitsmethoden galten nicht mehr und mußten über Bord geworfen werden. Einige Freunde stellten natürlich die Frage, gehen wir nicht ein großes Risiko ein? Bisher haben wir durch unsere Leistung ganz annehmbar verdient. Ob bei der Rationalisierung das Geld auch stimmen wird, wissen wir nicht. Zu diesen Fragen haben wir uns zuerst in der Parteigruppe einen Standpunkt erarbeitet.

Welche Ergebnisse haben wir dabei erreicht? Mit dieser neuen Technologie konnten wir die Arbeitsproduktivität auf 143 Prozent steigern. Gleichzeitig ist es uns gelungen, die Materialkosten um 14,62 Mark pro Kubikmeter zu senken. Ich weiß natürlich, daß hier im Saal viele Genossen sitzen, die mit größeren Beträgen rechnen. Doch 14,62 Mark pro Kubikmeter sind bei den vielen Kubikmetern, die wir abbauen, eine ganz schöne Summe. Allein für unsere Brigade macht das im Monat über 14 000 Mark Kostensenkung aus.

In der Erprobungszeit brachten wir sieben Verbesserungsvorschläge ein, die in die Technologie aufgenommen wurden, und jetzt werden unsere Ergebnisse vom wissenschaftlich-technischen Zentrum ausgewertet, um sie im gesamten Industriezweig zu nutzen. Damit wird sichtbar, daß das Wort des Arbeiters bei uns etwas gilt!

Ein entscheidendes Problem bei der Verwirklichung von Rationalisierungsvorhaben, und das konnten wir am eigenen Beispiel der Brigade verspüren, ist die ständige politische und fachliche Weiterqualifizierung der Menschen. Der überwiegende Teil unserer Bergarbeiter besitzt heute eine abgeschlossene Facharbeiterausbildung. Ständig erhöht sich der Anteil mit Abitur und Zehnklassenabschluß.

Manche fragen natürlich: Wozu braucht ein Bergmann das eigentlich alles? Auch in unserem Industriezweig herrschte anfangs die Tendenz vor, einen Bergmann nach seiner Muskelkraft zu beurteilen. Nach diesen Maßstäben würde ich heute nicht als Hauer auf dem VIII. Parteitag sprechen. Bei meiner Figur hätte mich wahrscheinlich damals kein Brigadier in sein Kollektiv aufgenommen. (Heiterkeit)

Alte Wismut-Bergleute haben mir erzählt, wenn damals ein Neuer in das Kollektiv kam, sagte der Brigadier: Heb mal den großen Brocken in den Hunt[11] rein. Und das war entscheidend, ob er ins Kollektiv aufgenommen wurde oder nicht. Damals waren der Bohrhammer und die Schaufel das wichtigste Arbeitsgerät des Bergmanns. Heute dagegen dominiert die neue Technik. Moderne Gerätekombinationen, die den

[11] Förderwagen

Kumpel vom Bohrhammer trennen und damit die Arbeits- und Lebensbedingungen des Bergmanns wesentlich verbessern, bestimmen in zunehmendem Maße unsere Abbaue.

Deshalb betrachten wir Bergarbeiter es als eine Ehrensache, diese neue Technik maximal in allen drei Schichten auszulasten.

Liebe Delegierte! Auf der 16. Tagung des ZK der SED betonte Genosse Erich Honecker: Das Unterpfand für unser weiteres sicheres und erfolgreiches Vorwärtsschreiten liegt vor allem in unserem unverbrüchlichen Bruderbund mit der Partei Lenins, der Kommunistischen Partei der Sowjetunion. Diese Worte unseres Ersten Sekretärs des Zentralkomitees haben sich in der 25jährigen Praxis unseres Industriezweiges, der Sowjetisch-Deutschen Aktiengesellschaft Wismut, immer bestätigt, und so halten wir es auch für die Zukunft! Glück auf! (Lebhafter Beifall)

Gedichte schreibender Arbeiter

Helmut W. Kern
Feierabend

Es ertönt endlich die Werksirene.
Ersehntes Signal.
Und zufrieden greift die Hand
zum Ausknopf der Maschine.
Und die wird langsamer,
bleibt schließlich stehn.

Ich atme tief
— geschafft —
für heute Ende,
was ich mir vorgenommen hatte, ist getan,
so denke ich, mach mich auf meinen Weg
zum Waschraum, zu den Garderoben.

Wohlig umrieselt das Wasser
aus der Brause meinen schweißigen Körper,
süßlich schmeckt es auf den Lippen,
es erfrischt mich,
belebt mich neu, läßt
die Gedanken sich sammeln,
die Zähne zusammengebissen,
dann dusch ich kalt — das tut gut.

Und so erfrischt,
so gehe ich nach Hause und
freue mich der Menschen,

die mit mir gehen,
ich freue mich,
daß Kinder fröhlich spielen,
ganz unbeschwert, nicht wie zu meiner Zeit
und oben auf dem Neubau
an der Ecke
seh ich die Richtkrone,
bald werden Menschen wohnen in dem Haus.
Ich gehe jeden Abend diesen Weg,
und jeden Abend finde ich ihn schön.

Ernst Zober
Vor dem Fenster

Schornsteinumstellte Horizonte
hier, in der Landschaft
der Fabriken.
Ascheregen unaufhörlich,
unsichtbar vom verätzten Himmel.
Hier, wo der Schnee stumpf wird
über Nacht und sommers
die bunten Farben
dem Grau unterliegen,
wo nächtens der zitternde Widerschein
der Fackelflammen
in rußigen Fenstern verlischt,
dahinter tausendfach Träume sind
von blanken Gewässern
unter wogenden Wipfeln und
klaren Himmeln.
Hier, wo der Mensch beginnt
sich selbst zu überwinden;
aus Rauch, Asche immer
reichlicher die Früchte reifen
den Kommenden,
hier, wo ich täglich
Lehren empfange, will ich
zufrieden sein und sagen,
wenn die Hände welk geworden:
Meine Spur wird sein
in Asche, Rauch und Früchten.

Jürgen Köditz
Ungeahnte Perspektiven

(Nach einem Referat)

Die Ökonomie der Agronomie
wird immer ökonomischer.
Gestern noch Dorf —
heute MILCH-STADT-KOMBINAT.
Auch die Kühe kriegen
    ihr genossenschaftliches Vergnügen,
denn sie dürfen Melkkarussell fahren.
Und sollen fürs Soll
nächster Perspektiven
    hoch durch die Lüfte fliegen,
denn dann fahren sie in Butterzentrifugen
RIESENRAD.

Dreherin

Das Märchen
von Goldmarie
geht heute ganz anders.
Die Spindel bewacht sie:
Läßt den gesteuerten Stahlzahn
rotierenden Rotguß spanen.
Ihr Drehkern dreht sich
im Wettbewerb
mit den Zensuren der Patenklasse
    Drei C.[12]
Heute proklamieren die Schüler:
Den Tag der Dreherin
und überreichen Goldmarie
einen Papierorden, goldbronze bestrichenes Q.[13]
Wer hätte je stolzer einen simplen Orden getragenes?

---

[12] Sozialistische Brigaden übernehmen oft „in Durchsetzung des einheitlichen sozialistischen Bildungsgesetzes" die Patenschaft für Schulklassen; sie kümmern sich dann um schulische und menschliche Probleme der Schüler (Lernhaltung, Leistungssteigerung, materielle Ausstattung) und laden die Schüler in die Fabriken ein, damit sie ihre Brigade bei der Arbeit kennenlernen.
[13] Zeichen für Qualität.

Volker Braun
Freunde

Personen

MINK
LAPPMANN
BEIER
LANZ
ANKA
EIN MEISTER
KADERLEITERIN
ALTER ARBEITER
LANGER ARBEITER
INGE, BEIERS FRAU
EIN BAULEITER
EIN FAHRER
ARBEITER. FRAUEN UND MÄNNER
Geschrieben 1965

1

Baustelle. Gerüste. Transparenter weiter Himmel. Auf der einen Seite Mink,
Lappmann, auf der andern Beier, Lanz, montieren Schalbretter.
BEIER *ruft:* Willst du nichts sagen, Mink? Gehörst zu uns.
   Mink schweigt.
   Warum bist du von dort weg?
   Mink schweigt.
   Ich mein: warum?
LANZ: Hast du was ausgefressen?
MINK: — Schinderei.
   Arbeiten.
LANZ: Ach so.
MINK: Arbeiten kann ich!
BEIER: Ja? Wirklich?
   Arbeiten verbissen.
LAPPMANN *nur zu Mink:* Und die Fundamente. Da war ich hier neu.
   Na, ich war das nicht gewöhnt, Beton. Ich dacht: die Schubkarre
   reißt mich um. Ist mir immer vom Brett gekippt. Ich dacht: das
   lassen sie sich nicht gefallen. Wollt gleich wieder weg — in Tiefbau.
   Ich dacht: mich halten die nicht. Bernd hatte auch gleich gesagt, als
   der Meister mich brachte: wieder so einen. Ich hatt es gehört.
LANZ *nur zu Beier:* Los, Bernd!
LAPPMANN: Aber mit den Karren — er sagte gar nichts. Ließ michs

ruhig einschaufeln. Und bei jeder, die nicht kippte, sagte er: Wunderbar! Sagte er. Hatt ichs dann bald raus.

BEIER *nur zu Lanz:* Ja, los, Lanz!

LAPPMANN: Im Winter, das „Wasserschloß". Der Beton gerissen, na. Durch den Spalt schlug das Wasser. Die ganze Arbeit blockiert. Und Frost! Das mußte abgeriegelt werden. Aber den Befehl geben: mach diese Arbeit! das konnt keiner. In dem Frost im Wasser! Wir sind dann freiwillig hinunter, unsere Brigade. Ein Tag und eine Nacht, sie haben den Beton herunter gelassen, bis wirs dicht hatten, dann kamen wir wieder hoch.

BEIER *ruft:* Kein Holz! Anka? Bringt Holz!

LAPPMANN: Die Brücken für das Gleis, da sind wir abgestürzt. Lanz und ich, ich hing am Seil, wir hingen zehn Meter über der Straße. Ich dacht, ich könnt mich nicht halten, ich schrie! Da hat Lanz losgelassen.

MINK: Und stürzte runter?

LAPPMANN: Vielleicht, du, absichtlich. Daß ich mich halte. — Er sah schlimm aus. Blut.

MINK: Der gefiel mir auch gleich.

LAPPMANN: Vielleicht — hat er sich auch nicht halten können. Sagt er.

MINK *laut:* Und was soll das alles?

LAPPMANN: Ja, daß du weißt — also . . . Bei uns nicht!

Mink und Lappmann haben einen Vorsprung.

LANZ *anerkennend:* Das kann er.

Steigen aus den Gerüsten. Anka langsam mit Schalbrettern. Mink sieht sie an.

LAPPMANN: Das ist die Anka. Die ist faul.

MINK: — Die ist schön.

ANKA *zu Beier:* Bin ich das?

BEIER: Solln wir auf euch warten? Was trödelt ihr? Wird Zeit!

Mink nähert sich ihr.

Daß wir hier fertig werden!

Mink zwischen beiden.

Daß wir hier wegkommen!

ANKA: Ihr, ja.

BEIER: Da müssen alle ranhaun!

Mink setzt sich auf den Boden.

Weiter.

Beier, Lenz, Lappmann in die Gerüste.

MINK: Wer schreit hier? Bist du das?

BEIER: Mink, wir können wieder.

MINK: Hast du gesagt: alle, Brigadier? Ich mach mal Pause. Anka, du auch.

ANKA: Ich?

MINK: Ich mach, was ich will, das wär gut. Jetzt sitz ich. Was jetzt kommt, weiß ich. Na schrei doch!

BEIER: Ich?

MINK *zu Anka:* Aber ich bleib sitzen!

BEIER: Na und?

MINK: Ich bleib sitzen!

BEIER *lacht:* Na gut.

MINK: Ja gut. — Anka — kommst du mit?

ANKA: Mit dir?

Mink steht auf, nimmt sie um die Schulter.

MINK: Anka — was du willst.

Geht langsam mit ihr ab. Beier steigt vom Gerüst.

BEIER: Mink! *Wirft seinen Hut zu Boden.*

2

Ankas Zimmer. Anka. Mink.

ANKA: Was willst du?

MINK *selbstsicher:* Du bist gut! *Legt sie aufs Bett.*
— Du willsts auch.

ANKA: Und wenn?

MINK: Wir passen zusammen. Das seh ich gleich. Du bist schön.

ANKA: Du bist schnell!

MINK: Mir kann keiner. — Hast du hier wen?

ANKA *hält ihn:* Du liebst mich wohl?

MINK: Ich komm auch für auf, gegebnenfalls. — Du gefällst mir.

ANKA *macht sich los:* Ach.

MINK: Was denn noch?

ANKA *wütend:* Wo lebst du denn! — Willst du nur das?

MINK: So.

ANKA *tut uninteressiert:* Was hast du denn bisher gemacht?

MINK: Ach, viel. In vielen Haufen. Ich such mir schon, wo sichs lohnt. Wo man einen braucht.

ANKA: Mein Mann muß mehr können — als ich. — Sie gehn alle, Industriebau, nur ich bleib. — Und wie du das denkst. Und überhaupt!

MINK: Anka — was soll ich denn?

ANKA: Weiß ich? Gefällst du mir denn?

Mink schweigt betroffen.
Da mußt du noch viel tun.

MINK *steht aufgerichtet, stolz:* Muß ich?

ANKA *lacht:* Von mir aus nicht.

Mink stakt herum. Anka lacht. Er läuft hinaus.

3

Zimmer des Meisters. Der sehr junge Meister. Kaderleiterin. Mink auf einer Bank.

KADERLEITERIN: Ich will Ihnen nur helfen. Hier wollen Ihnen alle helfen. Aber Sie müssen auch wollen. Sie kommen hierher, aber was haben Sie dort gemacht!

MINK: Hab nichts gemacht.

KADERLEITERIN: Das hilft Ihnen nichts, wenn Sie dumm spielen. Ein Zutraun muß man doch haben, wenns einer verdient. Oder Ihr Meister. Oder kommen Sie zu mir.

MINK: Warum.

KADERLEITERIN: Ich hab Sie in die fortgeschrittenste Brigade gegeben —

MEISTER: Das war dein Fehler, da ist er besonders zurück.

KADERLEITERIN: Sie könnte Ihnen helfen, daß Sie sich hier einleben —

MEISTER: Auch falsch, er wird sich hier ausleben.

KADERLEITERIN: Wollen Sie uns nichts sagen?

MINK: — Ich, mach hier noch am meisten. Was ist denn hier. Keine Ordnung, und weniger Lohn. Wer will was. Da soll einer komm'n und zusehn. Ich mach Geld, wenn ich will. *Lügt* Ich war schon Brigadier. Das war ein andres Arbeiten. Ich hab das ja nicht nötig hier.

MEISTER: Er lügt, und betrügt!

KADERLEITERIN: Und warum kommen Sie hierher, ohne Abmeldung und Papiere vom alten Betrieb?

Mink schweigt.

MEISTER: Mehr Geld, das geht doch anders. Da können Sie, sag ich, was lernen. Lernen. — Was kannst du. Bist du ein Arbeiter? Ja. Was heißt das. Das bist du sowieso, und von Rechts und Staats wegen. Da brauchst du weiter nichts als ein halbweges Gesicht, und zwei Hände sind die ganze Qualifikation. Der Arbeiter! Das ist ein höheres Wesen. Ich sag dir, beim Meister fängt der Arbeiter erst an. Morgen beim Ingenieur. Was lehrt uns das? Erstens: lernen, lernen und nochmals lernen. Zweitens: weiterlernen. Kapito? Und die Schlacke bleibt zurück, die Dummheit. Na? Aber er muß sich veredeln, der Mensch. Er muß lernen. Na?

MINK: — Dann werft mich doch hinaus.

MEISTER: Ja wohin? Hören Sie nicht, was ich sage?

MINK: Nicht? *Steht auf.* Dann passiert mir nichts?

KADERLEITERIN: Ich weiß noch nicht, ob Sie bleiben können — Was Sie gemacht haben — wird erst geklärt!

MEISTER: Was ich aus dem machen könnt!

KADERLEITERIN: — Ich möcht Ihnen vorschlagen: kommen Sie zu mir, sonntags. Und sonst, wenn Sie Zeit haben. Damit Sie wo zu Hause sind.

MINK: Das soll ich?

KADERLEITERIN: Aber doch nicht als Strafe! Ja! Sonntags!

MEISTER: Kein Mensch ist zu dumm. Sie werden sichs bald zutraun: lernen. Wie alle in der Brigade! Da kommen Sie nicht herum!
Mink zwischen beiden hindurch rasch hinaus.

KADERLEITERIN: Ach, was bist du: Meister? Schulmeister!

MEISTER: Du, regelst die Kaderfragen? Vaterfragen.

KADERLEITERIN: Du mißt sie mit dem Zollstock, damit will ich mich nicht messen.

MEISTER: Du nimmst sie an deine Brust, damit kann ich mich nicht brüsten.

KADERLEITERIN: Eh er von allein fortläuft!

MEISTER: Eh er die ganze Truppe reinreißt! Wir wollen sie geschlossen nach Schwedt schicken!

KADERLEITERIN: — Der wird schon warm werden, bei mir. Patenschaft.

MEISTER: Ja, bei mir. Der wird schon schlau werden.

KADERLEITERIN: Ja!

MEISTER: Ja!

4

Ankas Zimmer, Anka. Beier.

BEIER *singt halb:*
    Er führt sie in das grüne Gras
    Er bat, und Ännchen niedersaß.
    Er legte sein Kopf in ihren Schoß
    Mit ihren Tränen sie ihn begoß.
        Kommt er heut?
    Ach Ännchen, liebes Ännchen mein
    Warum weinst du so sehr um ein.

ANKA: Er ist nicht schlecht.

BEIER: Nein, aber dumm. Was läßt du dich mit dem ein?

ANKA: Wenns mir Spaß macht?

BEIER: Was willst du von ihm. Der ist dir schon recht. Weiter verlangst du nichts.

ANKA: Das ist meine Sache.

BEIER: Unsre auch. — Meinst du, in dir steckt nicht mehr?

ANKA: In mir? Wieso denn in mir? *Lächelt.*

BEIER *sieht sie an, überrascht:* Er hat recht — du bist schön.

ANKA: Ja?

BEIER: Ich glaub, ja.

ANKA: Wie Inge?

BEIER: Das kann man nicht vergleichen. — Jeder ists.

ANKA: Für mich nicht.

BEIER: Mach dir nichts vor. Jeder, irgendwie.

ANKA: Du ja.

BEIER: — Inge, hab ich nie betrogen.

ANKA: Darfst du ja nicht.

BEIER: — Grad du. Bist du so abhängig, von einem? *Will sie umfassen.*

ANKA: Sei still! — Das bestimm ich wohl.

BEIER: Inge . . . Statt sie fragt, was wichtig ist, was etwas ändert — und ansonsten lebt, wie es kommt! Aber nein, man verwendet die Mühe drauf, auf sich selbst zu achten, seine Gedanken zu gängeln und seine Glieder — niederzuhalten, — um anständig zu sein und nicht anzustoßen. Und wenn man stirbt, hat man nur eins vollbracht: moralisch gewesen zu sein! Ein guter Mensch! Eine brave Erscheinung! Nichts Wesentliches!

ANKA: Denkst du das? — *Spöttisch* Was du denkst!

BEIER *lacht*: Ja. Los. Mach was du willst! Leistest du dir nur den Toffel?

ANKA: Ich, ach wo. — *Zornig* Er ist nicht schuld, daß er so ist!

BEIER *anmaßend*: Komm. Red nicht. *Hält sie.*

ANKA: Laß doch!

BEIER: Laß doch.

ANKA *gibt nach*: — Warum?

BEIER: — Jetzt fragst du nicht mehr . . .

ANKA: — Nein.

5

Die Baustelle. Abbau der Gerüste. Beier. Lanz. Lappmann. Mink. Anka und andere Arbeiter transportieren Bretter ab.

LANZ: Die Frauen nehmen wir mit, wenn wir gehn. Was ist eine Landschaft ohne Frauen! Kein Hügel, nur flaches Feld. Keine Blume im Gras. Wie säh alles aus! Beton und Staub, und kein kühles Wasser. Wie kämen wir an! Ein Kopf ohne Gesicht. Wie die Gespenster. Wie die Sträflinge. — Wir können sie uns leisten. Die Anka, und Inge. *Zu Beier, vertraulich.* Inge gefällt mir nämlich auch. Ich sags dir. Daß du sie — geheiratest hast, war egoistisch.

BEIER: Das hab ich gemerkt, daß sie dir gefällt. Und du ihr auch.

LANZ *schnell*: Sagt sie das?

BEIER: Weiß nicht, ob sie noch mitkommt. Sie hat erst neu die Arbeit hier, Technologin und wieder fort, das wär hart. Erst kommt sie nur wegen mir her, aber dann hängt sie doch fest, ist immer so. Red du ihr doch zu!

LANZ: Was macht sie hier — daß es sie hält?

BEIER: Wills gar nicht wissen. So wichtig kanns nicht sein, daß sie nicht mit mir kommt. Das wär ja!

LAPPMANN: Na, und Anka! Die ist zu faul. Die kommt auch nicht mit!

MINK: Was wollt ihr mit den Fraun? Die können nicht arbeiten. Die versaun euch nur die Leistung.

Schweigen.

BEIER: Da sind wir vielleicht nicht so.

MEISTER *herbei, zu Beier:* Muß mit dem Mink reden. Qualifizierung.

BEIER: Da wartet der drauf.

MEISTER: Ich bring ihn vorwärts. *Stolpert in den Brettern.*

LANZ: Ja, einen Standpunkt brauchte man.

MEISTER *balanciert:* Den hab ich. — Hier ist Sozialismus, das ist, das ist: jeder nach seinen Fähigkeiten, jedem nach seiner Leistung. Haben Sie schon Fähigkeiten? Sie qualifizieren sich, gut. Und was dann? Faulbett. Denken ist die Bürgerpflicht!

LANZ: Ja, aber wir brauchen nicht nachdenken bei dir, nur hinterherdenken.

MINK: Die Meister schrein immer.

LANZ: Der nicht. Er schweigt. — Herr Neumann, also was war zuerst: das Denken oder das Sein?

MEISTER: Ja, Moment. Ja, das Sein.

LANZ: Ja, wenn man zuerst gedacht hätte, würde vieles anders sein. *Mink lacht.*

MEISTER: Das hat das Primat. Aber das Denken ist relativ selbständig.

LANZ: Das ist uns neu, Herr Neumann. Wir dürfen selbständig denken?

MEISTER *reckt die Arme, erfreut:* Zweite Seite der Grundfrage!

BEIER: Das ist eine neue Seite an dir, Herr Neumann.

LANZ: Wie ist denn das nun konkret!

MEISTER: Was.

LANZ: Was können wir denn denken?

MEISTER *läßt die Arme fallen:* Sie wollen mich hineinlegen!

Anka und andere Arbeiter bleiben stehn.

BEIER: Und, hast du den Plan erfahren? Was wir in Schwedt machen?

MEISTER: Was?

BEIER: Na ja.

MEISTER: Wolln Sie das schon wissen?

LANZ: Das ist doch nicht neu, Herr Neumann. Das ist doch alt, Herr Altmann.

LAPPMANN: Das ist nicht neu, Mann.

MEISTER *erfreut:* Das wollen Sie wirklich wissen?

BEIER: Würd mich ja selbst drum kümmern!

MEISTER: — Hm. Macht denn der mit? Qualifiziert er sich?

MINK: Ich?

MEISTER: Der?

MINK *zu lange zögernd, sieht dann Anka:* Mal sehn?

BEIER *zu Anka, herausfordernd:* Die Anka ist da anders. Die überlegt nicht lang, wenn sie was kann. Die macht das noch mit!

ANKA: — Ja?

Mink starrt Beier an.

MEISTER: Ich seh, da haben Sie erst mal viel Arbeit mit sich selbst.

MINK *wirr:* Anka? Was weißt du von Anka?

BEIER *verteidigt sich:* — Wenn du nur herumsitzen willst und blöd bleiben! Das gefällt keiner. Da kannst du wieder Leine ziehn.

MINK: Anka, sagst du.

ANKA *zu Beier:* Laß ihn sein! *Zu Mink* — Sieh mich nicht an!

LAPPMANN: Wir helfen dir, Mink. Industriebau. — Ich bin auch nicht schlau.

MINK *zu Anka:* Du hast etwas mit ihm!

ANKA: Ja.

MINK: Ja?

ANKA: Ich sags, ja! Gestern nacht. Das macht doch nichts. — *Wütend über sich.* Was wollt ihr von mir! Ach, laßt mich sein! *Läuft fort.*

MINK *zu sich, tonlos:* Ich kann ja wieder gehn. Dann ist hier Bahnhof.

6

Gaststätte. Arbeiter. Gelächter. Lappmann mit Mink herein, setzt ihn an einen freien Tisch.

LAPPMANN: Hier sind wir allein.

ALTER ARBEITER *betrunken:* Und aber, es geht weiter. Kollegen und Kollegen. Wieder wurde, einen Sieg, unverbrüchlich, über Raum und Zeit, also die Betonbrücken. In Heldenkampf ist es —, in zwei Jahren das Projekt, und zwar schon eine Fahrbahn. Trotz aller objektiven Schwierigkeiten subjektiven Charakters, als da sind Geld, Fehlschichten und die Technik, damit steigt die Möglichkeit des Verkehrs. — Steigt — die Möglichkeit des Verkehrs, was ist nun das? Hahaha! Hahaha! Ich versteh mich.

LANGER ARBEITER *zu Mink:* Trink mit, Genosse.

Mink sitzt unbeteiligt, schiebt das Bier weg.

ALTER ARBEITER: Obwohl wir müssen das Ding beim Schwanz —, es ist eine große Zeit und knapp Geld. — Nie war eine schönere Zeit, ja. Aber man soll die Rente erhöhn.

LANGER ARBEITER *zu Mink:* Bist du der saure Hering? Heb ich mir auf für morgen früh. — Oh, ein Fremdkörper. Willst du dich nicht

92

freun mit mir? Wir haben was getan. Wir haben hier ein steigen lassen, ein Schornstein, ein neben dem andern. Na also. *Zeigt zur Decke.* So hoch. Mensch! Aber der Mensch kann das. Das kann der Mensch. Und was noch. Immer mehr. Immer höher. Hoch! *Zieht Mink hoch.* Der Mensch leb hoch!

Alle lachen, stehn um ihn. Mink sackt auf den Stuhl.

— Laßt ihn, der hat was. — Du, dem gehts dreckig im Kopf.

Sie verstummen. Einer stellt seinen Schnaps vor Mink, setzen sich auf ihre Stühle.

MINK *trüb:* Sie gibts gleich zu! Anka!

LAPPMANN *behutsam:* Die, die ist nicht schön. Mir gefällt sie gar nicht. Die ist zu frei. — Die ist auch faul. — Die läßt sich nicht besitzen. Das ist hier anders als früher. Da ist einer machtlos.

MINK *trinkt:* Das hab ich nicht nötig, sie teilen. Ist bei mir nicht drin. *Lügt.* Dort, hatt ich eine ganz andre.

LAPPMANN: Ja.

MINK *laut:* Ich hatte drei.

LAPPMANN: Du?

MINK: Wie ich wollte. Ich hätte dort bleiben können, brauchte gar nicht hier. Ich machs nur so.

LAPPMANN: Warum denn?

MINK *lacht:* Ja, ich war einer! — Kein Handlanger! Geachtet! Die meisten Prämien! Anerkannt! Da hatt ich Freude, wir haben Dinger gedreht! Das warn Leben! Da zeigt keiner auf dich!

LAPPMANN: — Ja, hier ists anders. Hier kannst du bleiben.

MINK *vor sich hin, trinkt:* Das macht doch nichts, sagt sie. Das macht doch nichts. Das macht doch nichts.

LAPPMANN: Ich helf dir. Trink. Das bring ich in Ordnung, mit ihr. Darauf dring ich. Versammlung.

MINK: Das macht nichts — *fällt auf den Tisch.*

LAPPMANN: Freundschaft — ist mehr als Liebe. Weiß nicht wie du bist, aber uns hier — kann nichts trennen.

7

Zimmer mit Fahnen. Kaderleiterin. Mink. Lappmann. Lanz, neben ihm Inge. Anka. Einige Frauen und Männer. Beier sitzt mürrisch abseits.

KADERLEITERIN: — und das Geschehn ... das geschehn ist ... und es wird verlangt, daß wir es behandeln —

LAPPMANN *nickt:* Ja.

KADERLEITERIN: Etwas ist also — und ein Fall, in den sich zwei verstrickten, ich will es nicht Liebe nennen, was ein Gefühl ist. Denn Liebe ... ist eine Herzenstatsache, und begründet in den Geboten ...

unsrer Moral. Liebe ist . . . das Gute im Menschen, das . . . keinem schadet, und am wenigsten einem andern! Was ist aber . . . das, worüber wir sprechen — was sie gemacht — was also geschehn, oder — was geschehn ist, dieses, aber doch zwischen zwei Menschen, ja ich will es aussprechen, *leise* zwischen Mann und Frau — *Unruhe.*

— das also verlangt unsre klare Meinung, die aus der Welt schafft, was uns nicht lieb ist, und die dem Guten hilft, dem Guten hilft. Das wollte ich sagen.

EINE FRAU *zu Mink:* Ja, du Guter.

EIN MANN *erhebt sich:* Es riecht nach Moder, nach Fäulnis, nach Verwesung — Ein Grund hat sich aufgetan, ein Loch — *Sieht Mink an.* Der arme Mann. Der arme Mann —

ZWEITE FRAU *dazwischen:* Wer wars denn nu!

ZWEITER MANN: Dann legt doch mal die Dinge auf den Tisch!

DRITTER MANN: Nun fragt nur noch, wie sies gemacht haben!

LANZ *springt auf:* So. Bernd — du bist mein Freund, aber ich — ich will ja nicht sagen — daß das weiter was ist! Oder hier wen angeht! Aber, wenn du allein wärst, und keine Frau — Das ist es — Aber es, und Inge gegenüber, also wegen Inge, und für Inge — *Inge sieht ihn an, er schweigt, setzt sich.*

BEIER *kleinlaut:* Ja. Ja.

KADERLEITERIN: Anka, warum, warum hast du das gemacht.

ANKA: Ja. Ich liebe Bernd. Na, ich liebe Bernd. *Beier blickt überrascht auf. Inge steht langsam auf.* Er gefällt mir. Er weiß, was er will. Er ist gleich freundlich, und zieht mich nicht auf. — Ja, und weiß, was wichtig ist, und was man tun kann . . . Ich lieb ihn mehr als jeden.

INGE: Aber er ist doch mein Mann!

ANKA: Ja.

MINK *gepeinigt:* Ich, ich —

INGE: Was redest du denn da, vor allen!

ANKA: Ich sag immer alles. Das ist doch nicht schlecht.

INGE: Ich liebe ihn doch!

LAPPMANN *zur Kaderleiterin:* Hilft das dem Mink!

LANZ: Inge —

INGE: Ich liebe Bernd doch immer, und brauch ihn — und ging mit ihm mit, und wir gehören uns — Auch wenn ich hier bleibe!

ANKA: Ja, ja! Ich auch — Ich brauch ihn auch, wenn ers will —

KADERLEITERIN *aufgeregt:* Um Himmels willen — Sagt das nicht, sagt das nicht, ihr redet euch hinein! Es wird nur schlimmer!

LAPPMANN *laut, zeigt auf Mink:* Es geht doch darum, ihm zu helfen!

MINK: Was wollt ihr! *Auf, reißt den Stuhl um, läuft hinaus.*
EINE FRAU: Was hat er denn?
LAPPMANN: Er wills gar nicht!
KADERLEITERIN: — Aber es geht nicht mehr um Mink!
LANZ: Inge — *legt den Arm um sie.* Komm mit uns mit!

8

Ankas Zimmer. Anka. Beier.

BEIER *wütend:* Ich liebe dich gar nicht!
  Sie sitzt stumm.
  Ich liebe dich nicht!
  Sie sitzt stumm.
  Ich kann dich nicht ausstehn, ja! Wie du bist! Dir ist alles eins! Du
  willst nichts. Du bleibst hier! Du kannst nur — zerstören, was mir
  was ist, und denkst dir nichts!
  Sie sieht ihn an.
  Du liebst doch den Mink!
ANKA: Ja, ja —
BEIER: Das gibts ja gar nicht.
ANKA: Ja. — Ich denk mir nichts. Was das werden soll... Was soll
  ich weiter denken? *Provozierend.* Verlieben, das ist noch ein Unglück.
  Da einer dem andern gehört, und keinem andern sonst. Das ist noch
  so. Gut, du liebst mich nicht. Dann kann ich das sagen, ich sags nur
  so... Können wir nicht zusammengehören, alle, die zusammen sind?
  Und die reden und essen und sich ansehn, warum solls nicht mehr
  sein, hier? Hast dus nicht gesagt?
  Beier lacht.
  Müssen wir uns verachten und trennen, nur weil wir uns zu gut ver-
  stehn? *Plötzlich ernst.* Aber das geht nicht gut. Inge — Ich wollte
  nicht, daß sie traurig ist. Für dich, oder für mich, gehts nicht gut...
  Nein, nicht für dich. Geh. — Ach, geh doch!
  Beier steht, sieht sie an.
  Nein, geh nicht! Geh nicht, bleib! Bleib!
BEIER: Was — was sagst du? Anka — *Für sich.* Ich muß sie nur ansehn,
  ja, sie ist schön... sie ist ganz anders. — Ich liebe sie. Ich liebe sie.
  Geht hinaus. Sie hält die Hände vors Gesicht.

9

Bahnstation. Abend.

MINK *geht auf und ab:* Das könnt gut sein, hier. Die wollen mich...
  Aber sie, sie — Und alle hängen an mir, wie Kletten. Alle kümmern
  sich um mich, ich hab keine Ruhe. Alle wollen vorwärts und vorwärts

und lassen eim keine Ruhe. — *Gehetzt.* Immer alle. Alle alles! Und ich? — Ich will was allein haben! — *Steht.* Bin ich nichts? mit dem sie zufrieden wär? Ist nicht alles dran an mir? — Kann ein Mensch nicht ein andern haben? Wie sich selbst? Ich gäb auch was dafür, ich! — *Steht geduckt.* Der Bahnhof. Wie komm ich hierher? — Immer das Gleis, und der Himmel drückt herab, und Nacht. — Was steht hier? *Liest am Fahrplan.* Ist nirgendhin weit. Man kann immer fort.

10

Gefällte Bäume. Inge. Lanz.

LANZ: Bleib noch. Soll er dich suchen.

Schweigen.

INGE: Wie die Stadt leuchtet! Den Hang herauf.

LANZ: Hier ist bald kein Fleck mehr für zwei.

INGE: Aber dafür vier Wände.

LANZ: Hier lebt bald jeder allein, in seinem Schubfach.

INGE: Oder zu zwein.

LANZ: Ja, zu zwein allein.

Schweigen.

INGE: Was die Leute laufen! Lustig, wie Kinder.

LANZ: Die selben Straßen immer. Das ist lustig. Wer lacht? Sie können nicht mehr raus. Gebunden an eine Stelle, und abgefunden. Mit den Füßen im Beton, mit Kind und Kegel. Das sind die Leute dort.

INGE: Wir sind nicht so.

LANZ: Wie lange? — Nur fort hier. Nur weiter, weiter.

INGE: Ich kanns nicht mehr, immer weiter, ihm zuliebe, und mich einarbeiten im Betrieb, und wieder aufhörn. Dreimal. Und ich? Was der denkt! — Wenn man nicht etwas richtig macht, und dableibt! Soll denn die Arbeit umsonst sein, und vorbei?

LANZ: Geht alles vorbei! Wenns nur für dich nicht umsonst war, mit dir nicht vorbei ist ... Vieles ist bald nichts mehr, oder viele, aber was in dir bleibt, was es aus dir macht, das bleibt dir. Wie sollte man sonst wegkommen über alles, das vergeht? Wozu sonst was anfangen? Und auch mit einem Menschen, mit dem liebsten Menschen kanns dir geschehn — möchst du dann, alles soll ungeschehn sein?

INGE:— Ich hab ihn gern, aber es fehlt etwas, er verlangt zu viel ... Dann streiten wir uns, und ich bin ungerecht ... Ich möcht ein Kind — aber wir warten, daß ich noch mitkann, immer. Alles schaff ich nicht. — Dann hab ich Sehnsucht nach irgendwas, ich weiß nicht was. Dann werd ich traurig. — Du hörst mir ja zu?

LANZ: Ja und?

INGE: Ich mein nur. — Ich kanns ihm nicht sagen.

LANZ: Er hilft dir doch. Er ja. Es ist alles Arbeit. — Sag nichts gegen ihn!

INGE: Irgendwas, das Wichtigste, kommt zu kurz.

Schweigen.

LANZ *die Worte suchend:* Ja. Eins muß bleiben, etwas, ohne das ists nichts. Das Eigentliche, wovon man lebt. Was wir mit uns selbst machen, und leben. Leben muß man.

INGE *lacht:* Du hast gar nicht recht: mit gebunden, oder abgefunden . . . Bin ich allein?

LANZ: Nein.

Sehn sich an.

BEIER *abgehetzt heran:* Inge —

INGE *kalt:* Ja?

BEIER: Verzeih mir —

INGE *zögernd:* Ja.

BEIER: Ich wills nicht mehr tun.

INGE: Du kannst tun was du willst.

BEIER: Könn wir nicht.

INGE *langsam:* Jeder kanns, wenn ers kann.

BEIER: Das denkst du?

INGE: Weiß ich?

BEIER: Was willst du? — Was ist?

INGE: Weiß ich?

Sie geht. Dann Lanz.

11

Zimmer. Nacht. Lappmann schläft. Mink richtet sich auf, lacht laut.

LAPPMANN *fährt hoch:* Hannes, gehts los? Gehts los?

MINK: Und wenn ich wieder weggeh?

LAPPMANN *ist wach:* Du? Was?

MINK: — Ich hab sie geliebt.

LAPPMANN: Was? Weg?

MINK: Was brauch ich noch!

LAPPMANN: Du? Weg? *Lacht laut.*

MINK *fällt zurück:* Nein, ist Unsinn, weg. Das denk ich nur. Weißt du, sonst, hatt ich gar kein. Kein Freund. War nicht wahr. Ich hatte nur Pech. Ich habs nie so erlebt, daß was wurde. Das war nie so ne Truppe. Hab mir auch nichts getraut.

LAPPMANN: Ja. *Schläft ein.*

MINK: Du, Lapp, bei euch rum ists schon gut. Das wollt ich mal sagen. — Das ist fast — *Schläft ein.*

12

Die Baustelle. Abriß der Bude. Beier. Lanz. Lappmann. Mink. Abseits Anka.

MEISTER *heran:* Beeilung! Beeilung!

BEIER: Jetzt kommst du, wenn wir gehn. Sind das die Pläne?

MEISTER: Sie wolln sie wirklich sehn?

Rollt Blätter auf. Beier, Lanz, Lappmann zu ihm.

LANZ: Ich seh nichts.

MEISTER: Ja, Zeichnung lesen. Das müssen Sie lernen! — Gleitbau.
Betonierer, Zimmerer, Eisenflechter, Schweißer, Hydrauliker —
eine Mannschaft. Als Schalungen — transportable Rüstungen, von
Etage zu Etage umgesetzt. Das ganze als Taktstraße, und innerhalb
des Zyklogramms.

LAPPMANN: Mensch!

LANZ: Dafür ließ er uns lernen!

BEIER: Ja, und ... kriegen wir so ein Objekt, in eigne Leitung?

MEISTER: Was? Eigne Leitung? — Ihr spinnt ja.

BEIER: Na, ein Objekt?

LANZ: Ja — *zitiert.* Die Menschen sind nicht soweit.

BEIER: Ja, man hats schwer, Herr Altmann.

MEISTER: Was! Was! Alle drücken sich — ihr wollt es?

LAPPMANN: Es ist nicht so einfach, wenn man es doppelt nimmt.

MEISTER: So können Sie nicht r e d e n!

LANZ: Gut, singen wir.
Der Neumann, der Neumann
Der macht jetzt alles neu, Mann —

LAPPMANN: Sonst wird es ihn noch reun, dann ...

LANZ, LAPPMANN, BEIER: Herr Neumann, fang neu an —

MEISTER *sitzt, zerknirscht:* Was wollt ihr denn.

Sie verstummen.

LAPPMANN: Wir meins ja nicht so.

LANZ: Entschuldige.

BEIER: Wir verlangen nur — ein Objekt, und Objektlohn, im neuen
Betrieb.

MEISTER: Ah, sagen sie das alle? Das will ich hören.

LANZ: Ja.

LAPPMANN: Ja.

LANZ *zu Mink:* Sag ihm was!

MINK: — Ja.

MEISTER: — Er, er muß zurück. Das mußte geklärt werden, leider.
Unterschlagungen.

MINK: — Nein!

Anka heran, neben ihn. Er schweigt.

ANKA: — Dann, wir wollen, daß er bleibt. Wir bürgen für ihn. Und helfen ihm.

Mink sieht Anka an, dann Beier, dann Anka, dann wieder Beier.

MEISTER: Hm. Wenn das geht?

ANKA: Ja!

BEIER: Ja. Anka.

Mink fällt über Beier her, rasend, schlägt ihn nieder. Beier wehrt sich nicht, sieht Mink verwundert an.

MEISTER *zu Beier:* Ja, schlag doch zurück! Ja, schlag doch!

Mink davon. Beier sieht ihm nach.

13

Platz. Viele Arbeiter. Ein Bauleiter auf dem Podest.

EIN ARBEITER: Reden, immer dasselbe.

ANDRER ARBEITER: Aber mit solchen Reden — macht manches wieder gut.

DRITTER ARBEITER: Reden sind bloß Reden.

BAULEITER: Freunde. Als wir herkamen, war hier Heide und Sand. Was konnte einer? Der sackte in einen Graben, der fiel ins Bier, der spuckte Staub. Er konnte nichts. Dann kamen wir langsam zusammen, über den Schlamm weg und Beton. Als der erste Schornstein rauchte, standen wir hier, mancher mit Tränen in Augen. Und Kälte und die Sommer. Aber die meisten blieben, dann kamen noch Jahre. Wenn einer fragt: wie der Erfolg? Das Geheimnis, sag ich, unser Geheimnis war die Gemeinschaft. Die kaufte uns keiner ab, die war mehr als Patente. Die konnt man nur selber lernen. Die nehmen wir mit von Bau zu Bau. — Das die Fabrik. Das ist unser und allen.

Beifall.

Freundschaft.

Blasmusik. Die Arbeiter laufen durcheinander.

MINK *an Anka heran:* Also, ich fahr wieder los.

ANKA: Hannes?

MINK: Dort lang ist der Bahnhof.

ANKA: Hannes?

MINK: — Du kannst nichts dafür. Du bist so.

ANKA: — Ich will dich doch!

MINK: Ja, auch.

ANKA *erstarrt:* Wenn du gehst, das wär ganz schlimm.

MINK *fest:* Ja. — Es geht dort lang.

Sieht sie kalt an, stürzt dann fort. Anka lacht stumm auf.

ANKA: Hau ab, du Gespenst!
Die Arbeiter sind davon. Sie steht, zusammengesunken.

14

*Die Baustelle. Abend. Beier und Lappmann lesen langsam letzte Bretter zu-
sammen. Nach einer Weile klettert Beier auf einen Stapel, raucht.*

LAPPMANN *singt dann:*
Es ging ein Freund vor des andern Haus.
Er rief des andern Frau heraus.
Sie gingen wohl miteinander fort.
Sie kamen an eine Hasel dort.
Sie kamen ein Fleckchen weiter hin.
Sie kamen auf eine Wiese grün.

BEIER: Gutes Lied. — Wo ist Lanz?
Lappmann setzt sich auf einen andern Stapel. Die Sonne geht unter.

LAPPMANN: Und Inge — kommt sie nun mit?

BEIER: Ich glaube.

LAPPMANN: Hast du sie nicht gefragt?

BEIER: Jetzt, sie kanns selbst sagen.

LAPPMANN: — Jetzt ists hier am schönsten.

BEIER: Am schönsten ist, wenn wir gehn.
Schweigen.
Der Mink ist fort.

LAPPMANN: *erschrickt, dann* — So.

BEIER: Wohin.

LAPPMANN: — So.

BEIER: Der ist dumm.

LAPPMANN: — So.

BEIER *laut:* Der Fisch an Land! Jetzt taucht er unter.

FAHRER *mit einem Lkw heran, lädt Bretter auf:* Also, morgen gehts fort.

LAPPMANN *zu Beier:* — So. Ja. *Schreit wirr.* Wir helfen und helfen, aber
gehn gar nicht auf ihn ein! Wolln ihn zu einem guten — Durchschnitt
zurechtschnitzen, und lassen gar nicht ... was er selbst kann ... aus
ihm raus! Wie er selber ist, oder sein kann — Und helfen, helfen, ihm
wohl? Lassen gar nicht ... seine Natur ... bilden; wozu! Scheiße!
Was sind wir für Freunde? Friedensfreunde.

BEIER: Ralf — Was redest du denn!

LAPPMANN: Du bist schuld. Daß er fort ist! Weil du die Anka hast!

BEIER: — Anka, die sind wir auch los! Die kommt auch nicht mit ...

LAPPMANN: Mit dir, will ich nichts mehr! Das ist vorbei. Mit euch,
geh ich auch nicht! Ja. Ich nicht. *Läuft fort.*

FAHRER *kommt nach vorn, sieht Beier an:* — Ich wollts nicht sagen, sag mal,

du, deine Frau, die Inge — geht die jetzt mit Lanz? Ich sah sie am Wäldchen, vorhin —
Beier lacht laut, ungläubig.
Da, ja, fahr mit!
Beier verstummt, rennt zum Lkw, fährt los. Der Fahrer bleibt stehn.
Bei denen, ists aus. Die sind ganz auseinander. — Da geht keiner von mit. Das geht nicht mehr. Schade. — Mann, Idiot, meine Kalesche!

15

Landstraße. Beier mit dem Lkw heran, hält. Im Scheinwerferlicht Lanz und Inge, stehn umschlungen auf der Fahrbahn.
BEIER *nach einer Weile, schreit:* Macht Platz!
Läßt den Motor an. Sie lassen sich nicht stören.
Macht Platz!!
Sie lassen sich nicht stören. Brüllt rasend, springt dann aus dem Lkw, steht vor den beiden. Sie lassen sich nicht stören.

16

Der Platz. Früher Morgen. Im Dunst undeutlich eine große Gruppe Arbeiter. Schweigen. Die Kaderleiterin kommt mit Listen.
KADERLEITERIN: Schmidt, Reiner.
SCHMIDT: Ja.
KADERLEITERIN: Sommer, Karl.
SOMMER: Hier.
KADERLEITERIN: Belloni.
BELLONI: Ja.
KADERLEITERIN: Zahl, Sieglinde.
ZAHL: Hier.
KADERLEITERIN: Heuer, Peter.
HEUER: Hier.
KADERLEITERIN: Philipp, Monika.
PHILIPP: Hä.
KADERLEITERIN: Steidel, Klaus.
STEIDEL: He.
KADERLEITERIN: Müller —
MÜLLER: Otto, hier.
Die Aufgerufenen treten aus der Gruppe, die sich so auflöst.
KADERLEITERIN: Beier, Bernd.
Schweigen.
Beier, Bernd.
BEIER: Ja.

KADERLEITERIN: Lappmann, Ralf. — Lappmann.
LAPPMANN: Ja.
KADERLEITERIN: Lanz, Hans.
LANZ: Ja.
KADERLEITERIN: Wendelin, Anka.
ANKA: Ja.
KADERLEITERIN: Beier, Inge.
Schweigen.
Inge —
INGE: Ja.
Die Kaderleiterin geht zum Rest der Gruppe, ruft weiter auf. Hinten wird es hell, stehn dunkel im Gegenlicht.
LAPPMANN: — Aber was soll draus werden — Wenn ihr alle geht?
Das geht nicht —
Beier, Lanz, Inge, Anka stehn schweigend.
MEISTER *von hinten:* Wo bleiben die Fahrzeuge?
EIN ARBEITER *lacht:* Wir haben es eilig — fortzukommen!
MEISTER: Ich komm aber mit.
ZWEITER ARBEITER: Jetzt geht das weiter. Der hört nicht auf!
MEISTER: Jetzt, da wir uns kennen — Ich wär ja dumm.
DRITTER ARBEITER: Ja, du kennst uns jetzt.
MEISTER: Aus Ihnen — mach ich was.
DRITTER ARBEITER: Fragt sich nur was.
KADERLEITERIN: Mink, Hannes. — Ja, Mink! — *Schreit* Mink! — Er ist nicht —
Hinten laut die Fahrzeuge.
ERSTER ARBEITER: Es geht los!
Lautes Hallo.
LAPPMANN: Sie gehen alle —.
Alle brechen auf.

Junge Generation

Wie ich ging
Zögernd erst,
mehr witternd
alles wissend,
ging ich durch die wunde Stadt.
Nicht leicht,
nicht angenehm war der Weg.
Die Brust voller Zweifel,
wetzte ich mir die Finger wund
am Schutt geborstner Häuser.
Im Kopf trug ich Dämmerung
und an den Füßen Lumpen.
Abends saßen viele Ichs
mit leeren Mägen
in öden Räumen
und träumten Zukunft.
Nachts gingen die Gedanken
zu den Toten.
Doch mit den stürzenden Ruinen
rissen wir die Nacht
aus unseren Gehirnen
und wurden Wir.[1]

Rudi Benzien

Christa Löhn, Oberschule Landsberg, Bezirk Halle
Der Brigadier übergibt das Zeugnis

Wir haben an unserer Schule in Landsberg erreicht, daß alle 26 Klassen einen Patenschaftsvertrag abgeschlossen haben. Das war zunächst keine leichte Arbeit. Die Betriebe haben nicht etwa gerufen „Hurra, jetzt kommt die Schule", doch mit tatkräftiger Unterstützung der Parteigruppen der Betriebe gelang es schließlich. Ein Betriebsparteisekretär sagte neulich: „Eigentlich ist unsere Schule ein Faß ohne Boden." Da er aber „unsere" Schule gesagt hat, nehmen wir ihm das nicht übel.

Richtige Patenbeziehungen bringen natürlich auch bei der Lösung von Problemen Konflikte mit sich. Unsere Schüler brauchen nicht schlechthin einen guten Patenonkel, der ab und zu etwas springen läßt — natür-

---

[1] In: auswahl 66. Neue Lyrik — Neue Namen. Auswahl besorgt von Bernd Jentzsch und Klaus-Dieter Sommer, Verlag Neues Leben, Berlin (Ost) 1966, S. 120.

lich nimmt die Schule alles —, sondern man muß sich beiderseits um sozialistische Patenschaftsbeziehungen bemühen. Die Patenschaftsarbeit soll ja in erster Linie helfen, das sozialistische Bildungs- und Erziehungsziel durchzusetzen. Einen Patenschaftsvertrag abzuschließen ist verhältnismäßig leicht, schwerer ist es, diesen Vertrag mit wirklichem Leben zu erfüllen. Das haben wir noch nicht mit allen Klassen erreicht, aber wir bemühen uns intensiv darum, alle und damit auch das Ganze in den Griff zu bekommen.

In diesem Zusammenhang möchte ich von einigen Beispielen berichten, die bestätigen, wie wir durch enge Zusammenarbeit aller gesellschaftlichen Kräfte zum Erfolg kamen:

In den meisten Klassen werden die Zeugnisse nicht mehr im Klassenraum der Schule, sondern im Patenbetrieb ausgegeben. Die Vorsitzenden der Brigaden machten das sehr feierlich, sie fanden die passenden Worte für jeden Schüler, nachdem sie sich vorher mit dem Lehrer abgestimmt hatten. Das ist für uns nicht nur eine Formsache, sondern hier spüren die Schüler den Anteil der Arbeiterklasse an ihrer Entwicklung. Ich will damit nicht sagen, daß so die Zeugnisausgabe immer und überall vor sich gehen müßte. Empfangen die Schüler ihre Zeugnisse aus der Hand des Lehrers, so ist das unbestreitbar ein wichtiges Erziehungsmoment. Aber nicht wenige Lehrer benutzen die Zeugnisausgabe als einen Trumpf, mit dem sie den Schüler stechen wollen. Eben damit wollen wir Schluß machen. Unsere Meinung ist, daß der Ältere — ob nun ein Lehrer oder jemand anderes — keinen Schüler kränken oder beleidigen, auch nicht vor seinen Mitschülern bloßstellen darf, weil das mit unseren sozialistischen Erziehungsprinzipien unvereinbar ist.

Bei der Ausgabe der Zeugnisse der 10. Klassen — anschließend ist gewöhnlich ein Abschlußball — würdigen wir nicht nur die Schülerleistungen, sondern auch den Anteil der Eltern, deren Kinder ihre Prüfung mit dem Prädikat „sehr gut" oder „ausgezeichnet" bestanden haben. Die Eltern werden mit einem Blumenpräsent geehrt. Doch nicht nur das. Wir schrieben auch an die Betriebe der betreffenden Mütter und Väter, und in den meisten Fällen wurden die Eltern durch den Betrieb ebenfalls in irgendeiner Form belobigt. In gleicher Weise danken wir auch den ständig arbeitsfreudigen Mitgliedern des Elternaktivs. Bevor es aber dazu kommt, gilt es, die 10. Klassen auf ihre Prüfungen vorzubereiten. Bei uns an der Schule gab es im letzten Schuljahr einen Rückschlag in den Abschlußergebnissen der 10. Klassen gegenüber anderen Jahren. Partei- und Schulleitungen machten sich mit den Fachlehrern ernsthafte Gedanken, wie Rückschläge künftig zu vermeiden sind. Außer einer verbesserten Qualität des Unterrichts und gründlicheren Prüfungsvorbereitung fanden bereits wenige Wochen nach Beginn des Schuljahres Aussprachen der Klassen- und Fachlehrer der 10. Klassen unter Leitung von Partei- und Schulleitung statt. Hier schätzten die Kollegen den gegenwärtigen Leistungsstand und die für jeden Schüler mögliche Leistungssteigerung ein. Mit jedem Mädchen und Jungen wurde danach ein persönliches Gespräch geführt. Nicht wenige Schüler sagten von sich aus, daß sie in diesem oder jenem Fach durchaus noch Besseres bringen könnten.

In bestimmten Zeitabständen informieren wir uns über die erreichten Ergebnisse. „Treffpunkt Parteisekretär" und „Treffpunkt Direktor" sind bei uns also für die Schüler zur guten Tradition geworden. Ich will damit sagen, wie wichtig es uns erscheint, daß den Jugendlichen sehr zeitig ihre Möglichkeiten zur Leistungssteigerung gezeigt, daß sie angespornt werden.

Das waren nur einige Beispiele von vielen, die sichtbar machen sollten, wie wir unseren Klassenauftrag verstehen. Ich behaupte nicht, daß das der Weisheit letzter Schluß ist. Die Partei wird uns immer wieder neue Maßstäbe setzen, und wir werden versprechen, sie in Ehren zu erfüllen.

Horst Salomon
„Man muß ihn in nützliche Bahnen lenken,
sonst verplempern wir den Menschen"

Harald Schmieder, der Lorbaß (umgangsspr. für Lausejunge), ein Abiturient, der nicht zum Studium zugelassen ist und zunächst in einer Brigade arbeitet, hat ohne Erlaubnis einen Bagger bestiegen und zu Bruch gefahren. Die Betriebsleitung übergibt die Angelegenheit dem Gericht; der Staatsanwalt jedoch, der die gestörte psychische Lage des Lorbaß erkennt, gibt den Fall an die Konfliktkommission des Betriebs. Dies ist eine DDR-spezifische Einrichtung, die kleinere Vergehen innerbetrieblich zu regeln sucht.
Die Szene spielt in der Konfliktkommission, in der neben ihrem Leiter (Hirsch) zwei Arbeiter sitzen (Schellfisch und der Baggerführer Wägner), ein Lehrling (Margrit), der FDJ-Sekretär (Guttmann), ein Vertreter der Verwaltung (Pomuchel) und schließlich der Staatsanwalt Kowalski.

6. Szene

WÄGNER: Und jetzt?

KOWALSKI: Auf eure Empfehlung hat die Betriebsleitung die Angelegenheit Schmieder dem Kreisgericht übergeben. Ich bitte euch nun, diese Empfehlung zu überprüfen.

WÄGNER: Ohne Vorurteile läge die Sache bereits bei den Akten.

KOWALSKI: Die Akte vielleicht. Nicht die Sache.

LORBASS: An wieviel Sitzungen muß ich noch teilnehmen? Entscheidet endlich. Ich will wissen, was gehauen und gestochen ist.

MARGRIT: Stimmen wir noch mal ab.

HIRSCH: Frage: Behält der Beschluß Empfehlung an die Betriebsleitung zur Übergabe des Falles Schmieder an das Kreisgericht Gültigkeit, oder erklären wir uns für zuständig, die Sache selbst ins reine zu bringen? Wer für die Aufrechterhaltung des alten Beschlusses ist, den bitte ich um das Handzeichen.

Pomuchel hebt seinen Arm halb hoch, schaut sich um und nimmt ihn schnell wieder herunter.

Nun, Kollege Pomuchel, dafür oder dagegen?

Pomuchel winkt ab.

MARGRIT: War nur Training.

SCHELLFISCH: Eine Reflexbewegung. Die Nerven.

HIRSCH: Wer ist dafür, daß wir den Fall zurücknehmen und selber klären? Ich bitte um Handzeichen.

Alle fünf Kommissionsmitglieder heben den Arm.

Stelle fest: einstimmig. Nun liegt die Verantwortung allein bei uns. Was machen wir mit Kollegen Schmieder?

POMUCHEL: Erziehen.

HIRSCH: Was?

POMUCHEL: Erziehen.

MARGRIT: Er müßte in ein gutes Kollektiv kommen.

WÄGNER: Man muß sich mehr um ihn kümmern.

HIRSCH: Ihr laßt euch allerhand einfallen. *Zu Madeleine.* Ich will einwandfreies Protokoll sehen. *Danach.* Also weitere Vorschläge ...

POMUCHEL: Kollege Schmieder hat Abitur. Was kostet dem Staat die Ausbildung eines Schülers bis zum Abitur? Eine horrende Summe. Wenn es gewünscht wird, ich könnte es genau berechnen.

HIRSCH: Danke. Danke.

POMUCHEL: Beschäftigen wir einen Menschen unter seinen Fähigkeiten, unter dem, was seine Ausbildung gekostet hat, verplempern wir Geld.

GUTTMANN: Man muß ihn in nützliche Bahnen lenken, sonst verplempern wir den Menschen.

MARGRIT: Er müßte eine ganz große Aufgabe bekommen, die ihn ganz und gar in Anspruch nimmt.

SCHELLFISCH: Stoß kein Bier um, Mädchen.

HIRSCH: Müßte, würde, könnte ... *An alle.* Ich warte noch immer auf Vorschläge.

Schweigen.

LORBASS: Sagt mir, welche Strafe ich bekomme, und gut.

HIRSCH: Wir bestrafen hier nicht, wir ...

POMUCHEL: ... erziehen.

Hirsch *wirft Pomuchel einen vernichtenden Blick zu. Dann zu Lorbaß:* Du mußt Vorstellungen von deiner Zukunft haben.

Lorbass: Im nächsten Jahr werde ich Soldat auf Zeit. Bis dahin will ich hierbleiben. Aber den Schmiermax spiele ich nicht länger. Ich will was Interessantes. Das mit dem Bagger war natürlich blöd. Mehr kann ich dazu nicht sagen. Ich hatte mir alles anders ausgedacht. Ich hab den falschen Gang erwischt.

Guttmann: Und stand der Bagger in der Gefahrenzone oder nicht?

Hirsch: Das klären wir noch mit Bauer. Ich schlage vor: *Zu Lorbaß.* Du qualifizierst dich im Betrieb. Wir schicken dich auch noch zur Betriebsakademie. Dann hätten wir das Technische Kabinett. Da machst du auch mit.

Kowalski: Dann gehst du noch zur Volkshochschule und lernst Griechisch. *Zu Hirsch.* Helft dem Jungen nicht gleich so, daß er in drei Monaten in einem Nervensanatorium landet.

Hirsch: Ich schlage also vor: Harald Schmieder besucht einen Qualifizierungslehrgang. *Krault sich den Kopf.*

Lorbass: Ja. Als was?

Hirsch *stutzt:* Ja. als was?

Wägner: Als Baggerfahrer.

Pomuchel: Nein! Dann soll die Grundmittel verwalten, wer will.

Hirsch: ... als was — beraten wir später. Wir empfehlen der Betriebsleitung, mit Kollegen Schmieder seine fachliche Zielsetzung schnellstens zu beraten und festzulegen.

Guttmann: Und weiter empfehlen wir der Betriebsleitung, ihren Kaderentwicklungsplan in Ordnung zu bringen, vor allem, was die Jugendlichen angeht.

Hirsch: Einverstanden. Wer für diese Vorschläge ist, den bitte ich um das Handzeichen.

Sie heben alle fünf die Hand.

Einstimmig.

Pomuchel: Bleibt immer noch der Sachschaden.

Wägner: Ich schlage vor, dem Kollegen Schmieder wegen seines verantwortungslosen ... *Zu Madeleine.* Formulieren wir lieber so: ... wegen unüberlegten, leichtsinnigen Handelns eine Rüge auszusprechen.

Hirsch: Auch klar ... Wer für diesen Antrag ist, den bitte ich um das Handzeichen.

Alle fünf Kommissionsmitglieder heben den Arm.

Pomuchel: Bleibt immer noch der Sachschaden.

Margrit: Soll der Lorbaß Aufbaustunden leisten. Er ist nicht verheiratet. Er hat Zeit.

POMUCHEL: Für fünfzig Mark Sachschaden jeweils eine Aufbaustunde. Das ist wohl angemessen.

WÄGNER: Für hundert Mark eine Stunde.

POMUCHEL: Ergibt vierhundert Stunden.

SCHELLFISCH: Ungenau. Wie Sie Buchhalter geworden sind, möchte ich wissen. 40101 M und 23 Pfennige ergeben ...

HIRSCH: Schluß. Dreihundert Stunden schlage ich vor. Wer dafür ist, daß Kollege Schmieder ...

KOWALSKI: Stop, stop ...

HIRSCH: Klar. Darüber können wir nicht beschließen. *Zu Lorbaß.* Was hältst du von dem Vorschlag Aufbaustunden, Kollege Schmieder?

LORBASS: Ich leiste vierhundert.

HIRSCH: Gut. *Schaut sich fragend um.* Gibt es noch etwas? *Zu Lorbaß.* Dir ist eine Rüge erteilt worden. Du hast das Recht ...

LORBASS: Ich bin einverstanden.

HIRSCH: Gut. Damit ist die Sitzung beendet.

Vorhang.

Arne Leonhardt
Zulassung zum Studium

Der Einakter „Der Abiturmann" verdeutlicht Intention und Stil von Zulassungsprüfungen zum Studium. Einer der Prüfer sagt vor Beginn der Prüfungen, daß die Maßstäbe nicht zu streng sein dürften, denn „wir haben ohnehin weniger Studienbewerber als freie Plätze". Doch der leitende Professor betont die hohen Anforderungen, die an die Bewerber, die alle Arbeitspsychologie studieren wollen, gestellt werden müssen.

Im Mittelpunkt steht der Abiturient Peter Weiler, der bereits vor einem Jahr wegen mangelnden sozialistischen Engagements nicht zugelassen wurde (er war u. a. nicht Mitglied der FDJ) und sich nun erneut der Prüfung stellt. Inzwischen ist er Mitglied der FDJ geworden und hat 9 Monate in einer Brigade als Arbeiter gearbeitet und sich zusätzlich engagiert, indem er das Brigadetagebuch geführt hat. Sein Brigadier nannte ihn seiner Vorbildung wegen den „Abiturmann"; daher der Titel des Stücks, denn die Probleme und die Glaubwürdigkeit Peter Weilers stehen im Mittelpunkt. Die Mitglieder der Prüfungskommission glauben ihn am besten testen zu können, wenn sie ihn als Prüfer in die Kommission nehmen. Zwei der Prüfungen, die Peter Weiler nun leitet, werden im folgenden vorgeführt.

Personen:

die Prüfungskommission: PROFESSOR, DOZENT, BEISITZERIN
die Bewerber(innen): PETER WEILER (19), der als Prüfer fungiert;
UTE LENTIEN (19) und ELKE WAGNER (17)

DOZENT *klappt den Hefter auf:* Also zu Fräulein Lentien. *Lesend.* Abitur mit der Note Zwei ... gute Noten in den mathematischen

Fächern, auch in Biologie . . . in den Prüfungsarbeiten zweimal mit „gut" abgeschnitten... arbeitete ein Jahr in einem Kugellagerwerk... gehörte einem Neuererkollektiv an . . . der Betrieb beurteilt sie als gute Arbeiterin, als zielstrebig, aber auch als eigensinnig. Letzteres rührt wohl von ihrer Hartnäckigkeit her, mit der sie eine arbeitspsychologische Studie im Betrieb durchzusetzen versuchte. Die Studie liegt den Unterlagen bei. Sie ist auf jeden Fall interessant.

PROFESSOR: Können wir Fräulein Lentien kommen lassen?

WEILER: Ja, bitte.

DOZENT *geht zur Tür und öffnet:* Bitte, Fräulein Lentien.

Ute Lentien tritt ein, geht hinter dem Dozenten zum Tisch. Sie wirkt zielstrebig und selbstsicher.

UTE: Guten Tag.

PROFESSOR: Bitte, nehmen Sie Platz.

Ute setzt sich.

Fräulein Lentien, wir wollen uns ein wenig unterhalten. Leiten wird das Gespräch Herr Weiler. Er war so freundlich, das zu übernehmen. Wie stehen Sie dazu?

UTE: Es ist ungewöhnlich, aber bei Psychologen muß man eben mit allem rechnen.

PROFESSOR: So? —

UTE: Das war nicht als Vorwurf gemeint. Außergewöhnliche Situationen und Fragen ergaben häufig interessante Aufschlüsse. Ich fragte mal einige Leute: Was würden Sie tun, wenn Sie ohne Kopf aufwachen?

DOZENT *amüsiert:* Und die Antwort?

UTE: Einer wollte sein Kopfkissen verkaufen. Mein Meister sagte, er wollte Oberschüler werden.

PROFESSOR: Na gut, Fräulein Lentien, fangen wir an.

WEILER: Sie haben eine arbeitspsychologische Studie angefertigt?

UTE: Ja, sie liegt meiner Bewerbung bei.

WEILER: Wie sind Sie darauf gekommen?

UTE: Ich habe in einer Werkhalle gearbeitet, in der jeder Platz ausgenützt war. Aber schlecht ausgenützt. Man kam sich selber wie ein Stück Maschine vor.

WEILER: Und da haben Sie überlegt, wie man das anders machen könnte.

UTE: Ja.

WEILER: Wie sind Sie vorgegangen?

UTE: Ich habe Fachliteratur gelesen.

WEILER: Welche?

UTE: Hallerstein, Archangelski, Rubinstein, Spielrein . . .

WEILER: Von Archangelski den Grundriß der Arbeitspsychologie?

UTE: Unter anderem.

WEILER: Worum ging es in Ihrer Studie?

UTE: Es ging um die Bekämpfung von Ermüdungserscheinungen. Wir untersuchten die psychologischen Funktionen und Prozesse unter dem Einfluß der Ermüdung und ermittelten Maßnahmen zur Aufrechterhaltung der psychischen Tätigkeit des Arbeiters.

WEILER: Und Sie haben erreicht, daß die Werkhalle jetzt anders eingerichtet wird?

UTE: Ja.

WEILER: War der Betrieb mit Ihren Vorschlägen gleich einverstanden?

UTE: Nein, so einfach war das nicht. Wir haben uns durchboxen müssen bis hinauf zur Betriebsleitung.

WEILER: Was heißt „wir"?

UTE: Wir waren eine Arbeitsgruppe von fünf Mann.

WEILER: Wer gehörte ihr an?

UTE: Mein Meister, der Abteilungsleiter, ein Ingenieur und mein Verlobter.

WEILER: Herr Sandig?

UTE: Ja.

WEILER: Glauben Sie, daß Sie sich auch allein durchgesetzt hätten? Ich meine, ohne Unterstützung der anderen, zum Beispiel des Abteilungsleiters?

UTE: Nein. Aber der mußte für die Idee auch erst gewonnen werden. Am Anfang war niemand begeistert.

WEILER: In Ihrer Beurteilung werden Sie unter anderem als eigensinnig charakterisiert. Hängt das damit zusammen?

UTE: Ich halte Eigensinn für keine schlechte Eigenschaft. In unserer Arbeitsgruppe waren alle so, sonst hätten wir die Studie nicht durchgebracht.

WEILER: Sie halten Eigensinn für eine Voraussetzung eigenschöpferischer Arbeit?

UTE: Ja.

WEILER: Und die Schwierigkeiten, die ein eigensinniger Mensch nun mal bereitet?

UTE: Die muß man in Kauf nehmen.

WEILER *befriedigt:* Gut, Fräulein Lentien, ein sehr konsequenter Standpunkt.

UTE: Ich fürchte, wir reden jetzt aneinander vorbei. Unter Eigensinn verstehe ich nicht Eigenbrödelei oder Individualismus. Eigensinn schließt natürlich Selbstkritik und Auseinandersetzung ein, sonst kann er nicht schöpferisch werden. Im Schmollwinkel oder Alleingang ist heute keine Leistung zu vollbringen.

WEILER: Gut. — Herr Sandig gehörte auch zur Arbeitsgruppe? Haben Sie ihn für dieses Studium interessiert?

UTE: Ja. Er hatte schon einmal eine Hochschule besucht.

WEILER: So?

UTE: Die Kunsthochschule Leipzig. Vor einem reichlichen Jahr hat er dort aufgehört.

WEILER: Wie kam das?

UTE: Er lebte vorher in einem Jugendwohnheim. Dort waren sie von seinen Arbeiten begeistert, hielten ihn für ein großes Talent. Sie wollten ihn fördern und haben wohl ein wenig zu viel getan. An der Hochschule merkte er, daß er über das Mittelmaß nicht hinauskommen würde. Das hat ihm nicht genügt.

WEILER: Ihm ist dieses Aufgeben schwergefallen?

UTE: Sehr schwer, aber er war ehrlich vor sich selber, und dazu gehört viel Kraft.

WEILER: Danke. Ich bin fertig.

Kurze Pause.

PROFESSOR: Warten Sie bitte draußen, Fräulein Lentien. Wir danken Ihnen.

Ute erhebt sich ohne Zögern und verläßt den Raum.

BEISITZERIN: Warum fragten Sie eigentlich so viel nach Herrn Sandig? Hat Sie das persönlich interessiert?

WEILER: Nein. — Ich halte es für wesentlich, solche Beziehungen zu erfragen.

BEISITZERIN: Einverstanden.

PROFESSOR: Und Ihre Entscheidung?

WEILER: Ich würde sie annehmen, unbedingt.

PROFESSOR: Bitte, begründen Sie das.

WEILER: Fräulein Lentien verfügt über ein solides Wissen, sie hat im Betrieb Tatkraft und Initiative entwickelt. Sie liebt diesen Beruf, das beweisen die Studie und die Tatsache, daß sie auch Herrn Sandig begeistert hat.

PROFESSOR: Das würde Ihnen genügen?

WEILER: Ich wußte bereits, daß sie Mitglied der FDJ, der Gewerkschaft und der DSF ist.

BEISITZERIN: Herr Weiler, das klingt, als hielten Sie das für unwesentlich.

WEILER: Nein, ich halte das für wichtig.

BEISITZERIN: Wichtig, wofür?

WEILER: Für ihre persönliche Haltung.

BEISITZERIN: Aber können Sie das aus der Tatsache entnehmen, daß jemand irgendwo drin ist?

WEILER *stutzt*: Nein, daraus allerdings nicht.

BEISITZERIN: Ich meine, entscheidend ist doch, warum einer irgendwo drin ist und was er tut.

WEILER *mit Genugtuung*: Genau, danach sollte man fragen, in jedem Fall.

DOZENT: Warum haben Sie dann nicht gefragt?

BEISITZERIN: Aber bitte, Herr Weiler hat das doch getan. Nicht direkt und so formal, aber ich habe in dem kurzen Gespräch einen Eindruck von der politischen Haltung des Mädchens bekommen. Ohne diese Haltung hätte sie sich im Betrieb nicht durchsetzen können. Mich wunderte nur, daß Herr Weiler das plötzlich für unwichtig zu halten schien.

WEILER: Unwichtig ist mir nur die formale Mitgliedschaft in einer Organisation.

BEISITZERIN: Damit sagen Sie nichts Neues, Herr Weiler.

Weiler schweigt.

PROFESSOR: Sie brachen vorhin den Disput über Eigensinn so rasch ab, Herr Weiler. Ich fand das ganz interessant.

WEILER: Ich hatte Fräulein Lentiens Auffassungen nichts hinzuzufügen. — Können wir weitermachen?

BEISITZERIN: Wenn Sie erst eine Pause machen möchten, Herr Weiler? . . .

WEILER: Nein, danke, ich möchte lieber gleich weitermachen.

Dozent nimmt einen Hefter und liest.

DOZENT: Elke Wagner . . . Achtzehn Jahre, kurz vor dem Abitur . . . Zensurendurchschnitt der elften Klasse zwei Komma drei. In der Prüfungsarbeit in Biologie ein Zwei, in Mathematik eine Drei, knapp sogar . . . der Vater ist Meister in einem chemischen Betrieb, die Mutter Erzieherin . . . Die Schule bescheinigt ihr Fleiß, Umsicht, positive Beeinflussung des Kollektivs, eine mitunter verträumte Haltung. — So, das wären einige Daten, mehr wissen wir auch nicht.

PROFESSOR: Bitten wir Fräulein Wagner herein.

Der Dozent geht zur Tür, öffnet.

DOZENT: Bitte, Fräulein Wagner.

Der Dozent läßt sie eintreten, schließt die Tür hinter ihr und geht zu seinem Platz. Elke Wagner geht zögernd auf den Tisch zu, ihre Haltung ist verkrampft, sie ist spürbar erregt.

PROFESSOR: Guten Tag, Fräulein Wagner. Na, na, Sie sehen aus, als wären Sie gerannt.

ELKE: Ein bißchen aufgeregt bin ich schon.

PROFESSOR: Nun setzen Sie sich mal erst. Bitte hierher.

Elke Wagner nimmt steif auf der Stuhlkante Platz.

Sie wissen bereits, daß wir einige Aufnahmegespräche von Herrn Weiler führen lassen wollen. Wir hoffen, daß Sie das nicht irritiert.

Elke schweigt.

BEISITZERIN: Wir wollen nur wissen, ob Ihnen das recht ist, Fräulein Wagner —

Elke schweigt.

WEILER: Ich will gleich sagen, daß das kein Verhör werden soll. Wir wollen uns unterhalten, ganz zwanglos, wie wir das nach der Prüfungsarbeit getan haben. Es darf sogar gelacht werden.

ELKE *lacht ein wenig:* Ja, bitte. *Elke wendet sich Weiler zu, ihre Haltung entspannt sich.*

WEILER: Sie wollen also Diplomingenieurin werden und Arbeitspsychologie studieren.

ELKE: Ja.

WEILER: Ein interessanter Beruf. Die Fachrichtung Arbeitspsychologie besteht aber noch gar nicht lange. Wie sind Sie eigentlich darauf gekommen?

ELKE: Eine Ingenieurin hat mich darauf hingewiesen, in dem Betrieb, in dem ich mit meiner Klasse Unterricht habe.

WEILER: Sie haben Ihr Betriebspraktikum in einer chemischen Fabrik durchgeführt?

ELKE: Ja, mein Vater wollte zwar nicht, daß ich in seinen Betrieb komme.

WEILER: Warum nicht?

ELKE: Er ist dort Meister.

WEILER: Scheute er sich, die eigene Tochter zu beurteilen?

ELKE: Das auch. Er meint, ich hätte kein Gefühl für technische Dinge.

WEILER: Na, na, immerhin hat er Ihre Arbeit im Betrieb mit „gut" bewertet.

ELKE: Ja.

WEILER: Hätten Sie Ihr Praktikum auch in einem anderen Betrieb machen können?

ELKE: Ja, in einer Gärtnerei.

WEILER: Und warum sind Sie nicht dorthin gegangen?

ELKE: Ich war doch Gruppensekretärin. Da wollte ich bei meiner Klasse sein.

WEILER: War das der einzige Grund? — Oder wollten Sie Ihrem Vater auch zeigen, daß Sie doch ein Gefühl für technische Dinge haben.

ELKE: Das hätte ich nie geschafft. Vater möchte, daß ich Medizin studiere.

WEILER: Und das wollten Sie nicht?

ELKE: Ich glaube nicht, daß ich dort eine Chance hätte.

WEILER: Aber Sie interessieren sich für Psychologie?

ELKE: Ja, sehr.

113

WEILER: Wie sah das nun aus? — Ich meine, haben Sie sich etwas mit der einschlägigen Literatur beschäftigt?

ELKE: Etwas, viel war es nicht.

WEILER: Vielleicht den Grundriß der Arbeitspsychologie?

Elke schweigt.

Oder haben Sie sich mehr praktisch damit beschäftigt. Im Betrieb etwa?

Elke schweigt.

Krampfhaft. Als künftiger Diplomingenieur für Maschinenbau hat man doch schon seine Steckenpferde.

Elke schweigt.

DOZENT: Herr Weiler, wir können nicht Kenntnisse voraussetzen, die im ersten Semester erworben werden. Uns geht es hier um einen allgemeinen Eindruck.

WEILER: Natürlich. — Sie haben Ihr Interesse für Psychologie sicher schon im Alltag angewendet. Sie haben doch Geschwister.

ELKE: Zwei Brüder.

WEILER: Und Ihre Eltern arbeiten beide. Ich nehme an, daß Sie da manchmal auch Erzieherstelle vertreten müssen.

ELKE *aufgeschlossener und unbefangener:* Ja, das schon.

WEILER: Wie alt sind die Jungs?

Elkes Haltung ist jetzt locker, ihre Gestik wird lebhafter.

ELKE: Der eine ist acht Jahre alt, der andere zwölf.

WEILER: Da müssen Sie schon mithelfen?

ELKE: Auch das.

WEILER: Und, klappt es immer?

ELKE: Wenn man es richtig anstellt, schon.

WEILER: Und wie stellen Sie es an?

ELKE: Der Kleine ist noch sehr verspielt. Wenn ich in der Küche abwasche, baue ich aus dem Geschirr Türme, Tunnel und Häuser. Er ist dann der Schienenkran, der die Teile abhebt, trocknet und wegtransportiert. Seitdem ist er ganz begeistert von dieser Arbeit.

WEILER: Na bitte, das ist schon Arbeitspsychologie.

PROFESSOR: So.

ELKE: Beim Großen ist das schwieriger. Er hat Klavierunterricht und soll jeden Tag eine halbe Stunde üben. Dazu hat er oft wenig Lust. Deshalb nehme ich jetzt auch Unterricht. Nicht bei einem Lehrer, nein, bei ihm. Er bringt mir bei, was er selbst gelernt hat, er ist zugleich Lehrer, und das ist ein gewaltiger Unterschied.

WEILER: Haben Sie auch Erfahrungen mit Erwachsenen? Eine Funktion in der Schule vielleicht?

ELKE: Ich bin Gruppensekretärin unserer Klasse.

WEILER: Eine Leitungsfunktion also. Da müssen Sie doch mit Ihren Kameraden ganz konkrete Aufgaben lösen.

ELKE: Ja, schon, aber das ist etwas ganz anderes. Die meisten helfen mir. Und dann sind auch noch die Lehrer da.

WEILER: Die Gruppe war jedenfalls mit Ihrer Arbeit zufrieden.

ELKE: Ich glaube schon. Wir belegten dieses Jahr den zweiten Platz im Wettbewerb.

WEILER: Gut. Sie haben die Überzeugung, daß Sie dieses Studium schaffen werden.

ELKE: Ja.

WEILER: Dann bedanke ich mich. Ich bin fertig.

DOZENT: Na also, Fräulein Wagner, das ging doch ganz ordentlich.

PROFESSOR: Fräulein Wagner, warten Sie bitte draußen.

Elke steht auf und blickt unsicher auf Weiler, als der nickt, verläßt sie den Raum.

DOZENT: Sie haben sehr entgegenkommend gefragt, Herr Weiler.

WEILER *steif:* Ich habe sie nach ihren Handlungen gefragt, und die Analyse einer Persönlichkeit beginnt mit der Analyse ihrer Handlungen.

DOZENT: Ich habe das nicht abschätzig gemeint, Herr Weiler. Im Gegenteil, ich finde, Sie haben das gut gemacht. Fräulein Wagner wurde zusehends sicherer und ging aus sich heraus.

PROFESSOR: Die Geschichte mit den Brüdern kannten Sie doch schon.

WEILER: Nein.

BEISITZERIN: Was ist nun Ihre Meinung? Würden Sie Fräulein Wagner annehmen?

WEILER: Doch, das würde ich.

PROFESSOR: Trotz der Schwäche in Mathematik?

WEILER: Sie ist noch jung, sie wird sich einarbeiten.

PROFESSOR: Wenn wir voraussetzen, daß sich jeder in jede Arbeit einarbeiten kann, könnten wir nach dem Alphabet immatrikulieren.

DOZENT: Jeder wohl nicht, Herr Professor, das kommt auf die Haltung und die Fähigkeiten des Betreffenden an. Und Fräulein Wagner — da muß ich Herrn Weiler recht geben —, willig und fleißig erschien sie mir auf jeden Fall.

BEISITZERIN: Für den Umgang mit Menschen scheint sie mir geeignet. Sie ist warmherzig und natürlich.

PROFESSOR: Wir müssen daran denken, daß in Zukunft von unseren Studenten in hohem Maße die Produktivität von Großbetrieben abhängen wird. Da geht es um Millionen. Doch wem sage ich das — das weiß Herr Weiler natürlich auch.

BEISITZERIN: Fräulein Wagner war befangen, ich glaube, das sollten wir ihr nicht ankreiden.

DOZENT: Also, wenn Sie mich fragen, ich glaube schon, daß man aus ihr etwas machen kann. Wir brauchen wissenschaftliche Kader in großer Zahl, und da sollten wir auch vor einigen Mühen der Ausbildung nicht zurückschrecken.

WEILER: Verzeihung, hier geht es aber darum, die Leute mit den besten Voraussetzungen herauszufinden.

PROFESSOR: Sehr richtig, Herr Weiler. Und Sie haben entschieden, daß Fräulein Wagner diese Voraussetzungen hat.

Weiler schweigt.

Davon sind Sie doch überzeugt?

WEILER: Nein, Fräulein Wagner hat diese Voraussetzungen nicht.

DOZENT: Herr Weiler, für Späße ist diese Situation wohl nicht geeignet?

BEISITZERIN: So können wir die Gespräche wirklich nicht führen, Herr Weiler. Erst ja, dann wieder nein.

PROFESSOR: Sie sind uns eine Erklärung schuldig.

WEILER: Ich weiß, ich muß mich entschuldigen. Es stimmt, ich habe Fräulein Wagner Brücken gebaut, wollte es ihr leicht machen. Aber so geht das nicht. Ich sitze nun mal als Prüfer hier, und dem muß ich gerecht werden. Meine Meinung ist: Fräulein Wagner ist sich noch nicht klar, daß sie hier in erster Linie ein Ingenieurstudium zu absolvieren hat, also mit Technik und Mathematik konfrontiert wird. Sie hat nur allgemeine Vorstellungen von Psychologie. Vielleicht ist sie für den Erzieherberuf besser geeignet. Man sollte ihr Zeit lassen, das zu überschauen. Sie weiß noch nicht, worauf es ankommt. Bitte, ich habe ihr Brücken gebaut, und sie hat es nicht mal gemerkt.

PROFESSOR: Richtig, Sie wollten die Gruppensekretärin und den Chemiebetrieb ausschlachten, und Fräulein Wagner hat dauernd ihre Schwächen zugegeben.

BEISITZERIN: Sie könnte auch zu ehrlich sein, um Ihre Brücken zu benutzen.

WEILER: Dann wäre sie nicht draufgegangen. Entweder ich benutze eine Brücke, oder ich gehe nicht drauf. Sie ist darauf herumgestolpert.

PROFESSOR: Wenn sie Ihre Brücken geschickt benutzt hätte, das hätte Ihnen mehr imponiert?

WEILER: Das hätte bestimmte Fähigkeiten nachgewiesen.

DOZENT: Das ist ja eine reizende Theorie! Mit verdeckten Karten spielen, weist Talent aus.

WEILER: Fähigkeiten habe ich gesagt. Die moralische Wertung hängt dann von den Motiven ab.

PROFESSOR: Und diese Motive würden Sie zu erfahren trachten?

WEILER: Selbstverständlich, Herr Professor.

PROFESSOR: Sie würden so lange bohren, bis Sie die Motive kennen?
WEILER: Das würde ich.
PROFESSOR: Herr Weiler, da haben wir die gleiche Methode. Machen
wir weiter. Wer ist jetzt dran?

Das Ergebnis der Prüfung: Ute Lentien und Peter Weiler werden zugelassen; Elke
Wagner wird zurückgestellt: „Ein Jahr würde ihr helfen, sich über ihre Ansichten
völlig klarzuwerden", meinen Professor und Dozent.

Hermann Kant
„Kampf um Vera Bilfert, Schneiderin"

Der Roman „Die Aula" ist ein breites Gemälde der inneren Entwicklung der DDR
in den 50er und frühen 60er Jahren, dargestellt an einigen Studenten und Studentinnen
der ABF Greifswald. Im Mittelpunkt stehen Robert Iswall und einige seiner Mit-
kommilitonen, die alle 1952 dort ihr Abitur machen. 10 Jahre danach rekonstruiert
Iswall die Vorgänge, die damals zu der von der Partei herbeigeführten Ehe des
ABF-Absolventen Gerd Trullesand, Iswalls Freund, mit der ABF-Absolventin
Rose Paal geführt haben; Robert Iswall ist daran nicht unbeteiligt gewesen.

Und Trullesand? Kommt er zurecht mit seiner Frau, die er politischer
Notwendigkeit verdankt und der List Robert Iswalls? Oder denkt er
immer noch an Vera Bilfert?[2] Denkt der Sinologe Doktor Gerd Trullesand an Vera Bilfert, die einmal Schneiderin war und jetzt Augen-
ärztin und auch Doktor ist? Hat er an sie gedacht in sieben heißen
Sommern in Peking und Shanghai? War er bei ihr, während er mit
dem Mädchen Dieunddie an die Große Mauer fuhr, über die Gobi flog
oder das Flußmeer Huangho überquerte? Und wie hat er an Robert
Iswall gedacht? Das wenigstens ist klar: Er hat zumindest nicht in
Freundschaft an ihn gedacht. Er hat nie geschrieben, und vor dem
Abflug damals hat nicht mehr der Zimmermann Trullesand zum Elek-
triker Iswall gesprochen, nicht mehr Gerd zu Robert, nicht mehr
Kumpel mit Kumpel, sondern wer mit wem? Ein verspäteter Ab-
iturient, der von der Welt nichts weiter kannte als drei Orte an der
Ostseeküste und der jetzt im gesellschaftlichen Auftrag in den Fernen
Osten fuhr, ein Zimmergeselle, der erst seit kurzem ein fehlerfreies
Deutsch schrieb und nun zum Nutzen der internationalen Solidarität
Chinesisch lernen sollte, ein lässiger Bursche mit schwarzen Locken,
den die Mädchen mochten und der die Mädchen mochte, aber in dieser
Stunde nur eine, die Vera Bilfert hieß und die nicht wußte, wer da von
ihr Abschied nahm, ein Arbeiterstudent, der sich drei Jahre vorher

---

[2] Robert Iswall hat Vera Bilfert geheiratet.

entschlossen hatte, die Festung Wissenschaft zu stürmen, als wäre er ein roter Matrose am Tor des Winterpalais', und der damals nicht geahnt hatte, daß er ein abgelegenes Außenfort zu erobern haben und sieben Jahre dazu brauchen würde und darüber ein Mädchen verlieren werde und einen Freund; dieser Gerd Trullesand stand auf dem Flugplatz und sagte zu dem Mitglied der Abschiedsdelegation: „Viel Erfolg, Iswall!"

Robert wollte nicht mit zum Flugplatz, aber Riebenlamm[3] hatte ihn gefragt, ob er nun zu allem noch feige sein wolle, und da hatte Robert zum erstenmal gemerkt, daß er nicht nur von Trullesand durchschaut worden war, und er war in den Bus gestiegen und hatte erwartet, daß es ihm gehen werde wie Hagen, der Siegfried erschlagen und dem aufgebahrten Toten die Wunde wieder bluten machte durch seine bloße Gegenwart: „dô kom der künic Gunthêr dar mit sînen man, und ouch der grimme Hagene: daz waere bezzer verlân."

Aber aus Trullesands Wunde war kein Blut geflossen, und doch, als Robert und Trullesand einander die Hand gaben und Trullesand „Viel Erfolg, Iswall!" sagte, da war der Nibelungen Worms nicht weit: „Dŭ wunden fluzen sêre, alsam si tâten ê. die ê dâ sêre klagten, des wart nu michel mê."

Von allen, die Abschied nahmen, war Rose Paal, das Mädchen Dieunddie, weitaus die glücklichste. Sicher, sie flog nun für sieben Jahr nach China, und das war lang, und das war weit, aber China war Freundesland und Wunderland, und überhaupt war alles wie ein Wunder: In Klein-Bünzow gab es jetzt zum ersten Male ein Landarbeitermädchen mit Abitur. Mit Eins, Herr Bürgermeister, und durch Rose Paal kommt auch Klein-Bünzow jetzt in die Welt, was sagen Sie nun, Herr Sägewerksbesitzer, Klein-Bünzow geht nach China, unsere Rose geht nach Peking und lernt, fassen Sie sich, Frau Pastor, Chinesisch, man sollte es nicht glauben, erst das Abitur und nun Chinesisch, unsere Rose aus Klein-Bünzow.

Und dennoch war dies nur der kleinere Teil des Wunders, der größere hieß Trullesand, der größere Teil des Wunders war der neue Reisepaß mit dem neuen Namen darin, der völlig überraschend Rose Trullesand lautete, Rose Trullesand, geb. Paal. Da war man eines Tages, wie lange war das her, gestern, vorgestern, vor einer Woche, aus dem Unterricht in die Direktion gerufen worden und hatte auf dem Wege über den Hof sein Gewissen durchforscht und es rein gefunden, und doch war einem nicht geheuer gewesen, als man über die Schwelle des Direktorzimmers getreten war und sich einer Gruppe von Männern mit Kommissions-

---

[3] Lehrer an der ABF Greifswald.

gesichtern gegenüber gesehen hatte. Aber der Alte Fritz[4] hatte geholfen:

„Guten Tag, Genossin Paal, nimm doch bitte Platz und mache schnell
ein anderes Gesicht. Hier will dir niemand etwas tun. Im Gegenteil, ich
glaube, wir können dir eine große Freude machen. Setz dich nur, und
hier ist auch Kaffee für dich, du magst doch Kaffee, nicht wahr? Die
Genossen hier kennst du ja alle, bis auf den Genossen Wigg vielleicht,
er ist der Vertreter des Staatssekretariats, denn es ist eine große Sache,
die wir mit dir besprechen wollen, ganz als Freunde besprechen und
beraten. Du bist die Hauptperson, du und noch ein anderer, aber im
Augenblick nur du allein. Aber ich sehe schon, daß die Spannung nicht
aus deinem Gesicht weichen will, das verstehe ich, das verstehen wir,
und keinem von uns ginge es anders, säße er jetzt wie du da auf dem
Stuhl. Darum will ich dir schnell sagen, worum es geht, und du wirst
sehen, es ist eine gute Sache, eine schöne Sache, eine große Sache. Du
hast in deinem Fragebogen für das Abitur die Absicht angegeben,
Romanistik in Berlin zu studieren, und niemand von uns hätte dir da-
zwischengeredet. Wir waren einverstanden, und wir sind es noch, aber
wir glauben, wir wissen etwas Besseres, noch Besseres. Gewiß wird es
wichtig sein, daß unsere jungen Menschen, die man einstmals als
Waisenkinder verlacht und denen man des Wissens Macht vorenthalten
hat, fremde Sprachen und Literaturen zu meistern erlernen, und du
hast es, wie uns Genosse Angelhoff berichtet hat, in den wenigen
Jahren bei uns zu erstaunlichen Kenntnissen im Lateinischen gebracht,
so daß wir dich guten Mutes in ein Romanisches Institut ziehen lassen
könnten, nur, und jetzt komme ich zu der erfreulichen Sache, nur wird
man sich fragen müssen, ob es nicht noch wichtigere Zweige der
linguistischen Wissenschaften gibt als den der Romanistik. Was zum
Beispiel hältst du vom Chinesischen? Ich sehe, du erschrickst, du hast
etwas von zehntausend Schriftzeichen gehört, äußerst komplizierten
noch dazu, und du hältst sie wahrscheinlich für nicht erlernbar. Aber
nun frage dich doch einmal: Hast du nicht geradeso vor noch gar nicht
langer Zeit über das Lateinische gedacht, bist du nicht auch da er-
schrocken gewesen und womöglich sogar verzweifelt? Siehst du, und
nun bekommst du — ich kann es dir verraten, weil ein außerordent-
lichen Anlaß vorliegt — in den nächsten Tagen dein Abiturzeugnis,
und darin wird hinter der Fachbezeichnung Latein eine strahlende Eins
stehen. Ja, ich darf unter den besonderen Umständen, die uns hier
zusammengeführt haben, noch weitergehen und dir mitteilen, daß
auch an jener Stelle, wo du die Summe deiner Prüfungsergebnisse lesen

---

[4] Direktor der ABF Greifswald.

119

wirst, eine strahlende Eins stehen wird. Die ABF-Studentin Rose Paal wird ihr Abitur mit der Note Eins bestehen, hat es schon mit Eins bestanden, das steht unabänderlich fest und ist keineswegs etwa vom Ausgang unseres freundlichen Gesprächs abhängig, was ich dir sagen muß, damit du nicht glaubst, wir wollten einen Handel mit dir treiben. Also schon von deinen Leistungen her bist du hervorragend geeignet für die Verwirklichung des Planes, über den wir dich hier in Kenntnis setzen wollen und von dem wir hoffen, daß er deinen Beifall findet. Wir, das heißt unser Staatssekretariat, das hier durch den Genossen Wigg vertreten wird, wir alle also doch, haben von den chinesischen Genossen die unschätzbare Einladung bekommen, zwei Abiturienten zum Studium der Sinologie, das ist Chinakunde, nach Peking zu entsenden, und wir möchten, siehst du, jetzt kommt es schon heraus, daß du eine von den beiden bist. Ah, ich wußte, daß du dich freuen würdest, es ist ein Traum, nicht wahr, einer, den wir alle nicht zu träumen gewagt haben, und jetzt verwirklicht er sich, weil in China die Genossen gesiegt haben und wir auf ewig Freundschaft miteinander geschlossen haben. Ich will dir nicht verheimlichen, daß die chinesischen Genossen recht strenge Bedingungen gestellt haben, sie wollen, das wirst du verstehen, nur die Besten in ihr Land holen, und so spielte bei der Wahl deiner Person nicht nur deine fachliche Leistung ein gewichtige Rolle, sondern ebenso deine Herkunft; du bist ein Kind vom Lande, und China ist ein Bauernland, du hast keine Verwandten im westlichen Ausland oder in Westdeutschland, und auch das ist für die chinesischen Genossen Bedingung, weil sie ihre historischen Erfahrungen gemacht haben, und so bist du wie geschaffen für diese großartige Gelegenheit. Willigst du ein, wirst du binnen kurzem, vielleicht sogar schon in einer Woche, auf die große Reise gehen. Du brauchst dich noch nicht gleich zu entscheiden, denn immerhin wird, was ich dir noch sagen muß, dieses Studium länger als ein gewöhnliches dauern, rundheraus gesagt, sieben Jahre, und du wirst verstehen, daß man nicht ständig von Peking nach Klein-Bünzow auf Urlaub fahren kann, so als läge Klein-Bünzow gleich nebenan. Wenn ich aber dein Nicken richtig deute, dann wirst du dennoch diesen Auftrag annehmen, und das ist uns allen hier eine große Freude und auch verständlich. Aber dann muß ich dich noch von einer weiteren Bedingung unserer chinesischen Genossen unterrichten. Es handelt sich um etwas, das du nun, da du weißt, wie lange dieses Studium dauern wird, um so eher verstehen und billigen wirst. Du sollst nicht allein fahren, das wäre nicht gut — wegen des Heimwehs und wegen mancherlei anderem noch, und du wirst es begreifen, wenn ich dir sage, daß ich mit Wohlgefallen gewahre, wie sehr du dich in den wenigen Jahren hier bei uns entwickelt hast, und das meine ich jetzt nicht nur hinsichtlich deiner geistigen und bildungsmäßigen Entwicklung. Als ein älterer Mann darf ich dir wohl sagen, daß du auch äußerlich ein prächtiges Menschenkind bist, aber Menschenkind ist eben nicht der rechte Ausdruck, schon gar nicht in dem Zusammenhang, von dem aus ich diese Frage berühre. Ich denke, du verstehst mich, ja und da komme ich wieder auf die Bedingung der chinesischen Genossen: Sie möchten zwei Studenten zu sich einladen, aber nicht, und das wirst du leicht begreifen, zwei weibliche Studenten oder zwei männliche Studenten — was ohnehin schon nicht mehr gesagt werden muß, da wir ja dich ausersehen haben und du ohne allen Zweifel kein männlicher Student bist, ganz und gar nicht, wie ich doch noch einmal betonen muß —, sie möchten gern eine Studentin und einen Studenten. Die Studentin wärest du, und da bliebe nur noch die Frage des Studenten. Aber bevor ich darauf komme, oder besser, um darauf zu kommen, muß ich noch eine weitere Bedingung, die uns von den chinesischen Genossen gestellt worden ist, zu deiner Kenntnis bringen. In Anbetracht der großen Entfernung von der Heimat und unter Berücksichtigung der langen Zeit, die das Studium in Anspruch nehmen wird, und dementsprechend unter Einbeziehung gewisser natürlicher Anlagen des Menschen überhaupt, haben uns die Freunde in Peking wissen lassen, daß sie glauben, es solle sich bei den beiden vorgesehenen Studenten um, nun ja, um ein Ehepaar handeln. Aber nicht doch, du brauchst doch die Lichter in deinem Gesicht nicht mehr auszulöschen, wir wissen ja, daß du nicht verheiratet bist, wir alle wissen, daß du alle gestellten Bedingungen ausgezeichnet erfüllst, und wir wissen auch, daß du nicht verheiratet bist. Wenn es jedoch danach gehen sollte, dann könnte unsere Fakultät den ehrenvollen Antrag der chinesischen Genossen leider nicht positiv erwidern, denn wir haben nur zwei Ehepaare, die beide schon deshalb nicht in Frage kommen, weil sie durch die anderen von mir genannten Bedingungen ausscheiden, das Ehepaar Kluth, weil seine fachlichen Leistungen — das sage ich dir vertraulich — keine Gewähr für ein ordnungsgemäßes Studium so komplizierter Natur bieten, und das Ehepaar Sänger aus anderen Gründen, die ich dir auch nennen will. Beide sind in jeder Hinsicht vorbildliche Studenten, fachlich und gesellschaftlich, aber Herbert Sänger hat einen Vetter in Wiesbaden, der ist überdies noch Handelsvertreter, und damit können wir den chinesischen Genossen nicht kommen, das ist ein Gebot der proletarischen Wachsamkeit. So wäre es also an dem, daß wir niemanden hätten, der das hochherzige Anerbieten aus Peking wahrnehmen könnte, und das würde uns alle sehr schmerzen. Ich sehe, dich auch. So sind wir denn darauf verfallen, das ist in diesem Falle die Parteileitung, die eine Anregung eines Genossen Studenten aufgegriffen hat, so sind wir denn darauf verfallen, zum einen dich zu befragen, ob du den ehrenvollen Auftrag anzunehmen bereit wärest, und du hast ja inzwischen mehrfach bekundet, du wärest bereit, und zum anderen war es unsere Aufgabe, eine höchst seltene und auch sehr delikate, einen Studenten zu finden, der geeignet wäre, mit dir nach Peking zu gehen, auf sieben Jahre und als dein Mann. Ja, das wäre heraus, und ich sehe dir an, daß dir von alledem ein wenig schwindlig ist, aber glaube mir, auch mir ist ein wenig schwindlig, und den anderen Genossen hier wird es nicht anders gehen, denn immerhin schickt man nicht alle Tage einen lieben Menschen nach China, und schließlich sieht man sich auch nicht alle Tage in der Rolle des Brautwerbers. Denn als solche, meine liebe Rose Paal, sitzen wir hier vor dir, und mir als dem Sprecher ist sehr bänglich ums Herz, ob ich wohl auf die richtige Art zu dir gesprochen habe, denn noch nie in meinem Leben habe ich ein Brautwerber sein dürfen und schon gar nicht unter so eigenartigen Umständen. Es ist aber jetzt an mir, dich zu fragen, ob du bereit wärest, mit einem gewissen jungen Mann, mit dem du, soviel ich in Erfahrung gebracht, nicht zuletzt durch den Genossen Studenten, der in der Parteileitung auf diese Lösung gekommen ist, also, ob du bereit wärest, mit diesem jungen Mann, zu dem du schon immer eine freundliche Neigung gehegt hast, ob du also mit diesem jungen Mann in unserem Auftrage und als seine Ehefrau nach China gehen würdest. Jetzt erst aber kommt der allerbänglichste Augenblick, denn jetzt muß ich dir ja den Namen dieses Studenten, für den ich hier um dich werbe, nennen, und der Augenblick ist deshalb der bänglichste von allen, weil sich der Genosse Student aus der Parteileitung ja geirrt haben kann und deine Neigung, die er als vorhanden vermutet, womöglich gar keine ist. So frage ich dich denn, Rose Paal, bist du gewillt, auf sieben Jahre nach China zu gehen, und zwar als Ehefrau deines Genossen und Studienkameraden Trullesand? Ja? Du nickst, sprachlos zwar, aber du nickst, und wie mir scheint, kommt dir dieses Nicken vom Herzen? Das ist schön, das ist wunderschön, so haben wir es erhofft, so haben wir es erwartet, so zeigen wir es denen, die uns jahrhundertelang als unmündig und nicht reif verschrien haben, dies sind die Entschlüsse, die die Welt verändern! Aber jetzt, was ist jetzt, sehe ich da einen Schatten in deinem Gesicht, einen Schatten, der immer tiefer wird, ist das Schrecken oder ist das Zweifel? Zweifel, ja? Welcher Art Zweifel kann es sein? Ich will es zu erraten suchen: Du hast allem zugestimmt, also war bisher alles klar für dich, aber jetzt ist ein Zweifel da, und ich ahne, welcher Natur er ist. Du fragst dich, mit Recht fragst du dich, wie könnte es anders sein, wie denn der andere, den du dir nun so plötzlich als deinen Mann vorstellen sollst, wie denn er überhaupt zu alledem stehe, oder du fragst dich gar, ob er denn schon ahne, daß er in wenigen Tagen dein Mann sein soll. Ich habe es also erraten, und ich kann dir deine Frage beantworten: Ja, wir haben mit ihm gesprochen, gestern schon in der Leitungssitzung, und wir haben zu ihm gesagt: Alles hängt nun von Rose Paal ab; sagt sie ja, werden wir eine Hochzeit haben und bald darauf zwei Absolventen unserer Fakultät in China, und bis dahin, haben wir zu ihm gesagt, bis dahin wirst du schweigen, Genosse Trullesand, und sollte sich herausstellen, daß Rose Paal nicht will, aus welchen Gründen auch immer, dann wirst du, Genosse Trullesand, dies Gespräch vergessen, für immer und ewig vergessen, und dir, Genossin Paal, dies muß ich dir der Wahrheit zuliebe nun mitteilen, auch dir hätten wir für den Fall, du hättest unseren Vorschlag abgelehnt, auch dir hätten wir gesagt, du müßtest dieses Gespräch auf immer und ewig vergessen, und wir hätten auch behauptet, mit dem Genossen Trullesand sei noch kein Wort gesprochen worden, denn anders wäre es vielleicht etwas schwierig für euch beide geworden. Du siehst, wir haben alles bedacht, und du siehst uns glücklich, denn gestern schon hat der Genosse Trullesand ja gesagt, und heute hast du ja gesagt, und so werdet ihr für sieben Jahre nach China fahren, als Mann und Frau, als unsere Delegierten, zu unserer Freude und mit unserem Segen, und beinahe möchte ich Amen sagen."

Und Robert Iswall dachte Amen. Denn Robert Iswall saß dabei, saß unter den Brautwerbern und hatte den Atem angehalten bei Völschows langer Rede, denn natürlich war er jener Student aus der Parteileitung, dem die glückliche Anregung zu danken gewesen war, und ihm bedeutete Roses Jawort mehr als den Triumph der Fakultät, ihm gab es freie Bahn und ein schlechtes Gewissen, und Amen war das passende Wort.

Das alles war zehn Jahre her, es war im Sommer zweiundfünfzig geschehen, und es war im Frühling zweiundsechzig, als sich Robert Iswall daran erinnerte und sich fragte, ob die Geschichte von Rose und Gerd und Vera und Robert und besonders die von Gerd und Robert nun tragisch oder komisch gewesen sei. War das denn tragisch, wenn einer eine nicht bekam, weil ein anderer sie hatte haben wollen und auch bekommen hatte? War es etwa tragisch, daß der andere eine bekommen hatte, die er gar nicht hatte haben wollen? Brachte man die Sache auf diese abstrakte Figur, dann blieb nicht ein Hauch von Tragik, und komisch war es auch nicht weiter. Es war vielleicht die millionste Wiederholung eines Ur-Stückes im Menschentheater, und erstaunlich war nur, daß es damals wie heute sein Publikum zu erregen vermochte....

Helmut Sakowski
Der LPG-Vorsitzende Paul wirbt um die Genossenschaftsbäuerin Lisa

In dem Volksstück „Steine im Weg", das in einer LPG spielt, stehen deren Vorsitzender Paul und Lisa, die die Viehzucht auf der LPG leitet, im Mittelpunkt. Die Szene spielt abends im Wohnzimmer Lisas; anwesend sind Lisa und ihr Sohn Gerhard sowie Lisas Mutter. Der LPG-Vorsitzende Paul kommt hinzu.

PAUL: Kannst du raten, weshalb ich gekommen bin, Gerhard?

DER JUNGE *schnell:* Mutters wegen.

Lisa und Paul ein bißchen verlegen.

PAUL: Deinetwegen. Dein Rad lehnt am Zaun.

DER JUNGE *begeistert:* Fertig?

PAUL *nickt:* Und die Schweißnaht so fein, sag ich dir, daß deine Freunde mit der Lupe suchen müssen. Die hält bis zum nächsten Sturz.

Der Junge stürzt hinaus. Lisa sieht ihm lächelnd nach.

LISA: Ich will ihn zu Bett bringen. Es wird Zeit. Entschuldige, Paul.

Paul nickt ihr zu.

DIE ALTE *kopfschüttelnd, aber stolz:* Das ist einer! Bloß leider, Halbwaise sozusagen. Hat überhaupt kein Kommang!

PAUL: Es fehlt ein Mann im Haus, willst du sagen.

DIE ALTE: So ist es.

PAUL *brennt sich eine Zigarette an:* Habt ihr keinen in Aussicht genommen, Mutter Martin?

DIE ALTE *mustert den Paul über die Brille; nach einer Weile:* Es möchte sich wohl mancher bewerben. Das Mädel ist patent in allen Sachen und nicht wie manche Frauenzimmer, wo häusliche Tugend welkt wie das Koppelgras dieses Jahr. Aber der nächste beste kommt nicht in Betracht, Frauen sind selbstbewußt heutzutage und woll'n einen gebildeten Menschen im Ehebett. Die Zeiten ändern sich, Paul.

PAUL: Versteh, Mutter Martin.

DIE ALTE *vorsichtig:* Du hattest wohl auch ein paar Jährchen studiert?

PAUL: Damit ist's nicht weit her. Ich war sechzehn, wie mir Mutter die Flakhelferuniform einfärbte — flaschengrün. Vater war nicht zurückgekommen. Aber vier Gören außer mir rissen die Mäuler auf, die wollten gestopft sein. Das erste, was ich studierte, war, wie man Kartoffeln und Möhren klaut und Holz aus dem Forst. Dann studierte ich Stallbengel beim Bauern. Als es aber Zeit war, daß die beiden Jungen was Vernünftiges lernten, schlachteten wir die Ziege, luden unseren Plunder auf einen Leiterwagen und zogen in die Stadt. Mutter fand Arbeit auf der Zellwolle. Jetzt konnte ich auch etwas lernen: Dreher. Da war ich schon über zwanzig. Nach der Lehre wollten mich die Kollegen auf die Arbeiter- und -Bauern-Fakultät schicken. Ich wollte nicht studieren. Endlich hatte ich Geld in den Fingern ... das war in den Jahren, wo junge Leute ans Heiraten denken. Aber ich hatte schon für Familie zu sorgen. Mutter träumte von einer Schleiflackküche und von richtigen Betten. Der zweite wollte Abitur machen; der dritte fraß für das doppelte Kostgeld; die Mädchen brauchten ein bißchen Staat, und Schuhe kosteten hundert Mark. Ich hab für mich selber studiert, Gorki und später die Lehrhefte für den Meisterbrief. Dann war ich Leiter einer berühmten Brigade. Die Arbeit machte Spaß. Ich hatte eine Braut und suchte nach einer Wohnung mit Bad und Balkon. Das war in den Jahren, wo die bunten Neubaublocks in den Städten wuchsen. Da sagte die Partei: Arbeiter gehörten auf das Land. Ich sollte gehen. Ich ging.

DIE ALTE: Sie hatten dich überzeugt, wie man so sagt.

PAUL: Ich hätte einwenden können, jetzt müßt ich einmal an mich denken. Sie hätten es verstanden. Aber ich hatte das Dorf nicht vergessen. Ich dachte nicht gleich an die Arbeit. Ich dachte: Mann, warum nicht? Auf dem Land ist der Himmel höher, die Sonne heißer und Wind noch ein richtiger Wind ... was man sich so einbildet. Ich dachte an das Flüßchen, wie es sich durch die Koppeln windet ... und wie ich da als Junge gebadet hatte — *er lacht ein bißchen,* natürlich auch an die Schwierigkeiten. Aber sie hatten mir beigebracht, daß ich Spaß hatte, wo es Schwierigkeiten abzuschaffen gab.

DIE ALTE: Dann hast du wohl reichlich Spaß gehabt in den Jahren? Und die Braut?

PAUL: Als ich ging, stöckelten die Mädchen auf so hohen Absätzen — *Geste* über das Pflaster. Mein Mädchen dachte bloß an den Dreck, wenn es an das Dorf dachte. Die Gummistiefel paßten nicht. Wie im Märchen: Die rechte Braut sitzt noch daheim.

Lisa kommt zurück.

DIE ALTE *tut auf einmal furchtbar erschreckt:* Gott, ich hab ja wohl die Hühner nicht eingesperrt.

PAUL: Nicht eines kratzte noch auf dem Hof.

Die Alte ab.

Meinetwegen brauchte sie nicht fortzulaufen. Sie hätte hören können, was ich zu reden hab. Kannst du dir denken, Lisa, was ich heute will?

LISA *verlegen:* Möchtest du nicht doch etwas essen? Mutters Bratwurst ist berühmt im Dorf.

PAUL: Ich will nichts essen. *Er lacht sie an.*

LISA: Du kommst des Stalls wegen.

PAUL: Das steht morgen auf der Tagesordnung. Wir beide ... du und ich ... Wir sind über den ersten Frühling weg.

LISA: Das ist kein Kompliment für mich.

PAUL *aus dem Konzept:* Ich wollte sagen: Wir beide arbeiten in einer Genossenschaft, wir haben gleiche Ziele ... wir verstehen uns gut. Wär es nicht Zeit, daß wir unseren Kram zusammenschmissen?

LISA: Das sollte wohl ein Heiratsantrag sein?

PAUL: Du hast verstanden.

LISA: Machst nicht viel her von der Sache.

PAUL: Mit Worten ... das ist nicht meine Art.

LISA: Du bist dir sicher?

PAUL: Das bin ich.

LISA: Aber du kennst mich nicht. Ich bin eine schwierige Frau. Mutter meint, das sei Charaktersache. Ich denke, es kommt vom Selbständig-sein ... und vom Alleinsein. Manchmal wollte ich nicht länger allein sein. Dann hab ich gedacht: Ein Mann — wer will etwas sagen — ich bin eine Frau. Aber heiraten? Dann müßte ein besonderer Kerl kommen ...

PAUL: Was verlangst du?

LISA: Zuerst Vertrauen. Ein Mann müßte zu mir stehen, wie es auch kommt. Sonst soll er bleiben. Meinen Kram schmeiß ich alleine, dazu brauch ich keinen.

PAUL: Vertraust du mir?

LISA: Dir vertrau ich. Aber wer mich will, muß auch den Jungen nehmen.

PAUL: Ich verstehe mich gut mit dem Jungen.

LISA: Er müßte Kamerad in der Arbeit sein. Er dürfte nicht verlangen, daß ich den Stall aufgebe ... der gewärmten Hauslatschen wegen ... auch der Vorsitzende dürfte es niemals verlangen.

PAUL: Sonst noch Bedingungen?

LISA *lächelnd:* Er müßte mich ernst nehmen.

PAUL: Du weißt nicht, wie ernst ich dich nehme, Mädchen.

LISA *während er auf sie zukommt:* Dann hättest du mehr Aufwand betreiben müssen bei der Werbung. Das ist keine Werbung so im Vorbeigehen ... kein Blumenstrauß für die Braut, nicht mal einen anständigen Anzug hast du angezogen. Da fehlt ein Knopf.

PAUL *küßt sie einfach:* Nimmst du mich?

LISA: Selbstverständlich.

Fritz Rudolf Fries
Die Entbindung

Hierher kommen die Leute und geben ihre Kinder ab. Manche holen sie am Wochenende wieder, wenn die Kinder es längst müde wurden, nach ihren Müttern zu fragen, und sich an uns gewöhnt haben.

Michael hat Sommersprossen, ein Rotschopf von drei Jahren, der hinter mir herläuft und sich beim Spazierengehen auf der sogenannten Strandpromenade in meine Hand hängt. Manchmal vergessen die Eltern das Wiederkommen, und die Frau von der Sozialfürsorge muß ihnen dann nachreisen, in die Orte auf der Insel oder an der Küste. Meist kommt sie in zerrüttete Verhältnisse, wie sie uns später erzählt, Ehen, die nicht zustande kamen, weil er eine andere verschwiegen hatte, und diese hatte wieder Kinder von ihm; weil die Frauen allein blieben nach der Entbindung und die Woche bei der Arbeit sind, im Fischkombinat[5], auf der Warnowwerft, und am Wochenende ist Tanz, und der geht bis vier. Ich weiß, wie das ist, abends plötzlich ist jeder allein, der keinen Dienst hat und nicht mit dem Bus nach Bergen gefahren ist, zum Tanz, ins Kino, keinen Freund hier hat. Zum Glück gibt es das Fernsehen, hinterher kann man noch zusammen über den Film sprechen. Die Saison ist vorbei, die Promenade vom Wind wie ausgefegt. Im Spätherbst war ich noch nie an der See. Im Sommer ja, damals mit dir und vorher bei den Festspielen. Ich weiß, es hat dir nie gefallen, daß ich dort Reiten lernte, und du hast nie geglaubt, daß wir auch Pferde brauchten bei dem Spiel vom Likedeeler. Ich hab' ohnehin meist hinten gestanden in der Tanzgruppe, und beim Reiten mußte ich mich gut festhalten, nicht aus Ungeschicklichkeit, sondern vor Müdigkeit. Und jeden Morgen das Training und die Proben. Aber wieviel tausend Menschen uns damals gesehen haben. Du nicht, dir war es nicht gut genug. Woher du das nur wissen wolltest, in deinem Wald versteckt, in dem Haus mit den Holzwänden, die schon anfingen, nach deinen irischen und holländischen Tabaken zu riechen. Und am Tage, sagtest du, hättest du in der Stadt zu tun, in deinem Institut, von dem ich leider nichts begriff.

Hier verstehe ich, was gemacht wird, und werde gebraucht, und was ich lerne, Windeln und Säuglinge füttern, werde ich bald selber für unseren Sohn brauchen, denn ein Junge sollte es schon werden. Wenn nur der Krankenwagen beizeiten da ist, dann, im Winter. Manchmal, so erzählen die Einheimischen, verschneien alle Zufahrtswege. Davor hab' ich Angst.

Ich schlafe in der Baracke mit den anderen Mädchen. In einem der Nebenzimmer schläft der Hausmeister. Der ist alt und raucht den ganzen Tag Stumpen, auch abends, und man riecht es durch die Ritzen der Wände. Ich hab' das Fenster die ganze Nacht einen Spalt weit offen. Dann kann ich das Meer hören, es ist ganz nah; eine Stunde von hier liegt unser Badeplatz. Das weißt du wohl noch. Es gibt auch jetzt, im

---

[5] Kombinat: Größerer Industriebetrieb, der die Produktion mehrerer Industriezweige vereinigt.

Oktober, noch ein paar gute Tage. Dann ist wieder alles blau, tiefblau das Meer, der Strand hell und fein. Boote stehen unbeweglich im Wasser, klein wenig nur geschaukelt von der sanften Brise, man weiß nie, ob jemand an Deck ist. Die Netze werden am Ufer geflickt. Die Konsumbuden sind verrammelt, Papier liegt noch herum vom Sommer. Manchmal fährt ein Wagen durch den Ort, ältere Ehepaare steigen aus, schauen und atmen tief ein, machen dann ein Foto und ziehen weiter. Vielleicht nach Stralsund, das wir beide lieben. Weißt du noch, Hotel zur Post? Aber ich habe keine Zeit, spazierenzugehen, außer mit den Kindern, und das ist nicht immer ein Vergnügen. Oder doch, nur anders, sie machen alle, die Gruppe der zwei- und dreijährigen, ernste Gesichter: Ausgehen ist eine ernste Sache für sie, Unbekanntes, das ihnen begegnet und das erkannt sein will. Dann kann ich ihre Fragen beantworten, so gut ich es weiß, und kann doch noch froh sein, wenn sie es mit Pferd und Auto genug sein lassen. Michael wollte neulich wissen, woraus die Netze gemacht werden. Da hatte ich schon meine Not. Aus Perlon? Ich habe nicht gewagt, einen Fischer am Strand danach zu fragen. Gleich denken die, man will mit ihnen abends ausgehen. Eigentlich ist der Ort jetzt viel schöner als im Sommer. Man kann jedes Haus für sich betrachten. Du solltest doch mal kommen und es dir ansehen. Aber ich weiß, du hast geschrieben, es wäre aus, und du wirst deine Gründe haben. Auch ich habe sie, wenn ich mir meine Zukunft vorstelle. Dann glaube ich sicher, wir passen nicht zusammen. Du mit deinen fremden Büchern und Sachen. Aber es ist ja nicht das. Sprachen kann man lernen. Aber deine Art, dich selbst aus dem Alltag zu nehmen, als lebten wir nicht alle mit und durch den andern, und die Liebe ist ja etwas, was uns die Vorstellung von einem Leben gibt, wie es sein sollte.
Die Frau von der Fürsorge, Ingeborg Ruge heißt sie, ist schon älter. Sie hat schlohweiße Haare. Sie war in der Emigration, und ich wundere mich, daß sie ausgerechnet hier oben hängengeblieben ist, wo sie doch woanders schöner und besser leben könnte. Sie verneint das. Gerade hier wäre ihr Platz, denn hier gäbe es so viele ungelöste Aufgaben, die Menschen seien durch Beruf und Wetter besonders rauh, und was solle aus den vielen Kindern ohne Eltern werden, die man uns ins Heim gibt, als wären wir das Fundbüro der Insel. Was aus manchen werden soll, weiß ich auch nicht. Michaels Mutter zum Beispiel ist beim Fischkombinat. Der Vater: eine Ferienbekanntschaft, längst entschwunden irgendwo in der Republik. Sie selbst kann und will nicht zu Hause bleiben, sie liebt ihre Arbeit, sie lebt gerne, sie vergißt manchmal, daß sie einen Sohn hat, den sie kaum kennt; denn Kinder, das sehe ich hier, wandeln sich von Tag zu Tag. Was soll sie machen? Das ist doch ein echtes Problem.

Du könntest jetzt fragen, was aus mir werden soll, nach der Entbindung. Vielleicht gehe ich nach Rostock und studiere dort Heilgymnastik. Frau Ruge hat es mir vorgeschlagen. Es ist schön, jemanden zu haben hier, der sich ein bißchen um mich kümmert. Sie würde dir vielleicht gefallen, trotz ihrer Einstellung.

Wenn ich frei habe, einmal nach sieben Arbeitstagen, fahre ich mit dem Bus nach Bergen, zum Einkaufen, Babyausstattung und anderes. Hinterher gehe ich in unser kleines Café und esse Obsttorte und trinke Kakao. Das Lokal ist meist leer, die Kellnerin sieht aus, als ob sie sich gern zu mir an den Tisch setzen würde, um über ihre Kümmernisse zu erzählen. Ich schaue lieber auf den Platz mit dem Taxistand und der kleinen Anlage, die braun und welk wird, und warte auf die Abfahrt des Omnibusses.

Ich fahre nicht gern mit dem letzten Bus, weil dann meist niemand mehr fährt und der Fahrer (ich sitze nun mal am liebsten ganz vorn) mit mir ein Gespräch anfängt, das mit einem Lächeln über meinen schon sichtbaren Zustand zu beginnen scheint. Fährt er zufällig zu der Stunde, die ich wähle, und es sind Leute im Abteil, winkt er mir im Rückspiegel zu. Er sieht gutmütig aus, ein schwerer Nacken, seine Frau wird es gut bei ihm haben, denke ich, und erst seine Kinder, wenn er sie mitnimmt. Durch die Insel zu fahren ist immer ein Erlebnis, man weiß dann, daß hinterm Berge auch Menschen wohnen. Insel! Das ist sowieso ein Unsinn: Mir kommt sie eher vor wie eine ausgestreckte Hand nach Norden, und der Rügendamm ist der starke Arm. Bei strengem Frost soll man zu Fuß über die Ostsee laufen können. Jetzt kann ich mir nicht vorstellen, daß ich das wagen würde. Früher ging ich bei dünnstem Eis Schlittschuh laufen, während du in deinen Holzwänden saßest und irgendwelche Sendungen hörtest, die von ungeheurer Wichtigkeit waren. Für mich ist jetzt alles unwichtig, und die Gegenwart, scheint mir, beginnt erst mit dem Tag der Entbindung. Wenn es doch schon soweit wäre.

Aber wenn ich um sechs Uhr früh hinüber gehe in die Kinderstation, denke ich nicht mehr über wichtig und unwichtig nach. Wir haben jetzt 29 Säuglinge, sind aber nur 3 Pflegerinnen frühmorgens und müssen in anderthalb Stunden mit Baden und Füttern fertig sein. Manche trinken besonders schlecht und brauchen besondere Pflege. Wir haben auch viele kranke Kinder. Ernährungsstörungen. Ich verstehe manche Pflegerinnen nicht, mit welcher Routine sie arbeiten. Im Mittelpunkt steht der Mensch, sagt Frau Ruge immer. Hier aber ist es fast immer die Uhrzeit.

Gegen Nachtdienst habe ich nichts. Du hast mir mal erzählt, wie gern du dich als Kind von deiner Mutter nachts zudecken ließest. Die Kinder hier sind genauso.

129

Nebenan ist heute Besuch gekommen. Der Mann von der einen Pflegerin. Er ist Bauschlosser und viel auf Montage. Du kannst dir denken, wie unruhig es da drüben heute ist. Als er das letzte Mal da war, bin ich nachts immer wieder aufgewacht. Wir schlafen alle in Betten, die früher einmal in einem Krankenhaus gestanden haben, das neu eingerichtet wurde. Die Betten sind alt, und der Federboden verrät jede Bewegung. Erst wenn sie zu flüstern anfangen, weiß ich, daß sie bald einschlafen werden. Aber da beginnt auch schon der Wecker nachdrücklich zu ticken und wird gleich Alarm schmettern.

Der Wind vom Meer legt sich auch am Morgen nicht. Früh sind die Tage jetzt sehr kalt, der Himmel oft schwarz. Am liebsten zöge ich gleich meinen blauen Pullover an, ohne mich erst zu waschen. Dann lege ich Kohlen auf die Glut im Ofen, halte den Tauchsieder in einen Emailletopf mit Wasser (das ich mir aus der Gemeinschaftsküche hole), und zum Frühstück gibt es bei mir Tee und Schwarzbrot mit Butter und Marmelade. Auch einen Apfel. Auf der Mütterberatung haben sie gesagt, ich solle mehr Obst essen, und sie haben mir auch ein Kalkpräparat aufgeschrieben, das ich noch immer nicht aus der Apotheke geholt habe.

Am Tage benimmt sich unser Sohn brav, aber sobald ich mich abends hingelegt habe, todmüde einschlafen möchte, fängt er an zu zappeln. Davon werde ich wieder ganz wach und warte auf die nächste Bewegung. Er teilt seine Stöße ganz überraschend aus. Wenn nur der Krankenwagen beizeiten durch den Schnee findet, im Winter. Ich rechne mit Januar. In Bergen bin ich schon vorgemerkt. Du weißt ja nicht, wie viele Kinder jeden Tag geboren werden. Und wie viele davon zu uns kommen. Im Sozialismus, sagt Frau Ruge, sollte es weniger Egoismus geben. Meinst du nicht auch?

Ich sehe dich an solchen Tagen in deinen Holzwänden sitzen. Du fährst ja nur einmal die Woche, wie ich dich kenne, in dein Institut. Sicher ist dir über Nacht der Ofen ausgegangen, und du mußt früh Feuer machen, Holz auflesen unter deinen Kiefern, das naß vom Regen ist und qualmt, wenn du es in den Ofen schiebst. Vor Ärger trinkst du gleich früh ein Glas Slibowitz, oder was sie gerade bei euch im Konsum auf Vorrat haben, und legst dir Musik auf den Plattenteller. Du fängst erst am späten Nachmittag an zu arbeiten, nach einer Inspiration durch deine berühmte *heure bleue* (ist das so richtig geschrieben?), und es riecht dann gut bei dir nach Ofenwärme und Pfeifentabak, und in der schwarzen Teekanne steht der Tee randvoll. Vielleicht kommt Besuch, und ihr redet euch die Köpfe heiß über das 21. Jahrhundert und später. Ich bin mehr für die Gegenwart, auch wenn sie für mich aus Windeln, Babynahrung, Kinderkrankheiten und der Angst vor der Entbindung besteht. Abends ein bißchen Fernsehen, oder ich lese ein paar Seiten aus einem Roman. Du könntest übrigens bei uns eine Stelle als Bibliothekar bekommen. Willst du? Nächstens ist ein Vortragsabend über Gerhart Hauptmann mit Schauspielern vom Theater Putbus. Ich gehe bestimmt hin.

Manchmal träume ich, ich ritte auf dem weißen Pferd aus dem farbigen Druck, den du mir mal geschenkt hast. Es steht an einem Bach oder Fluß und trinkt, im Hintergrund reiten zwei nackte braune Mädchen auf braunen Pferden durch ein blaues Gehölz. In meinem Traum verläßt das Pferd die Tränke, trottet zu mir und läßt sich den Hals klopfen. Ich steige auf seinen blanken Rücken, ohne Sattel und Zaumzeug. Wir reiten in eine weite, helle Landschaft. Dann sind es plötzlich wieder die Festspiele. Wir haben viele tausend Zuschauer, und es sind alle Kinder aus dem Heim dabei. Sie sind schon erwachsen, und im Ballett der Fischermädchen, das ich anführe, tanzen alle Pflegerinnen aus dem Heim, und Frau Ruge hat die Choreographie einstudiert, und die Kinder, die jetzt schon Männer und Frauen sind, klatschen Beifall und kommen von ihren Bänken herunter und wollen Störtebeker auf ihre Schultern heben, weil er ihnen Brot gibt und ihre Feinde verjagt. Wieder steigt der Beifall über die Meeresküste, auf die jetzt die brennenden Kauffahrteischiffe zutreiben und verpuffen wie Feuerwerk. Ich erwache vom Regen, der auf das Dach der Baracke fällt. Aber heute habe ich frei, ich kann ausschlafen und an unseren Sohn denken.

Günther Deicke

Wehe dem Sohn, der nicht klüger wird
als der Vater.

Das Haus, das die Bauleute verlassen,
verfällt.

Der Lehrsatz, den wir nicht weiterentwickeln,
gerät in Vergessenheit.

Die Entdeckung, die kein Geheimnis mehr birgt,
ist den Kommenden wertlos.

Die Revolution
findet im Hörsaal statt.

Andreas Reimann
Wegsuche

Dem grunde zu: die urzeitsedimente
der herzen schürfen, unter letternschlamm
und redeströmen und entfremdungseis
den ursprung finden, suchend bis zum ende
der möglichkeiten und den starren damm
der vorurteile wegspüln mit dem schweiß

der schweren stirnen, bis sich offenbart
der regenbogen über dem gebiet
dem unbekannten: also tätig sein,
dies heißt bestand in unserer gegenwart.
Stets ists gebären schmerzensreich und schwer.
Und vor des kindes erstwort dröhnt sein schrein.

Hier leb ich, irr ich. Blutig abgenabelt
von mutter kriegsangst, bin ich gänzlich frei
von dem komplex des königs ödipus.
Es sei mein credo in die welt gekabelt:
Hier leb ich. Such ich. Finde mich dabei.
Ich lieb dies land. Ist hier nicht denken pflicht?
Und dies ist höchster menschlicher genuß.[6]

---

[6] Werner Brettschneider (in: Zwischen literarischer Autonomie und Staatsdienst. Die Literatur der DDR, 1972, S. 244) beschreibt dieses Gedicht so:
Durch Addition entstandene, inhaltsüberladene Substantive (Urzeitsedimente, Letternschlamm, Entfremdungseis), ein gewaltsam vorwärts drängendes Satzgefüge, das die Zäsur zwischen den Strophen überspielt, die kurzen Sätze und Satzfragmente des Schlusses bestimmen formal diese Arbeit eines Zwanzigjährigen. Wegsuche ist das Thema, Bestand in der Gegenwart das Ziel; der Weg ist mit den Worten „dem Grunde zu" und „den Ursprung finden" benannt. Beide weisen weniger auf Geschichte hin als auf Philosophie: Denken als revolutionärer Akt, in die Metapher der Geburt gefaßt. In der Schlußstrophe triumphiert das Ich. Doch gibt die vorletzte Zeile (Ich lieb dies Land. Ist hier nicht denken pflicht?), die das Schema der Form durchbricht und, reimlos, isoliert steht, dadurch aber auch unterstrichen wird, Grund zum Zweifel. Das „hier", das nach der gesamten Anlage des Gedankens nur zeitlich gemeint sein sollte, erhält unvermutet eine örtliche Bedeutung, und wenn dadurch das Gedicht in ein Bekenntnis zur DDR ausklingt, so ist der Gedankensprung offensichtlich. Geht man fehl in der Deutung, daß das Unbefriedigende des Schlusses der Unsicherheit des Gefühls entspringt?

Ulrich Plenzdorf / Der Bluejeans-Song

Im Mittelpunkt des Romans „Die neuen Leiden des jungen W." steht der Lehrling Edgar Wibeau aus dem Städtchen Mittenberg bei Frankfurt/Oder, der „die Lehre schmeißt", nach Berlin (Ost) ausreißt und sich in einer Wohnlaube versteckt. Auf dem Nachbargrundstück lernt er Charlie kennen, eine Kindergärtnerin, die bereits verlobt ist — das Dreiecksverhältnis, aus Goethes „Werther" bekannt, nimmt seinen Anfang.

Der folgende Textausschnitt, von Edgar von „jenseits des Jordan" gesprochen, ist dem Anfang des Romans entnommen: Edgar ist den ersten Abend allein in seinem Versteck:

Natürlich Jeans! Oder kann sich einer ein Leben ohne Jeans vorstellen? Jeans sind die edelsten Hosen der Welt. Dafür verzichte ich doch auf die ganzen synthetischen Lappen aus der Jumo, die ewig tiffig aussehen. Für Jeans konnte ich überhaupt auf alles verzichten, außer der *schönsten Sache* vielleicht. Und außer Musik. Ich meine jetzt nicht irgendeinen Händelsohn Bacholdy, sondern echte Musik, Leute. Ich hatte nichts gegen Bacholdy oder einen, aber sie rissen mich nicht gerade vom Hocker. Ich meine natürlich echte Jeans. Es gibt ja auch einen Haufen Plunder, der bloß so tut wie echte Jeans. Dafür lieber gar keine Hosen. Echte Jeans dürfen zum Beispiel keinen Reißverschluß haben vorn. Es gibt ja überhaupt nur eine Sorte echte Jeans. Wer echter Jeansträger ist, weiß, welche ich meine. Was nicht heißt, daß jeder, der echte Jeans trägt, auch echter Jeansträger ist. Die meisten wissen gar nicht, was sie da auf dem Leib haben. Es tötete mich immer fast gar nicht, wenn ich so einen fünfundzwanzigjährigen Knacker mit Jeans sah, die er sich über seine verfetteten Hüften gezwängt hatte und in der Taille zugeschnürt. Dabei sind Jeans Hüfthosen, das heißt Hosen, die einem von der Hüfte rutschen, wenn sie nicht eng genug sind und einfach durch Reibungswiderstand obenbleiben. Dazu darf man natürlich keine fetten Hüften haben und einen fetten Arsch schon gar nicht, weil sie sonst nicht zugehen im Bund. Das kapiert einer mit fünfundzwanzig schon nicht mehr. Das ist, wie wenn einer dem Abzeichen nach Kommunist ist und zu Hause seine Frau prügelt. Ich meine, Jeans sind eine Einstellung und keine Hosen. Ich hab überhaupt manchmal gedacht, man dürfte nicht älter werden als siebzehn — achtzehn. Danach fängt es mit dem Beruf an oder mit irgendeinem Studium oder mit der Armee, und dann ist mit keinem mehr zu reden. Ich hab jedenfalls keinen gekannt. Vielleicht versteht mich keiner. Dann zieht man eben Jeans an, die einem nicht mehr zustehen. Edel ist wieder, wenn einer auf Rente ist und trägt dann Jeans, mit Bauch und Hosenträgern. Das ist wieder edel. Ich hab aber keinen gekannt, außer Zaremba. Zaremba war edel. Der hätte welche tragen können, wenn er gewollt hätte, und es hätte keinen angestunken.

. . . . . .

Du bist in Ordnung, Willi[7]. Du kannst so bleiben. Du bist ein Steher. Ich bin zufrieden mit dir. Wenn ich ein Testament gemacht hätte, hätte ich dich zu meinem Alleinerben gemacht. Vielleicht hab ich dich immer unterschätzt. Wie du mir die Laube eingeredet hast, war sauber. Aber ich hab es auch nicht ehrlich gemeint, daß du dableiben solltest. Ich meine, ehrlich schon. Wir wären gut gefahren zusammen. Aber wirklich ehrlich nicht. Wenn einer sein Leben lang nie echt allein gewesen ist und er *hat* plötzlich die Chance, dann ist er vielleicht nicht ganz ehrlich. Ich hoffe, du hast es nicht gemerkt. Wenn doch, vergiß es. Als du weg warst, kam ich jedenfalls noch in eine ganz verrückte Stimmung. Erst wollte ich einfach pennen gehen, ganz automatisch. Meine Zeit war ran. Dann fing ich erst an zu begreifen, daß ich ab jetzt machen konnte, wozu ich Lust hatte. Daß mir keiner mehr reinreden konnte. Daß ich mir nicht mal mehr die Hände zu waschen brauchte vorm Essen, wenn ich nicht wollte. Essen hätte ich eigentlich müssen, aber ich hatte nicht *so* viel Hunger. Ich verstreute also zunächst mal meine sämtlichen Plünnen und Rapeiken möglichst systemlos im Raum. Die Socken auf den Tisch. Das war der Clou. Dann griff ich zum Mikro, warf den Rocorder an und fing mit einer meiner Privatsendungen an: Damen und Herren! Kumpels und Kumpelinen! Gerechte und Ungerechte! Entspannt euch! Scheucht eure kleinen Geschwister ins Kino! Sperrt eure Eltern in die Speisekammer! Hier ist wieder euer Eddie, der Unverwüstliche . . .
Ich fing meinen Bluejeans-Song an, den ich vor drei Jahren gemacht hatte und der jedes Jahr besser wurde.

Oh, Bluejeans
White Jeans? — No
Black Jeans? — No
Blue Jeans, oh
Oh, Bluejeans, jeah

Oh, Bluejeans
Old Jeans? — No
New Jeans? — No
Blue Jeans, oh
Oh, Bluejeans, jeah

---

[7] Edgars Freund, auch Old Willi genannt

Vielleicht kann sich das einer vorstellen. Das alles in diesem ganz satten Sound, in *seinem* Stil eben. Manche halten *ihn* für tot. Das ist völliger Humbug. Satchmo ist überhaupt nicht totzukriegen, weil der Jazz nicht totzukriegen ist. Ich glaube, ich hatte diesen Song vorher nie so gut draufgehabt. Anschließend fühlte ich mich wie Robinson Crusoe und Satchmo auf einmal. Robinson Satchmo. Ich Idiot pinnte meine gesammelten Werke an die Wand. Immerhin wußte so jeder gleich Bescheid: Hier wohnt das verkannte Genie Edgar Wibeau. Ich war vielleicht ein Idiot, Leute! Aber ich war echt high. Ich wußte nicht, was ich zuerst machen sollte. An sich wollte ich gleich in die Stadt fahren und mir Berlin beschnarchen, das ganze Nachtleben und das und ins Hugenottenmuseum gehen. Ich sagte wohl schon, daß ich väterlicherseits Hugenotte war. Ich nahm stark an, daß ich in Berlin Hinweise auf die Familie Wibeau finden würde. Ich glaube, ich Idiot hatte die Hoffnung, das wären vielleicht Adlige gewesen. Edgar de Wibeau und so. Aber ich sagte mir, daß um die Zeit wohl kein Museum mehr offenhaben würde. Ich wußte auch nicht, wo es war.

Ich analysierte mich kurz und stellte fest, daß ich eigentlich lesen wollte, und zwar wenigstens bis gegen Morgen. Dann wollte ich bis Mittag pennen und dann sehen, wie der Hase läuft in Berlin. Überhaupt wollte ich es so machen: bis Mittag schlafen und dann bis Mitternacht leben. Ich wurde sowieso im Leben nie vor Mittag wirklich munter. Mein Problem war bloß: Ich hatte keinen Stoff. — Ich hoffe, es denkt jetzt keiner, ich meine Hasch und das Opium. Ich hatte nichts gegen Hasch. Ich kannte zwar keinen. Aber ich glaube, ich Idiot wäre so idiotisch gewesen, welchen zu nehmen, wenn ich irgendwo hätte welchen aufreißen können. Aus purer Neugierde. Old Willi und ich hatten seinerzeit ein halbes Jahr Bananenschalen gesammelt und sie getrocknet. Das soll etwa so gut wie Hasch sein. Ich hab nicht die Bohne was gemerkt, außer daß mir die Spucke den ganzen Hals zuklebte. Wir legten uns auf den Teppich, ließen den Recorder laufen und rauchten diese Schalen. Als nichts passierte, fing ich an die Augen zu verdrehen und verzückt zu lächeln und ungeheuer rumzuspinnen, als wenn ich sonstwie high wäre. Als Old Willi das sah, fing er auch an, aber ich bin überzeugt, bei ihm spielte sich genausowenig ab wie bei mir. Ich bin übrigens nie wieder auf den Bananenstoff und solchen Mist zurückgekommen, überhaupt auf keinen Stoff. Was ich also meine, ist: ich hatte keinen Lesestoff. Oder denkt einer, ich hätte vielleicht Bücher mitgeschleppt? Nicht mal meine Lieblingsbücher. Ich dachte, ich wollte nicht Sachen von früher mit rumschleppen. Außerdem kannte ich die zwei Bücher so gut wie auswendig. Meine Meinung zu Büchern war: Alle Bücher kann kein Mensch lesen, nicht mal alle sehr guten. Folglich konzentrierte ich mich auf zwei. Sowieso sind meiner Meinung nach in jedem Buch fast *alle* Bücher. Ich weiß nicht, ob mich einer versteht. Ich meine, um ein Buch zu schreiben, muß einer ein paar tausend Stück andere gelesen haben. Ich kann's mir jedenfalls nicht anders vorstellen. Sagen wir: dreitausend. Und jedes davon hat einer verfaßt, der selber dreitausend gelesen hat. Kein Mensch weiß, wieviel Bücher es gibt. Aber bei dieser einfachen Rechung kommen schon ... zig Milliarden und das mal zwei raus. Ich fand, das reicht. Meine zwei Lieblingsbücher waren: Robinson Crusoe. Jetzt wird vielleicht einer grinsen. Ich hätte das nie im Leben zugegeben. Das andere war von diesem Salinger[8]. Ich hatte es durch puren Zufall in die Klauen gekriegt. Kein Mensch kannte das. Ich meine: kein Mensch hatte es mir empfohlen oder so. Bloß gut. Ich hätte es dann nie angefaßt. Meine Erfahrungen mit empfohlenen Büchern waren hervorragend mies. Ich Idiot war so verrückt, daß ich ein empfohlenes Buch blöd fand, selbst wenn es gut war. Trotzdem werd ich jetzt noch blaß, wenn ich denke, ich hätte dieses Buch vielleicht nie in die Finger gekriegt. Dieser Salinger[9] ist ein edler Kerl. Wie er da in diesem nassen New York rumkraucht und nicht nach Hause kann, weil er von dieser Schule abgehauen ist, wo sie ihn sowieso exen wollten, das ging mir immer ungeheuer an die Nieren. Wenn ich seine Adresse gewußt hätte, hätte ich ihm geschrieben, er soll zu uns rüberkommen. Er muß genau in meinem Alter gewesen sein. Mittenberg war natürlich ein Nest gegen New York, aber erholt hätte er sich hervorragend bei uns. Vor allem hätten wir seine blöden sexuellen Probleme beseitigt. Das ist vielleicht das einzige, was ich an Salinger nie verstanden habe.

---

[8] J. D. Salinger: Der Fänger im Roggen. Reinbek, Rowohlt Verlag 1967 (rororo 851).
[9] Gemeint ist Holden, die jugendliche Hauptgestalt in dieser Erzählung.

Individualismus und Innerlichkeit

Eingerichtet auf dem Gestirn
unseres Schmerzes
als Baracke. Aber fester denn jede Festung
und dauernder. Ausgesetzt
den bittersten Wettern. Ewiges Provisorium:
Ich.[1]   *Günter Kunert*

Günter Kunert
Individueller Ausbruchsversuch

1

Allein zu sein: Allein. Allein
Das ist die Trübsal und die seltne Eigenheit
Des großen Menschenaffen dieses abgeplatteten Planeten.

2

Worin er umgeht: Sein besondres Fleisch
Wuchs auf zur Dornenhecke mit der Menschenaffenzeit
Die er sich manchmal mühte zu zertreten

3

Und auszuroden. Immer neu gefangen
Gewaltig rüttelnd am Gegitter seines Ich:
Daraus kann ihn kein anderer befrein.

4

Das hofft ans Ziel noch einmal zu gelangen
Und kommt nicht weiter als zu sich
Und steht am Ende wieder da: Allein. Allein.

---

[1] Aus: Notizen in Kreide. In: Verkündigung des Wetters, München 1966, S. 7.

Wolf Biermann
Rücksichtslose Schimpferei

1

Ich Ich Ich
bin voll Haß
bin voll Härte
der Kopf zerschnitten
das Hirn zerritten
Ich will keinen sehn!
Bleibt nicht stehn!
Glotzt nicht!
Das Kollektiv liegt schief
Ich bin der Einzelne
das Kollektiv hat sich von mir
isoliert
Stiert mich so verständnisvoll nicht an!
Ach, ich weiß ja schon
Ihr wartet mit ernster Sicherheit
daß ich euch
in das Netz der Selbstkritik schwimme

Aber ich bin der Hecht!
Ihr müßt mich zerfleischen
zerhacken, durchn Wolf drehn
wenn ihr mich aufs Brot wollt!

2

Ja, wenn ich zahnlos wäre
nenntet ihr mich reif

Wenn ich bei jeder fetten Lüge
milde lächeln würde
wär ich euch der Kluge

Wenn ich über das Unrecht hinweggehn würde
wie ihr über eure Frauen hinweggeht
— ihr hättet mich schon längst
in euer Herz geschlossen

3

Das Kind nicht beim Namen nennen
die Lust dämpfen und
den Schmerz schlucken
den goldenen Mittelweg gehen
am äußersten Rande des Schlachtfelds

den Sumpf mal Meer, mal Festland nennen
das eben nennt ihr
Vernunft
Und merkt nicht, daß eure Vernunft
aus den Hirnen der Zwerge
aus den Schwänzen der Ratten
aus den Ritzen der Kriechtiere
entliehen ist? Ihr
wollt mir den Kommunismus predigen
und seid die Inquisition des Glücks. Ihr
zerrt die Seelen auf den Feuerpfahl. Ihr
flechtet die Sehnsucht auf das Rad. Ihr!
Geht mir weg mit euren Schwammfressen!
Geht beleidigt und entrüstet!
Geht mit Kopfschütteln über meine falsche Haltung
aber *Geht*!

4

Ich will beharren auf der Wahrheit
ich Lügner

5

Ich habe euch lieb
Hier habt ihr den Schrieb
schwarz auf weiß
ich liebe euch heiß
aber jetzt laßt mich bitte allein sein
auf der schiefen Linie
getrennt vom Kollektiv
Ich liege eben schief
Ich lieg bei meiner Frau
und die kennt mein Herz

Reiner Kunze
Von der Notwendigkeit der Zensur

> Retuschierbar ist
> alles
> Nur
> das negativ nicht
> in uns

Kurzer Lehrgang

Dialektik

Unwissende damit ihr
unwissend bleibt
werden wir euch
schulen

Aesthetik

Bis zur entmachtung des
imperialismus ist
als verbündet zu betrachten
Picasso

Ethik

Im mittelpunkt steht
der mensch
Nicht
der einzelne

Volker Braun
R.[2]

1

Er ist kein Krieger, kein Lohnsklave, kein Konzernschreiber
Und doch kennt er Kampf und Not und Qual
Er lebt unter uns. Sein Name ist bekannt
Es betrifft diesen Einzelnen. Einen Menschen mit einem Namen
Ist es erlaubt, von *einem* Menschen zu reden?
Er hat ein Herz, wie es die Liebenden malen
Zwei volle Bögen, die endlich einander begegnen:
Es pocht den vollen Bogen der Lust aus und den vollen Bogen
    der Ungeduld
Doch wir sagten ihm: dieser simple Hohlmuskel
Pocht bißchen viel Lärm aus sich!
Und wir wollten den Schlag der Hämmer nur hören und nicht
    den Herzschlag
Oder wir wollten, daß beides synchron erschalle
Den schnelleren Herzlärm wollten wir nicht begreifen

---

[2] Abkürzung für Reiner Kunze (siehe Hinweise zu VI, 3).

Und sein Herz litt Not, kämpfte, quälte sich
Mitten unter uns, sein Name war uns bekannt
Und als sein Lärm ausblieb, mußte sein Herz
In die Obhut der Ärzte, dieser
Simple Hohlmuskel

2

Darf auch nur *ein* Mensch
Allein treiben im Schiff seiner Lust?
Darf auch nur *ein* Mensch
Fliegen am Mast seiner Ungeduld?
Darf auch nur *ein* Mensch
Verlorengehn?

3

Hier?

Sarah Kirsch
Der Droste würde ich gern Wasser reichen

Der Droste würde ich gern Wasser reichen
in alte Spiegel mit ihr sehen, Vögel
nennen, wir richten unsre Brillen
auf Felder und Holunderbüsche, gehen
glucksend übers Moor, der Kiebitz balzt
Ach, würde ich sagen, Ihr Levin[3] —
schnaubt nicht schon ein Pferd?

Die Locke etwas leichter — und wir laufen
den Kiesweg, ich die Spätgeborne
hätte mit Skandalen aufgewartet — am Spinett
das kostbar in der Halle steht
spielen wir vierhändig Reiterlieder oder
das Verbotene von Villon[4]
Der Mond geht auf — wir sind allein

Der Gärtner zeigt uns Angelwerfen
bis Levin in seiner Kutsche ankommt
der schenkt uns Zeitungsfahnen, Schnäpse
gießen wir in unsre Kehlen, lesen
Beide lieben wir den Kühnen, seine Augen
sind wie grüne Schattenteiche, wir verstehen
uns jetzt gründlich auf das Handwerk FISCHEN

---

[3] Levin Schücking (1814—1883), Schriftsteller, Freund der Droste.
[4] Vgl. Anm. 7, S. 161.

Kleine Adresse

Aufstehn möcht ich, fortgehn und sehn,
ach, wär ich Vogel, Fluß oder Eisenbahn,
besichtigen möcht ich den Umbruch der Welt.
Wo ist die Praxis hinter der Grenze? Wo
Steppenkombinate? Slums? Streiks?
Weizen im Meer? Segen und Fluch der
Zivilisation? Warum nicht New York?
Durch alle Straßen muß ich in Stöckelschuhn,
dreieckige Birnen suchen im U-Bahn-Schacht,
gehn, alles sehn, was ich
früh aus spreutrockenen Zeitungen klaube.
Dann, wenn ich müde und traurig bin
— vielleicht stimmts, Aluminiumfassaden, am Cityrand Dreck —
fahr ich im Lift in die x-te Etage, rede
mit der Klimaanlage, nehm einen Drink, notiere
das klassenbewußte Broadway-Gedicht.
Pack meinen Koffer, werfe ein blutendes
Plasteherz ein, und weiter gehts, gradaus
nach Sibirien, wo Bäume geerntet werden.
Hah, wie schrein die elektrischen Sägen, wie steigt
Sägemehl pyramidenhoch, wie wuchert der Wald, wie
brechen die Städte herein! Und die Flüsse!
Im Boot will ich sein, über Fische treiben, die
werden gefangen wie immer, doch die ergrauten
Söhne der Fischer baun Wasserkanonen, zersägen
mittlere Berge damit, setzen Staudämme ein
und verteilen das Wasser gerecht. Mit ihnen
rede ich nächtelang, Gebratenes kauend und Wodka.
Ach, warum bin ich Dichter, ackre den Wagen
der Schreibmaschine übers kleine Papierfeld, fahr Taxi
und koche mit Wasser?
Wär ich Ardenne[5], Gewichtheber, Fluß oder Eisenbahn —
fortgehen möcht ich, sehn und
wiederkommen.

---

[5] Prof. Manfred v. Ardenne, Dresden, Naturwissenschaftler von Rang.

Christa Wolf
„Nichts weiter als ein Mensch sein"

Auch hier erinnert sich die Verfasserin an ihre Studienkameradin Christa T. (Krischan):

Mir fällt ein, daß wir sie nie fragen konnten: Was willst du werden? Wie man andere doch fragt, ohne fürchten zu müssen, an Unaussprechliches zu rühren. Man saß sich gegenüber, im Oberstock unseres Stammcafés (Christa T. hatte die Universität gewechselt, auch das Fach, sie studierte das dritte, vierte Jahr, als ich sie wiedertraf), sie blätterte in Aufzeichnungen. Man sieht sie oft an diesem runden Marmortisch in der Nische sitzen, mit verschiedenen Leuten, die nur mit ihr, nicht untereinander befreundet sind. Sie sitzt auch allein da, sie hat zu tun, scheint es. Sie bereitet sich vor — worauf? Mit den letzten Pfennigen Stipendium bezahlt sie den billigen dunklen Kuchen, sie tut, was alle tun, warum soll man sie nicht fragen dürfen, es wäre ja gelacht: Was willst du werden, Krischan? Da läßt sie die Kladde sinken, mit einer Bewegung, die man nicht gesehen haben will, da hat sie das Seminar vergessen, das ihr Sorge machte, kann lange hinaussehen, hinunter auf die Leute, die einzeln und in Gruppen aus der dunklen gegenüberliegenden Gasse treten, sich trennen, einander noch einmal zuwinken oder gemeinsam weitergehen: Alltäglicher konnte kein Schauspiel sein. Was sah sie denn?

Also? — Der bekannte Blick, dunkel, leicht spöttisch, ein wenig vorwurfsvoll. Ich? Lehrerin doch wohl? konnte sie fragen. Da gab man es auf, da schwieg man, ließ die Sache auf sich beruhen, bestand nicht darauf, sie festzulegen, da allzu deutlich war: Sie konnte es wirklich nicht wissen. Sie gab sich ja Mühe hineinzupassen, sie fiel nicht aus bloßem Übermut heraus. Sie hatte ja den guten Willen, sich einen Namen zuzulegen, die auf andere so vorzüglich zutrafen, sie hat es sich als Mangel angekreidet, daß sie nicht fröhlich wie aus der Pistole geschossen erwidern konnte: Lehrerin, Aspirantin, Dozentin, Lektorin ... Ach, sie traute ja diesen Namen nicht. Sie traute sich ja nicht. Sie zweifelte ja, inmitten unseres Rauschs der Neubenennungen, sie zweifelte ja an der Wirklichkeit von Namen, mit denen sie doch umging; sie ahnte ja, daß die Benennung kaum je gelingt und daß sie dann nur für kurze Zeit mit dem Ding zusammenfällt, auf das sie gelegt wurde. Sie zuckte davor zurück, sich selbst einen Namen aufzudrücken, das Brandmal, mit welcher Herde in welchen Stall man zu gehen hat. *Leben, erleben, freies großes Leben! O herrliches Lebensgefühl, daß du mich nie verläßt! Nichts weiter als ein Mensch sein* ...

Was willst du werden, Krischan? Ein Mensch? Nun weißt du ...

Sie ging ja schon. Sie gab ja zu, daß man an sich zu arbeiten hatte. Sie verschwand für Tage. Sie arbeite, hieß es, und wir taten, als glaubten wir daran; dann war sie wieder da, kurz vor den Prüfungen. Wir hatten den ganzen Stoff schon wiederholt, wir hatten schon unsere Kladden ausgetauscht, hatten schon Auszüge gemacht und Karteikarten angelegt, hatten Lernkollektive gebildet und waren Verpflichtungen eingegangen: Keine Durchschnittsnote unter „gut"! Da erschien sie wieder und konnte sich unschuldsvoll nach den Themen erkundigen. Wir verbargen unsere Verzweiflung. Anstatt sie in der nächsten Versammlung zu befragen, wo sie denn um Gottes willen gewesen sei, womit sie denn ihre Tage hingebracht habe, anstatt sie zur Verantwortung zu ziehen, steckte man ihr Hefte zu, bot ihr Hilfe an. Günter, unser sommersprossiger Sekretär, legte ihr seine Tabellen vor: wie sie durch schlechte Lernergebnisse die Durchschnittsnoten ihrer Seminargruppe drücken werde. Ob sie das wirklich wolle? — Um keinen Preis! sagte Christa T., ihr seid ja alle so tüchtig! Sie ging zu einer Freundin, Gertrud Born, und ließ sich das Versschema der Merseburger Zaubersprüche abfragen, gehorsam deklamierte sie: Ik gihôrta dat seggen, es wurde spät, sie mußte nach Hause gebracht werden. Es stellte sich heraus, daß sie Dostojewski gelesen hatte und nun nachdenken mußte über die Behauptung, das Allerweichste könne das Allerhärteste besiegen. Ob dieser Satz immer gelte, mußte man sich doch fragen.

Johannes Bobrowski
Das Wort Mensch

Das Wort Mensch, als Vokabel
eingeordnet, wohin sie gehört,
im Duden:
zwischen Mensa und Menschengedenken.

Die Stadt
alt und neu,
schön belebt, mit Bäumen
auch
und Fahrzeugen, hier

hör ich das Wort, die Vokabel
hör ich häufig, ich kann
aufzählen von wem, ich kann
anfangen damit.

Wo Liebe nicht ist,
sprich das Wort nicht aus.

Abgrenzung zur Bundesrepublik

Der Vogel Schmerz

Nun bin ich dreißig jahre alt
und kenne Deutschland nicht:
die grenzaxt fällt in Deutschlands wald.
O land, das auseinanderbricht
im menschen . . .

Und alle brücken treiben pfeilerlos.
Gedicht, steig auf, flieg himmelwärts!
Steig auf, gedicht, und sei
der vogel Schmerz.[1]   *Reiner Kunze*

Aussagen zur „Abgrenzung" bzw. zur „nationalen Frage"
Walter Ulbricht: Zur nationalen Frage

Die Integration der BRD in die NATO und die imperialistische Global-
strategie der USA einerseits und die Entwicklung der souveränen sozialistischen Deutschen Demokratischen Republik andererseits hat eine
immer schärfere staatliche Abgrenzung zwischen den beiden Staaten
und Gesellschaftssystemen bewirkt. Im Prozeß der Entwicklung der
Arbeiter-und-Bauern-Macht und des sozialistischen Aufbaus hat sich
die DDR als sozialistischer deutscher Nationalstaat herausgebildet.
Die *bürgerliche deutsche Nation*, die sich im Prozeß des Übergangs vom
Feudalismus zum Kapitalismus entwickelt und die im Rahmen eines
einheitlichen Staates von 1871 bis 1945 bestanden hatte, *existiert nicht
mehr*. Die DDR ist der sozialistische deutsche Nationalstaat, in ihr vollzieht sich der Prozeß der Herausbildung einer sozialistischen Nation.
Dafür sind bereits unwiderrufliche Tatsachen entstanden. Die BRD
ist ein imperialistischer Staat der NATO und verkörpert den verblie-
benen Teil der alten bürgerlichen deutschen Nation unter den Bedingungen des staatsmonopolistischen Herrschaftssystems.

. . . . . .

Während der Gegner Beziehungen zur DDR nutzen will, um im Zeichen
einer fiktiven „nationalen Gemeinsamkeit" die DDR der BRD anzu-

---

[1] Aus: Deutsche Teilung. Ein Lyrik-Lesebuch, hrsg. von Kurt Morawietz. Nachwort
von Reimar Lenz. Wiesbaden 1966. S. 239.

nähern und mit der sozialdemokratischen Gesellschaftstheorie in der DDR Fuß zu fassen, ist unsere Politik darauf gerichtet, solche Beziehungen zur BRD herzustellen, die uneingeschränkt dem Völkerrecht entsprechen, der objektiven und unvermeidlichen weiteren Abgrenzung zwischen den Systemen Rechnung tragen und damit alle Pläne für irgendwie geartete „innerdeutsche Beziehungen" durchkreuzen.

Wenn die Politik des Gegners auf Verklammerung mit der DDR hinausläuft, kann es nur um entschiedene Abgrenzung gehen. Das ist die Voraussetzung für eine offensive Politik der friedlichen Koexistenz gegenüber der BRD.

Erich Honecker
Normalisierung — ein nicht mehr zu umgehendes Gebot

Schließlich wird es nur die Ratifizierung der zur Erörterung stehenden Verträge ermöglichen, die Abkommen zwischen der DDR und der BRD sowie zwischen der DDR und Westberlin in Kraft zu setzen und eine Entwicklung einzuleiten, die zu einem friedlichen Nebeneinander zwischen der DDR und der BRD führt, also letzten Endes zu gutnachbarlichen Beziehungen im Interesse des Friedens . . .

Diese Politik der friedlichen Koexistenz entspricht so umfassend den Interessen der Völker, ist so fest fundiert in unserer sozialistischen Gemeinschaft, daß es geradezu lächerlich wirkt, wenn einige Leute in der BRD den untauglichen Versuch unternehmen, ihre Ernsthaftigkeit mit dem Gerede in Frage zu stellen, sie stände im Widerspruch zu dem objektiven Prozeß der Abgrenzung, der sich bereits über zwei Jahrzehnte hinweg zwischen der BRD und der DDR vollzieht. Von einem solchen Widerspruch kann selbstverständlich keine Rede sein. Eine aktive Politik der friedlichen Koexistenz setzt gerade die Respektierung der Tatsache voraus, daß die Deutsche Demokratische Republik ein souveräner sozialistischer Staat und ein festes Glied der Gemeinschaft sozialistischer Staaten ist. Gerade weil zwischen den Gesellschaftssystemen des Sozialismus in der Deutschen Demokratischen Republik und des Kapitalismus in der BRD eine unüberbrückbare Kluft besteht, weil es zwischen ihnen nichts Gemeinsames geben kann, sind Beziehungen der friedlichen Koexistenz der einzig mögliche Weg, um normale Beziehungen unter Ausschaltung von Gewaltanwendung und kriegerischer Konflikte zu unterhalten. Das ändert nichts am objektiven Prozeß der geschichtlichen Auseinandersetzung zwischen Sozialismus und Kapitalismus. Das ist vielmehr der Beitrag der sozialistischen Staatengesellschaft für die Sicherung des Friedens im Interesse der Völker. Sozialismus und Friedenspolitik bedingen einander.

Auch künftig werden wir gegenüber der BRD eine prinzipielle Politik betreiben, denn nur von einem prinzipiellen Standpunkt aus kann man, wie Lenin lehrte, die richtige Taktik bestimmen. Wir verankern unsere Republik noch fester in der sozialistischen Staatengemeinschaft und vertiefen den Bruderbund mit der Sowjetunion. So werden wir auch künftig gemeinsam mit den anderen sozialistischen Ländern erfolgreich sein . . .

Jens Gerlach

ich weiß nicht was soll es bedeuten
die welt schaut sehr merkwürdig aus
die eben das Taglicht noch scheuten
die kamen schon längst wieder raus.

da flattert so manches gelichter
und schnuppert vergnügt in den wind
es gibt kaum noch höhere richter
die nicht nazis waren und sind.

die würdigen Bundesminister
verehren den herrn jesse christ
und sind dabei reisige rüster
und keiner ist noch pazifist.

auch schreiten die herrn generale
wie ehedem silbern besternt
nicht einer hat aus dem finale
des letzten versuchs was gelernt.

der antifaschist hockt im kittchen
der wehrwirtschaftsführer regiert
und beichtet einschlägigen flittchen
wie hoch er und wen er geschmiert.

der prediger predigt von babel
und tanzt selbst ums güldene kalb
der dichter beschaut seinen nabel
und fragt nicht wofür und weshalb.

die menge starrt blind in die röhre
und siehet dort alles und nichts
und hört nicht die schnatternden chöre
des bundesverfassungsgerichts.

und wissend und unwissend spalten
sie frieden und welt und atom
und graben die gruft sich und falten
die Händchen vorm kriegsgott aus chrom.

sie lassen sich jegliches bieten
und falln wieder alle in schuld
und steigen auch preise und mieten
sie üben sich dumpf in geduld.

da scheinen in brüdern und schwestern
die hirne und herzen versteint
und wer sie erinnert an gestern
der gilt als ein lügner und feind.

so sieht es heut aus in den leuten
sie werden, so scheint's nie gescheit
ich weiß nicht was soll es bedeuten —
DU WEISST NICHT? DANN WIRD'S ABER ZEIT!

Max Oswin Schubert
Mauer im August

Sommer lag mitten im Lande.
Oben in ihrer Feuerschmiede
ließ die Sonne die fauchenden Räder kreisen
und spie den dampfenden Atem hinunter
in brodelnden Stößen
Leer waren die Straßenschächte.
Der Asphalt schwitzte,
und seine Haut glänzte im Schweiß.

Aber schon schlugen die ewigen Brandstifter
die Rammböcke der Wut
gegen die Tore der Freiheit,
gegen die Festung des Friedens,
gegen die Hallen der Versöhnung
in Aufbau.
Und gegen die Symbole
großer Veränderungen.
Giftpfeile schwirrten bereits
und sollten treffen in die aufgetanen Lichtblicke
der geborenen Menschen.

Während die Herrschaften der Spaltung
letzte Exerzitien ihrer befohlenen Helme und Stiefel
ins Marschbereite befahlen
und mit unverkennbar alter Geste
durch die Fernrohre
das Terrain ihres Krieges kontrollierten.

Die ganze Demagogie, die Pestilenz,
die Fäulnis der apokalyptischen Reitergerippe
in Verwesung stank schon herüber.

Da fielen der Kraft ihrer Klasse
die Arbeiter rauschend zu.
Und der Mondglanz der Nacht
lag auf den schwitzenden Muskeln
wie sonst auf Gewässern.
Und durch den überhöhten Nachtraum
klang aus dem Lager der Friedfertigen
ihr herrliches Veto.
Und war zu hören
der Kraftstrom der Solidarität
von Wladiwostok her.

Trennung macht Tränen, gewiß.
Aber Blut trennt für immer,
wenn der Kontinent brennt.

Wir haben den Totengräbern der Jugend
aus den Händen geschlagen
die Schaufeln.
Ihr müßt, wenn ihr nachdenkt,
dies bedenken:

Ich habe meine Hand
auf die Mauer gelegt:
Sie war sommerlich warm.

Ihr müßt, wenn ihr nachdenkt,
dieses bedenken:
Um des Friedens willen.
Um der Freundlichkeit zu gefallen.
Im Namen des Menschen.

Karl Mickel
Der Sohn der Scheuerfrau

Die folgende Geschichte, die in mehreren Staaten spielt, ist mir vor einigen Jahren auf der Baustelle H . . . erzählt worden, und zwar von einem der beiden Betroffenen. Ich saß in der Kneipe und trank mein Bier; draußen wütete der Schneesturm (35 m/s); ein Mann trat rücklings ein, indem er seinen Mantel, außerhalb der Tür, schüttelte; er stellte die Stiefel vor den Ofen, hängte den Mantel auf, grüßte freundlich in den Raum, ließ sich neben mich auf die Holzbank fallen und lobte die Wärme. Sodann bestellte er einen Strammen Max und einen Grog; er drückte seine Freude über die gute Qualität und den billigen Preis der Speisen aus: alles in bedeutendem sächsischen Tonfall. Seine Geselligkeit hätte mich gewundert, wenn nicht seine dunkle Hautfarbe gewesen wäre; die meisten Tische waren frei. Wo er die deutsche Sprache gelernt habe? fragte ich; „das mußch immer gleich erglärn", sagte er, „von gleen uff in Leibzsch, zähn Jahre habch da gäwohnd." Dies löste das Rätsel keinesfalls; gut, ein Besatzungskind, das Alter könnte stimmen, die Amerikaner waren gewesen, wo geboren zu sein er vorgab: woher aber die merkwürdige Begeisterungsfähigkeit? und wo hatte der Mann sich in den zehn Jahren zwischen dem Ende der Leipziger Periode und der Jetztzeit aufgehalten? Ich fragte und erhielt die Antwort, welche ich hier wiedergebe. Der Bericht ist unwahrscheinlich: aber er ist wahr; ich lernte meinen Gewährsmann als vertrauenswürdigen Arbeiter kennen, und der Parteisekretär bestätigte alle Einzelheiten seiner Biografie.

Mein Freund heißt Raoul Tierlich, seine Mutter hatte ihn in den Frühjahrstagen des Jahres 1945 von einem Sergeanten aus Minnesota, der, als das Kind das Licht der neuen Welt erblickte, bereits lange über die Demarkationslinie, jetzt Staatsgrenze, zurückgezogen worden war, zugleich mit zwei Büchsen Corned beef empfangen. Elfriede Tierlich, die Mutter, brachte das Kind gut über die ersten Nachkriegsjahre; sie war, infolge der Geburt, trotz anfänglich schlechter Ernährung, zu einer schönen drallen Person geworden, die einen gutgewachsenen adretten Eindruck machte. Trotzdem wollten die Männer wenig, nämlich nichts als flüchtige sinnliche Befriedigung, von ihr; die Tochter des Bankbeamten blieb vorerst in kleinbürgerliche Kreise gebannt. Hingegen nahmen gesellschaftliche Organisationen an ihrem Schicksal Anteil; die Zurücksetzung, die ihr, rassistischer Bewußtseinsreste halber, im Familien- und Bekanntenkreise widerfuhr, erzeugte förderndes Wohlwollen von seiten der fortschrittlichen Kräfte. Der Demokratische Frauenbund gewann sie für ein Studium der Volks- und Betriebswirtschaftslehre: nun stellten sich, an der Universität, ernsthafte Bewerber um eheliche Bindung, drei Studenten und ein Oberassistent, ein: jedoch Elfriede Tierlich, ihrer bösen Erfahrungen wegen, vermochte den Glaubwürdigen nicht zu glauben. Endlich, in ihrem 28. Lebensjahr, trat ein Bewerber auf, der dem nun zehnjährigen Raoul so zusagte, wie die Mutter es immer gewünscht hatte; sein Verhalten ihr gegenüber war eher schüchtern, so daß sie in die Heirat einwilligte. Der Termin war anberaumt, das Brautkleid genäht: da schrieb der Mann, ein Kellner, der hin und wieder mit Vertretungen Geld verdiente, sein Wohnsitz sei jetzt Ludwigshafen/Rh., und sie werde erwartet. Frau Tierlich schwankte lange, ob sie ihren Beruf dem Familienglück opfern solle, die Überlegungen zehrten ihre Nerven auf; sie fiel durch zwei Prüfungen und reiste westwärts ab. Der Mann empfing sie verlegen, von Heirat war nicht die Rede, obwohl sie sogleich, am Bahnhof, ihr Hauptanliegen zur Sprache zu bringen suchte. Der Junge machte ein trauriges Gesicht, als der Mann Frau und Kind in ein mittelmäßig möbliertes Zimmer begleitet hatte und, ohne Angabe der eignen Adresse, verschwunden war. Frau Tierlich fand schnell aus, daß er in der Gaststätte Schiffers Ruh kellnerte und die verwitwete fünfundvierzigjährige Inhaberin zu heiraten hoffte. Elfriede wagte die Rückkehr nicht; sie fürchtete, diejenigen, die sie gefördert und auf dem rechten Weg gehalten hatten, würden ihr die Enttäuschung über den Verrat nicht verhehlen; sie schämte sich.

Nachdem sie sich mehrere Monate mit Aushilfsarbeiten beholfen hatte, entdeckte sie, zu ihrem Glück, wie sie vermeinte, in einer der großen Zeitungen, die sie, der Wirtschaftsteile wegen, regelmäßig las, eine Annonce und bewarb sich. Gesucht wurde „Eine Raumpflegerin mit volkswirtschaftlicher Bildung für Vertrauensstellung. Gehalt nach Vereinbarung". Mit der Stelle hatte es folgende Bewandtnis:

Der Geschäftsinhaber eines bedeutenden Bankhauses, der alte Herr Schneeweiß, wünschte, daß der Schreibtisch in seinem offiziellen Arbeitszimmer regelmäßig, jeden Morgen, gereinigt würde; auf dem Tisch lägen, sagte er, Geschäftsvorgänge in bestimmter Ordnung; die Hauptaufgabe der Raumpflegerin sei es, den Tisch zu reinigen, und die geistige Ordnung nicht nur mechanisch nicht, sondern aus Einsicht in ihr geistiges Wesen nicht zu zerstören. Sie werde natürlich das Gehalt einer Wissenschaftlerin, „sagen wir für den Anfang 1200—", erhalten. — Hier müssen wir einiges über Marotten von Monopolisten einschalten. Marotten sind in diesen Kreisen üblich; ich weiß aus sicherer Quelle, daß die Abteilung NW 7 der I. G. Farben, die selbst von hohen Direktoren geleitet wurde, in der Zentrale anfragte, ob ein japanischer Prinz, Gast der I.G., Wein zu 7,— RM oder zu 5,— RM trinken solle, die Zentrale entschied: den zu 5,— RM; der Telegrammwechsel kostete

mehr als die Preisdifferenz der Weine. Dies zum Kapitel Profitopti-
mierung. Nicht anders in der persönlichen Sphäre: ein rheinischer
Großindustrieller fliegt regelmäßig Sonnabendfrüh mit seinem Privat-
hubschrauber zum nahegelegenen öffentlichen Bade, weil er einen
eignen Swimming pool für neureich hält. — Elfriede Tierlich ging
fortan jeden Morgen 5.30 in die Bank; sie wirtschaftete mit Staubsauger
und Bohnermaschine, dann wischte sie den Schreibtisch und stellte die
alte Ordnung wieder her. Flüchtige Blicke belehrten sie hinreichend
über das Prinzip der Aktenverteilung; rechts lagen Vorgänge, Firmen
betreffend, zu denen Herr Schneeweiß die Beziehungen abzubrechen
wünschte, weil die Aussichten der Zusammenarbeit mäßig oder gar
verderblich waren, links Vorgänge, Firmen betreffend, die optimalen
Profit verhießen, so daß die Aufnahme oder Verstärkung von Ge-
schäftsbeziehungen angestrebt werden sollte; noch zu entscheidende
Fälle in der Mitte. — Wenn der alte Dr. Schneeweiß, 7.00, kam, verließ
die Raumpflegerin das Zimmer; beide nickten einander an und sprachen
über das Wetter.

Mutter und Sohn bewohnten ein hübsches Zweiraum-Appartement;
Elfriede kümmerte sich sehr um ihren Jungen und sorgte, daß seine
schulischen Leistungen auf der Höhe blieben: Lehrer und Schüler
kränkten den Dunkelhäutigen fast täglich. Die Mutter, nur zweieinhalb
Stunden außer Haus, machte es ihm schön, und an Festtagen oder wenn
sonst ein Anlaß sich ergab, saßen die beiden bei Kerzenlicht; die ohnehin von Krimskrams überschwemmte Wohnung hatte dann keinen
Fleck, welchen nicht irgendein Aufstellsel eingenommen hätte. Sonst
besaß Elfriede Großzügigkeit; ein kleiner Wagen war bald angeschafft
und Ausflüge in die nähere und fernere Umgebung weiteten den Blick;
auch lagen in dem Zimmer, zwischen Plüschtieren, leeren Parfüm-
flaschen und aus der Mode gekommenen Schuhen, die Elfriede wohl
wegen der Erinnerung an die schlechten Zeiten, nicht wegwarf, Bücher
und Fachzeitschriften, welche mehr Zahlen als Worte enthielten.

Eines Morgens nun, es war im Mai, nahm Fräulein Tierlichs Leben die
zweite entscheidende Wende. Die Raumpflegerin entdeckte nämlich
sämtliche Unterlagen der Fa. Zerimpex Ltd. auf der rechten Seite des
schneeweißischen Schreibtischs. Der Bruch mit Zerimpex wäre hirn-
rissig gewesen; Zerimpex stand im Begriffe, mehreren südamerika-
nischen Staaten Flußschiffe zu liefern; die Flußschiffe, 300 tdw, waren
als Raketenträger ausgelegt, die Raketen lieferte eine Tochtergesellschaft
der Zerimpex, und die Diktatoren zweier an den Fluß grenzenden
Staaten hatten sich Summen zustecken lassen. Frau Tierlich, die den
Sachverhalt, während sie Staub wischte, eher beiläufig ins Gedächtnis
gerufen hatte, überlegte: daß Dr. Schneeweiß, sicher sachverständiger

noch als sie den Vorgang, vermutlich einer augenblicklichen Zerstreutheit folgend, falsch abgelegt haben müsse, daß er, sobald er käme, den Irrtum durchschauen werde, daß er nicht würde denken können, er sei der Schuldige, daß er sie für schuldig halten, ihren Beteuerungen keinen Glauben schenken und sie hinauswerfen werde. Sie dachte an ihren Sohn, dessen Zukunft in ihren Händen lag, und legte den Vorgang auf die linke, zukunftträchtige Seite. Ihre Handbewegung war eher locker, dennoch vermeinte sie, als sie das Faszikel anhob, sie trüge ihren nunmehr bereits zwölfjährigen Sohn, wie ehedem das Baby, in der Armbeuge über die Tischplatte. — Sie wünschte an diesem Tage ihrem Chef nicht zu begegnen; leider hatte die Transaktion den Zeitablauf verzögert oder Schneeweiß kam früher; sie trafen einander zwischen Tür und Angel. „Man lebt richtig auf", sagte er, „die schöne Sonne"; „man sieht den Staub besser", sagte sie. — Schneeweiß merkte die Umgruppierung nicht, er nahm die dislocierten Akten an sich, und am übernächsten Morgen sah die helläugig gewordene Elfriede Tierlich diverse Unterlagen über Tochtergesellschaften der Zerimpex auf der linken Seite. Sie atmete auf, beschloß aber, künftig wachsam zu bleiben Bisher war sie über das Verderben hingeritten wie der Reiter über den Bodensee; das muß ein Ende haben. Sie sah nun die Akten sorgfältig durch; bald gruppierte sie ein Drittel aller Vorgänge um. Ein Jahr, nachdem ihre Tätigkeit dergestalt ernsthaft geworden war, war der Reingewinn des Bankhauses um zwei Drittel gestiegen. Dankbar erinnerte sie sich an Prof. Dr. Armenthal, der in Leipzig ihr Lehrer gewesen war und dessen Unterricht sie ihre Erfolge, rechtens, zuschrieb. Was sie tat, war nicht unbemerkt geblieben. Dr. Schneeweiß hatte beobachtet, daß sie länger und länger putzte, und er war ihr, durch den Türspalt spähend, auf die Sprünge gekommen. Sicherheitshalber hatte er dann absichtlich unsinnig geordnet; die Überprüfung besänftigte seinen anfänglichen, jedoch nicht unbeherrschten, Zorn derart, daß er ihr seine Entscheidungen schließlich ganz überließ, also: nur noch die Mitte des Tischs war, bevor die Scheuerfrau ihre Arbeit begann, mit Zweifelhaftem, bedeckt; sie gruppierte. Dies erhöhte das Reineinkommen um weitere zwei Fünftel, Schneeweiß verschleierte drei Viertel davon und zahlte Gratifikationen an die Gesellschafter; er erhöhte Frau Tierlichs Gehalt, zunächst auf 80000,—, dann auf 150000,— jährlich. So erfuhr sie, daß er wußte; beide sprachen kein Wort, weder zueinander noch zu Dritten, über das neue Verhältnis. Jedoch es kam ans Sterben. Vierzehn Tage nach des Chefs Begängnis — sie hatte, zwischen anderen niederen Angestellten, am Ende des Trauerzugs, kein gehöhltes Grab für ihre drei Hände Erde mehr vorgefunden — wurde Elfriede zum Nachfolger bestellt: einem Enddreißiger, der allzu lange auf die

Spitzenposition gewartet und darum ein unwirsches kleinliches Wesen angenommen hatte. Der sagte ihr: „Wir können uns keine Scheuerfrau für 150000,— leisten, wollen Sie für 6,— die Stunde arbeiten oder wollen Sie gehen?" — Elfriede erklärte, was sie gemacht hatte: das verschlimmerte alles. Der Neue war nicht nur entscheidungsfreudig, sondern entscheidungsgierig; sollte er seine Geschäfte von der Scheuerfrau besorgen lassen? Er lief rot, dann violett an, erbleichte und öffnete kollernd die Lippen. Sie drehte sich auf dem Absatz um, ein Loch im Teppich: das blieb.

Sie veräußerte alle Aktien der vormals schneeweißischen Bank, die sie von ihrem Gehalt gekauft hatte; rasch zeigte sich, das war klug gehandelt. Die Geschäfte der Firma wurden rückläufig; niemand außer ihr wußte, warum. Sie zog sich nach Oberitalien zurück, sie entdeckte, ihr Leben sei entbehrungsreich und dachte an sich selber. Die Männer wechselten; der Junge, nun 19 Jahre alt, schwamm in Geld: nur die Dämmerstunden bei Kerzenlicht fehlten. Playboy, das lag ihm nicht; weil die Häuslichkeit weg war, schaffte Raoul das Haus ab: als Gammler bereiste er Westeuropa und erregte überall Aufsehen und Zuspruch; er lernte die Gesellschaft von unten kennen. Die Mutter hatte, wenn sie früh verkatert aufstand, gelegentlich, heulend und zähneklappernd, ihrer Leipziger Zeit sich erinnert; einmal war der Sohn Zeuge gewesen, wie sie, im Marihuanarausch, die Frauen zu sehen glaubte, die ihr nach 1945 geholfen hatten, sie wollte ihnen folgen, aber die Frauen entflogen. — Daran dachte Raoul, als er, völlig entkräftet, in ein holländisches katholisches Krankenhaus eingeliefert wurde; sein Entschluß stand fest. Mit den Worten: „Ich habs ni bereud, gannsde mer gloom", schloß er seinen Bericht. Dann kam das Essen.

„Ja", sagte der Parteisekretär am anderen Vormittag, „er hat wirklich Fuß gefaßt. Er besucht die Abendoberschule, und wir werden ihn zum Studium delegieren. Einmal konnten wir ihn bereits mit dem Titel Aktivist[2] ehren, auch sonst ist er in ordentlichen Verhältnissen. In W . . . wartet ein ruhiges, sauberes Erzgebirgsmädel auf ihn und wenn er übers Wochenende hinkommt, zünden sie die Lichter an. Und außerdem hat er für die Rentnerweihnachtsfeier, die der Frauenbund durchführt, eine neue Pyramide geschnitzt, Jungejunge, eine Wucht ist die, die mußt du dir ansehn."

---

[2] Arbeiter, dessen Leistungen vorbildlich für andere sind.

Claus Hammel
Sabines Entscheidung zwischen Michael (BRD) und Moritz (DDR)

In dem Stück „Um neun an der Achterbahn" steht das Mädchen Sabine zwischen zwei Männern, dem SED-Parteisekretär Moritz in Ostberlin und dem westdeutschen Medizinstudenten Michael, von dem sie ein Kind erwartet. Als Michael Sabine rät, sich das Kind wegnehmen zu lassen, fährt sie von Hannover nach Ostberlin zu ihren Pflegeeltern und trifft mit Moritz zusammen, mit dem sie früher befreundet war.

MORITZ: Bleib hier. Oder ist es etwas anderes, warum du zurück willst?

SABINE: Nein.

MORITZ: Na, also.

SABINE: Aber ich muß trotzdem zurück. Einmal muß ich doch zeigen, daß ich einen Willen hab und leben kann, wie's mir paßt — auch dort. Ich könnt ja nicht mehr in den Spiegel sehn. Abhauen, wenn was schiefgeht: von hier nach dort, von dort nach hier. Nun gerade nicht. Glaub auch ja nicht, daß ich für irgend etwas büßen will. So gut solltest du mich wohl kennen, daß ich nicht Opfer bringe, die nicht nötig sind. Ich will wirklich bloß einen Punkt finden, wo ich anfange.

MORITZ: Fang hier an. Zu Hause. Es ist nicht wursch, wo einer anfängt.

SABINE: Agitierst du mich jetzt, Sekretär?

MORITZ: Es wäre schade, wenn du es so empfändest. Dann hätte es mir nichts bedeutet, daß wir uns damals getroffen haben. Ich hab seitdem immer versucht, wie ein Mensch zu reden, wenn es um Menschen gegangen ist. Das ist etwas, das hab ich mit dir gelernt. Und ich bin verdammt froh darüber. Ich hab mir immer vorgestellt, du bist es, dem ich was erklär, und's hat gleich geklappt. Oder doch meistens.

SABINE: Ist das wahr? Du hättest mit mir was gelernt? Du? Mit mir?

MORITZ: Daß wir uns gern gehabt haben — davon haben viele was gehabt.

SABINE: Auch, als ich nicht da war?

MORITZ: Auch. Das ist so.

SABINE: Komisch.

MORITZ: Ich weiß ja nicht —

SABINE: Doch — das ist komisch, Sekretär. Ob du's glaubst oder nicht: Mir ist es eben richtig den Rücken runtergelaufen. Das ist komisch, daß ich was kann, was du gebrauchen kannst. Ich hör so was zum erstenmal. Du hast mit mir was gelernt! Aber — vielleicht, daß das deine Masche ist, mit der du mich einwickeln willst?

MORITZ: Wenn man will, ist alles Masche. Wenn einer nicht hören will, ist er taub, für alles. Wie muß ich zu dir sprechen, daß du mich hörst? Sabine —

SABINE: Nichts, Mensch! Nichts sollst du zu mir sprechen! Ich werd besoffen, wenn ich dir zuhör! Ich will nicht besoffen werden! Nie! Nie! Nie! Ich will weg, weil du der liebe Onkel bist! Ich will nicht, daß du recht behältst gegen mich! Du dankst mir, aber ich will nicht, daß du mir dankbar bist! Ich will auch nicht dankbar sein müssen! Ich will nicht, daß du mir was schenkst! Ich will mir nehmen, was ich brauch! Oder kaufen!

MORITZ: Jetzt lügst du! Zum erstenmal lügst du.

SABINE: Und was ist wahr?

MORITZ: Ich hab es dir gesagt!

SABINE: Es hat auch geklappt, als ich nicht da war!

MORITZ: Es würde nicht mehr klappen, wenn du jetzt hier gewesen bist und dann wieder verschwindest. Ich könnte dann nicht mehr auf dich warten.

SABINE: Nein — Moritz?

MORITZ: Nein, Sabine. Wein nicht. Es ist eine verfluchte Kiste, aber wein nicht. Nun wein doch nicht mehr — bitte. Freilich — ich werde spät nach Hause kommen, und ich werde müde sein. Es wird keine Sonntage geben mit länger schlafen — oder doch nur wenige. Denn es gibt nicht nur uns. Und wir sind Verrückte, die sich in den Kopf gesetzt haben, daß noch etwas anderes möglich sein muß in der Welt als nur die verfluchte Gleichgültigkeit, die nichts weiß. Unsere Ferien werden nicht groß sein, und ich werde dir die Welt nicht zeigen können. Vielleicht aber werde ich sie dir erklären können. Wir werden viel lernen müssen miteinander, damit wir weniger Fehler machen und nicht ungerecht sind. Aber du wirst nicht vergessen müssen, daß du eine Frau bist und einen Anspruch hast, glücklich zu sein. Ich verspreche dir, daß wir nicht nur dafür arbeiten werden, daß irgend-welche Enkel es besser haben sollen als wir — sie werden es besser haben —, aber wir sind auch schon die Enkel von welchen, die dafür gearbeitet haben, daß wir es besser haben, und die wollen wir nicht enttäuschen. Ich biete dir Entbehrung, viel Arbeit, viel Verzicht und ein paar glückliche Stunden, für die wir uns nicht schämen müssen.

SABINE: Es ist so Moritz, daß ich ein Kind erwarte. Siehst du, jetzt bist du still geworden. Der Vater hat mich im Stich gelassen. Er wollte mir's wegnehmen. Erst er, dann meine Mutter[3]. Das war ein bißchen viel. Ich bin kopfscheu geworden. Langsam komm ich wieder zu mir. Die Welt geht ja darüber nicht unter. Das passiert seit tausend Jahren und hätte mir auch hier passieren können. Vielleicht nicht von dir, aber sonst. Mach mir also keine Rechnung daraus, daß mir das

---

[3] Sabines Mutter lebt wie der Vater ihres Kindes in Hannover.

nur dort passieren konnte; denn es stimmt nicht. Schlechte Menschen gibt es überall. Gute auch. Und sag mir jetzt um des Himmels willen nicht, daß dich das nicht stört mit dem Kind. Es wäre falscher Zauber. Ich merk dir schon an, du suchst nach Argumenten, deinen Staat herauszuputzen und dich vielleicht auch. Tu's nicht.

MORITZ: Ich such nicht. Ich seh nur, daß du dir ein Kind hast andrehn lassen und daß dir auf einmal die Luft weggeblieben ist. Ich seh nur, daß du dabei bist, wieder Land zu gewinnen. Und du hast recht: Das hätte dir auch hier passieren können. Was guckst du? Paßt es dir nicht, daß ich das sag? Du bist so klein geblieben, wie du warst, als du nach Hannover gegangen bist. Du wirst das Kind behalten oder dir wegnehmen lassen —

SABINE: Nein!

MORITZ: Was — nein?

SABINE: Warum sagst du nicht, ich soll hierbleiben?

MORITZ: Ich hab's gesagt.

SABINE: Warum sagst du's jetzt nicht?

MORITZ: Du wolltest es nicht.

SABINE: TU DOCH NICHT, WAS ICH WILL!

MORITZ: Armes Holzpferdchen. Das ist jetzt so ein Augenblick, da bist du ganz allein. Ich kann dich bei den Händen fassen, dich in den Arm nehmen wie vorhin, und du bist doch ganz allein. Für die Welt bedeutet es gar nichts, wenn dieser Augenblick für dich wichtig ist, und später, in vielen Jahren wirst du lachen, wenn du an ihn zurückdenkst. Gib jetzt acht, daß es dann ein gutes Lachen ist. Was du hast, das hast du jetzt nur für dich. Keiner außer dir hat was davon — keiner außer dir und deinem Kind. Gute Nacht, Holzpferdchen.

SABINE: Gute Nacht, Moritz.

Inzwischen ist Michael Sabine nach Ostberlin nachgefahren, um sie als seine zukünftige Frau in die Bundesrepublik zu holen.

7. Szene

Sabine — Michael

MICHAEL: Was ist also? Du kannst nicht allein bleiben.

SABINE: Mal muß Schluß sein.

MICHAEL: Ich hol dich morgen hier ab. Oder übermorgen.

SABINE: Ja.

MICHAEL: Das hier ist auch nichts für dich.

SABINE: Ja.

MICHAEL: Krieg ich wenigstens einen Kuß, bevor ich geh?

SABINE: Ja.

MICHAEL: Der war aber reichlich kühl, junge Braut.

SABINE: Kannst du mir sagen, worüber wir uns unterhalten werden, wenn wir zusammen leben?

MICHAEL: Das müssen wir dem Tag überlassen. Das interessiert mich jetzt auch gar nicht. Das wird sich ergeben.

SABINE: Dann sag mir, worüber wir uns morgen unterhalten.

MICHAEL: Morgen kaufen wir deinen Eltern was Hübsches, daß ihnen der Abschied nicht so schwer fällt, und dann bleiben wir noch ein paar Tage in Berlin, gehen ins Theater, oder wohin du willst. Irgendwas wird uns schon einfallen.

SABINE: Und dann?

MICHAEL: Dann heiraten wir erst mal. Und dann studier ich wieder 'ne Handvoll. Ich muß doch meine Frau ernähren können.

SABINE: Und dann?

MICHAEL: Dann kriegst du bald unser Baby, und wir müssen einen Namen aussuchen. Dann ist Taufe.

SABINE: Und dann?

MICHAEL: Soll ich dir jetzt wirklich alles herbeten, was so eine Ehe mit sich bringt? Da gibt's immer Überraschungen. Ich war ja auch noch nicht verheiratet. Morgens geht die Sonne auf, und abends geht sie unter. Und ich muß jetzt zusehn, daß ich den letzten Zug noch erwisch. Tschüs, Mimose.

SABINE: Tschüs, Michael.

MICHAEL: Und grüble nicht soviel über das nach, was sein wird. Freu dich über das, was ist. Es hätte ja auch sein können, ich wäre nicht gekommen.

SABINE: Aber du hast mich ja lieb.

MICHAEL: Mächtig. Sicher trink ich noch einen, wenn ich drüben bin.

SABINE: Daß du ein Kerl bist.

MICHAEL: Daß du vernünftig bist. Und auf unser Baby. Bis morgen.

SABINE: Ich bring dich noch.

MICHAEL: Laß nur. Ich find den Weg allein.

8. Szene

Sabine, dann Clara (Pflegemutter Sabines in Ostberlin)

SABINE: Hab ich das richtig verstanden, heute morgen: Ihr wollt mein Zimmer vermieten?

CLARA: Ja.

SABINE: Und wenn ich's nun aber behalten möcht —?

Reiner Kunze
Weckruf
(für einen jungen dichter im geteilten Deutschland)

Untersagt worden sei dir
eine reise nach W.
Unklarheit herrsche über
deine Person
Plötzlich

Verkennung, schreibst du
Unterstellung, schreibst du
Diffamierung, schreibst du, was

hättest du geschrieben wäre dir
gestattet worden
auch diese reise

Düsseldorfer Impromptu

Der himmel zieht die erde an
wie geld geld

Bäume aus
glas und stahl, morgens
voll glühender früchte

Der mensch
ist dem menschen
ein ellenbogen

Günter Kunert
Schillers Bett

Schillers Bett steht im Schillerhaus
der Goethestadt[4]. Vor dem Bett stehen Touristen:
Wir wollen sein[5], wissen nicht was, ehrfürchtig
zumindest oder wenigstens verschämten Gähnens Herr,
müde vor der winzigen Ruhestätte: zu klein
für meinen Freund Reinhard[6],

---

[4] Weimar.
[5] Vgl. Schiller, Wilhelm Tell II, 2: Wir wollen sein ein einzig Volk von Brüdern, in keiner Not uns trennen und Gefahr. „einzig" wird meist als „einig" wiedergegeben, siehe S. 160, Zeile 7.
[6] Reinhard Lettau, geb. 1929, westdeutscher Schriftsteller.

sein magerer Leib liegt, der leinenen Jacke,
der Brille entkleidet,
jetzt

sich räkelnd im Grunewald und
wuchert der Erde zu, Schiller
hierin folgend.

Ein einig etwas wollen wir sein, nicht eineiig.
Keine Zwillinge. Keine deutschen Siamesen.

Vor dem Bettchen, der fahlen Decke, entfärbten
Kränzchen, dem Schleifchen, stellt sich
nicht her, was wir nie waren: ein einig Volk.

Ein Volk von einigen Herrschaften, vielen
Knechtschaften, versippt nur wie Habicht und Huhn.

Brüder aber
sind Lettau in Berlin und ich in Berlin
und alle,
verdammt zum Erwachen aus Tellschen Träumen.

Wolf Biermann
Deutschland — ein Wintermärchen
Kapitel I

Im deutschen Dezember floß die Spree
von Ost- nach Westberlin
da schwamm ich mit der Eisenbahn
hoch über die Mauer hin

Da schwebte ich leicht übern Drahtverhau
und über die Bluthunde hin
das ging mir so seltsam ins Gemüt
und bitter auch durch den Sinn

Das ging mir so bitter in das Herz
— da unten, die treuen Genossen —
So mancher, der diesen gleichen Weg
zu Fuß ging, wurde erschossen

Manch einer warf sein junges Fleisch
in Drahtverhau und Minenfeld
durchlöchert läuft der Eimer aus
wenn die MP von hinten bellt

Nicht jeder ist so gut gebaut
wie der Franzose Franz Villon[7]
der kam in dem bekannten Lied
mit Rotweinflecken davon

Ich dachte auch kurz an meinen Cousin
den frechen Heinrich Heine
der kam von Frankreich über die Grenz
beim alten Vater Rheine

Ich mußte auch denken, was allerhand
in gut hundert Jahren passiert ist
daß Deutschland inzwischen glorreich geeint
und nun schon wieder halbiert ist

Na und? Die ganze Welt hat sich
in Ost und West gespalten
doch Deutschland hat — wie immer auch —
die Position gehalten:

Die Position als Arsch der Welt
Sehr fett und sehr gewichtig
Die Haare in der Kerbe sind
aus Stacheldraht, versteht sich

Daß selbst das Loch — ich mein' Berlin —
in sich gespalten ist
da haben wir die Biologie
beschämt durch Menschenwitz

Und wenn den großen Herrn der Welt
der Magen drückt und kneift
dann knallt und stinkt es ekelhaft
in Deutschland. Ihr begreift:

Ein jeder Teil der Welt hat so
sein Teil vom deutschen Steiß
der größre Teil ist Westdeutschland
Mit gutem Grund, ich weiß.

Die deutschen Exkremente sind
daß es uns nicht geniert
in Westdeutschland mit deutschem Fleiß
poliert und parfümiert

---

[7] François Villon, bedeutender französischer Lyriker aus vorklassischer Zeit, lebte im 15. Jahrhundert. Biermann hat eine „Ballade auf den Dichter François Villon" geschrieben, auf die er hier hinweist.

Was nie ein Alchemist erreicht
— sie haben es geschafft
Aus deutscher Scheiße haben sie
sich hartes Gold gemacht

Die DDR, mein Vaterland
ist sauber immerhin
die Wiederkehr der Nazizeit
ist absolut nicht drin

So gründlich haben wir geschrubbt
mit Stalins hartem Besen
daß rot verschrammt der Hintern ist
der vorher braun gewesen

Hinweise zu den Texten und den Verfassern

Die mit * gekennzeichneten Titel stammen von der Herausgeberin. Die jeweils zu den Autoren genannten Werke stellen eine Auswahl dar. Dabei wurden folgende Abkürzungen verwendet: Dr. = Drama, E.(n) = Erzählung(en), G. = Gedichte, R. = Roman. Westdeutsche Ausgaben sind durch Angabe des westdeutschen Erscheinungsortes gekennzeichnet. Die Ziffer hinter den Titeln gibt die Seite an, auf der der Text im Hauptteil erscheint.

Kapitel I: Kulturpolitik in der DDR

1. **Die sozialistische Nationalkultur als die Erfüllung der humanistischen Kultur des deutschen Volkes** **(19)**
   (Aus dem Programm der SED 1963)

   Quelle: Textauswahl zum Literaturunterricht in den Klassen 11 und 12. Volk und Wissen Volkseigener Verlag, Berlin (Ost) 1970, S. 19—20.

   Anders als in der BRD, wo es eine große Zahl von sehr unterschiedlichen Lesebüchern für die verschiedenen Schulformen gibt, gibt es in der DDR für die 12 Klassen der polytechnischen Oberschule, der einzigen allgemeinbildenden Schulform, jeweils nur ein Lesebuch. Darin sind programmatische Texte der Partei — wie dieser hier — und Verlautbarungen der Regierung — wie der nächste Text — anzutreffen.

2. **Die „humanistische Wirksamkeit des Künstlers" in der sozialistischen Gesellschaft*** **(20)**
   (Aus dem Beschluß des Staatsrates der DDR vom 30. November 1967)

   Quelle: wie Text 1, S. 26—27.

   Die Aufgabe des Künstlers wird durchgehend als „humanistisch" bezeichnet. Wie bewerten Sie diese Zielsetzung, wenn sie u. a. vom Künstler fordert, es als „seine höchste patriotische und zugleich internationalistische Pflicht" anzusehen, „sein sozialistisches Vaterland, die Deutsche Demokratische Republik, allseitig zu stärken ... Demokratie in ihrer Vorbildlichkeit gegenüber dem andern Staat auf deutschem Boden künstlerisch überzeugend zu gestalten und damit das Ansehen seines Staates in der Welt zu mehren"? — An anderen Stellen heißt es, „humanistische Wirksamkeit des Künstlers" bedeute, „seine Kunst bewußt in den Dienst des Volkes zu stellen", und „neue, tiefe und voranführende sozialistisch-humanistische Antworten auf die Frage zu geben: ‚Wie soll man leben?'" Welche Funktion wird damit der sozialistischen Kunst zugedacht? — Wie ein solcher Regierungsbeschluß das Bewußtsein von DDR-Bürgern bestimmt, macht folgende Stellungnahme deutlich, die Schüler des „Clubrats der Erweiterten Oberschule Ziesar" im April 1969 dem DSV zukommen ließen: „Wir, die 200 Schüler der EOS Ziesar, verfolgen seit einigen Wochen mit Interesse Ihre Diskussion über das Thema ‚Kultur hilft unser Leben meistern und halten sie für sehr wertvoll. Die Ausführungen bestimmter Künstler zur Rolle der Kunst und Kultur zeigen uns, daß sie sich ihrer Aufgabe bewußt sind, die sie bei der Erziehung allseitig entwickelter sozialistischer Persönlichkeiten zu erfüllen haben. Wir haben auf einem Forum am 12. April bei uns im Internat den Schriftsteller Carlos Rasch kennengelernt ... Es kam zum Ausdruck, daß sich Carlos Rasch über die Bedeutung der Literatur für die Entwicklung allseitig gebildeter sozialistischer Persönlichkeiten nicht im klaren ist. Er bestritt, daß Literatur ein Erziehungsmittel ist ... Mit diesen Ansichten können wir Schüler der Erweiterten Oberschule nicht einverstanden sein. Sie widersprechen den jahrelangen Bemühungen unserer Deutschlehrer und unseren daraus gewonnenen Erkenntnissen. Sie sind kein Ausdruck dafür, daß der Staatsratsbeschluß über die Aufgaben der Kultur verstanden wird." Mitgeteilt in: Fritz J. Raddatz: Traditionen und Tendenzen. Materialien zur Literatur der DDR. 1972, S. 63 f.

3. Anna Seghers: Die Aufgaben des Schriftstellers heute (22)
Quelle: wie Text 1, S. 41—42.

Dies ist ein kleiner Ausschnitt aus einer Rede, die Anna Seghers 1966 im Schriftstellerverband der DDR, dessen Präsidentin sie ist, gehalten hat.
Anna Seghers, geb. 1900 in Mainz als Tochter eines vermögenden Kunsthändlers; studierte Geschichte, Kunstgeschichte und Sinologie, Promotion; heiratete 1925 den aus Ungarn emigrierten kommunistischen Publizisten Laslo Radvanyi; 1928 Eintritt in die kommunistische Partei. 1933 aus politischen Gründen verhaftet, im selben Jahr Emigration nach Paris, dann 1940 ins unbesetzte Frankreich und 1941 über Marseille nach Mexiko; 1947 Rückkehr nach Deutschland — Berlin (Ost) — wo sie heute lebt.
Anna Seghers gilt als bedeutende sozialistische Erzählerin, die ein umfangreiches episches Werk geschaffen hat: viele Romane, sehr viele Erzählungen und eine Reihe Essays zu literarischen und gesellschaftlichen Fragen. Die Auswahl beschränkt sich auf Werke, die in der BRD erschienen sind:
Das siebte Kreuz. R. 1962 — Transit. R. 1963 — Der Aufstand der Fischer von St. Barbara. E. 1964 — Erzählungen. 2 Bände. 1964 — Die Rettung. R. 1965 — Wiedereinführung der Sklaverei in Gouadeloupe. E. 1966 — Die Kraft der Schwachen. Neun Erzählungen. 1966 — Die Toten bleiben jung. R. 1967 — Der Aufstand der Fischer von St. Barbara. Die Gefährten. Das wirkliche Blau. En. 1968 — Ausgewählte Erzählungen. rororo 1119. 1968 — Aufstellen eines Maschinengewehrs im Wohnzimmer der Frau Kambtschik. En 1970 — Überfahrt. E. 1971 — Sonderbare Begegnungen. En. 1973

4. Die Schriftsteller und die öffentlichen Organe, insbesondere Partei und Ministerium für Kultur* (24)
Ausführungen Walter Ulbrichts bei der „Ideenberatung mit Schriftstellern und bildenden Künstlern" am 14. Januar 1971.

Quelle: NDL Heft 4, 1971, S. 13—15.

5. Grußadresse des DSV an den VIII. Parteitag der SED (25)
Quelle: NDL Heft 8, 1971, S. 1.

Grußadressen — von Organisationen und Kollektiven an die Partei gerichtet und ebenso vom ZK der Partei an Organisationen und Kollektive — werden in der DDR häufig ausgetauscht; welche politische Funktion sie haben, macht schon dieses eine Beispiel deutlich.

6. Stil und Bedeutung öffentlicher Literaturkritik* (26)
Aus dem Referat „Das Neue und das Bleibende in unserer Literatur", das Max Walter Schulz, Vizepräsident des VDS, auf dem VI. Schriftstellerkongreß 1969 in Berlin (Ost) hielt.

Quelle: VI. Deutscher Schriftstellerkongreß vom 28. bis 30. Mai 1969. Protokoll. Aufbau-Verlag, Berlin und Weimar 1969, S. 52—56.

Interessant an diesen Ausführungen ist, daß sie verdeutlichen, wie Literaturkritik in der DDR vorrangig die inhaltliche Qualität, d. h. hier die ideologische, untersucht, hier am Beispiel der Lyrik Reiner Kunzes und des Romans „Nachdenken über Christa T." von Christa Wolf. Wie bewerten Sie Vorwürfe gegen literarische Texte wie diese: „Individualimus und Antikommunismus", „Verzerrung des DDR-Bildes", „gebrochenes Verhältnis zum Hier und Heute und Morgen", „Doppelbödigkeit der Aussage"? — Interessant auch die unterschiedliche Behandlung der beiden Autoren: Kunze wird als angeblicher Vertreter des „Dritten Weges" verfemt, während Christa Wolf als subjektiv Ehrliche, wenngleich Irrende zurückgerufen wird. Womit wird die Möglichkeit und Notwendigkeit ihrer Rückkehr begründet?

Vgl. dazu die Gedichte von Reiner Kunze in VI, 3 und VII, 6; ferner Volker Brauns Gedicht in VI, 4, das Kunzes Isolierung bedenkt; vgl. auch die Ausschnitte aus dem in dieser Rede angegriffenen Roman Christa Wolfs in III, 1 und VI, 6.

Max Walter Schulz, geb. 1921; nach 1945 Pädagogikstudium, Lehrer, später Studium am Literaturinstitut „Johannes R. Becher" in Leipzig, seit 1964 Direktor des Instituts.

Werke : Wir sind nicht Staub im Wind. R. 1962 — Stegreif und Sattel. Anmerkungen zur Literatur und zum Tage. Essays. 1967.

7. Robert Havemann: Zur Frage der Diskussionsfreiheit* (30)

Quelle: Robert Havemann: Fragen Antworten Fragen. Aus der Biographie eines deutschen Marxisten. Piper Verlag, München 1970. S. 102—106 und 214—216.

Robert Havemann, geb. 1910, Studium der Chemie, 1932 Mitglied der KPD, 1933 als Mitarbeiter am Kaiser-Wilhelm-Institut für Physikalische Chemie und Elektrochemie in Berlin entlassen; inzwischen habilitiert, vom Volksgerichtshof als Mitbegründer einer Widerstandsgruppe zum Tode verurteilt; die Vollstreckung wurde wegen kriegswichtiger Forschungen aufgeschoben. 1946 Eintritt in die SED; als erster Leiter der Kaiser-Wilhelm-Gesellschaft von den Amerikanern suspendiert; 1952 Ruf als Professor für Physikalische Chemie an die Humboldt-Universität in Ostberlin. Seit einigen Jahren aller Ämter in Partei, Universität und Akademie enthoben; widmet sich theoretischen und schriftstellerischen Arbeiten.

Weitere Werke: Dialektik ohne Dogma? rororo 683 — Rückantworten an die Hauptverwaltung „Ewige Wahrheiten", München 1971.

8. Wenn ein Autor außerhalb der DDR veröffentlichen möchte* (33)

Brief Reiner Kunzes an einen westdeutschen Verleger.

Quelle: Wochenzeitung „Die Zeit". Hamburg, 25. Juni 1971.

Angaben zu R. Kunze, VI, 3.

Kapitel II: Marxistische Literaturauffassung in der DDR

1. Karl Marx zur Basis-Überbau-Theorie* (35)

Quelle: K. Marx, Zur Kritik der Politischen Ökonomie. Vorwort. In: Marxismus und Literatur. Eine Dokumentation in 3 Bänden. Hrsg. von Fritz J. Raddatz. Rowohlt Verlag, Reinbek 1969. Bd. 1, S. 151—152.

Literatur als ein von der gesellschaftlichen Basis bestimmter Bereich des ideologischen Überbaus: damit wird erstmalig der Zusammenhang zwischen Literatur und Gesellschaft als relevant erkannt. Für die Literaturauffassung in der DDR hat diese soziologische Begründung von Literatur weitreichende Bedeutung, was sich in der Theorie des sozialistischen Realismus und in der Bitterfelder Bewegung zeigt; vgl. dazu II, 3—7.

2. Friedrich Engels zur Frage der „Tendenz in der Literatur" und zum Begriff „Realismus"* (36)

Quelle: F. Engels, Brief an M. Kautsky, 26. Nov. 1885, und Brief an Miss Harkness, April 1888. In: Marxismus und Literatur. Eine Dokumentation in 3 Bänden. Hrsg. von Fritz J. Raddatz. Rowohlt Verlag, Reinbek 1969. Bd. 1, S. 155—156 und 157—158.

Wie Tendenz in Abweichung von Engels' Auffassung in DDR-Literatur realisiert wird läßt sich an Texten dieses Bandes feststellen, etwa bei Stranka (III, 2), Erik Neutsch (III, 6), Sakowski (V, 5) u. a. — Daß Engels' Forderung nach „getreuer Wiedergabe typischer Charaktere unter typischen Umständen" von DDR-Autoren z. T. sehr streng befolgt wurde, zeigt sich darin, daß bestimmte Gestalten feststehende und sich wiederholende Merkmale haben, z. B. der Parteisekretär (in III, 6 oder VII, 5), der LPG-Vorsitzende und die LPG-Bäuerin (in V, 5), der Aktivist (in IV, 1).

Helmut Baierl, der auch in II, 11 Kritik an der neueren DDR-Literatur vorbringt, hat 1966 über diese Tendenz zum „Einfärben" bestimmter Figuren gesagt:

„Früher durften in Stücken — sagen wir — Parteisekretäre nicht fremd gehen. Einige Zeitlang danach durften sie es, das lockerte sie auf, machte sie angeblich ‚menschlicher'. Jetzt sind sicher wieder Überlegungen im Gange, den Parteisekretär zumindest gut verheiratet sein zu lassen.

Alle diese Haltungen sind klein und führen nur zu Verschrobenem, sei es in der rosa oder in der schwarzen Richtung. Sie färben nur anders, aber schaffen nicht das Färben selbst weg". (Mitgeteilt von F. J. Raddatz, Traditionen und Tendenzen, Frankfurt/M. 1972, S. 430)

3. Stichwort „sozialistischer Realismus" (37)

Quelle: Kulturpolitisches Wörterbuch. Hrsg. von Dr. Harald Bühl, Dieter Heinze, Prof. Dr. Hans Koch, Prof. Dr. Fred Staufenbiel. Dietz Verlag, Berlin (Ost) 1970. S. 449.

4. Zum Begriff der „sozialistischen Parteilichkeit" und der „Volksverbundenheit" in der marxistischen Kunsttheorie* (38)

Quelle: Artikel „Kunsttheorie". In: Marxistisch-leninistisches Wörterbuch der Philosophie. Hrsg. v. Georg Klaus und Manfred Buhr. Bd. 2. rororo 6156, Reinbek 1972. Alle Rechte beim Verlag VEB Bibliographisches Institut, Leipzig.

5. Stichwort „Bitterfelder Weg" (40)

Quelle: wie Text 3, S. 79—80.

Vgl. hierzu die Ausführungen über den „Bitterfelder Weg" in der Darstellung der literarischen Entwicklung der DDR in Text II, 8. Texte schreibender Arbeiter" (IV, 5) und Texte von Schriftstellern, die die Arbeitswelt zum Gegenstand haben (IV, 1, 2, 3, 6), verdeutlichen die Auswirkungen dieser Bewegung. Im Gegensatz zur Bundesrepublik, wo die Arbeitswelt erst seit einigen Jahren stärker in der Literatur thematisiert wird, ist dies in der DDR in breitem Umfang schon seit den 50er Jahren so. Allerdings fehlt hier die kritische Funktion, die in der westdeutschen Literatur der Arbeitswelt vorhanden ist. Die Selbstbestätigung der Arbeiter in der DDR wird durch ihre schreibende Tätigkeit sicher gefördert — und damit auch ihre Bindung an den Arbeitsplatz und vermutlich auch ihre Arbeitsmoral; ob Literatur von einiger Relevanz entsteht, ist zu prüfen.

6. Bertolt Brecht: Über sozialistischen Realismus (41)

Quelle: B. Brecht, Über sozialistischen Realismus. In: B. Brecht, Über Realismus. edition suhrkamp 485, Frankfurt/M. 1971. S. 165—166.

Vgl. die sprachliche Qualität von Brechts Aussagen über den sozialistischen Realismus mit der Sprache der offiziellen Definitionen in II 3, 4, 5. Ihr Bemühen um „Erhöhung" des sozialistischen Realismus führt zu überladenen und manchmal schwer überschaubaren Satzformen. Welche Funktion hat möglicherweise eine solche Sprache, die Wissenschaftlichkeit vorgibt, Verständlichkeit und Anschaulichkeit jedoch erschwert?

7. Georg Lukács: Über sozialistischen Realismus* (42)

Quellen: Erklärung des Schriftstellerverbandes der DDR vom 28. Oktober 1970 zur Verleihung des Nobelpreises an Alexander Solschenizyn. In: Der Fall Solschenizyn. Briefe, Dokumente, Protokolle. Hrsg. von Bernd Nielsen-Stokkeby. Fischer-Bücherei 1232, Frankfurt 1970, S. 165.

Georg Lukács, Solschenizyn. Slg. Luchterhand 28, Neuwied 1970. S. 8 f./31 f.

8. Die literarische Entwicklung in der Deutschen Demokratischen Republik von 1956 bis zur Zweiten Bitterfelder Konferenz (45)

Quelle: Deutsche Literaturgeschichte in einem Band. Hrsg. von Prof. Dr. Hans Jürgen Geerdts. Volk und Wissen Volkseigener Verlag, Berlin (Ost) 1968. S. 697—698.

Der Herausgeber ist Professor für deutsche Sprache und Literatur an der Universität Greifswald.

9. Otto Gotsche: Unsere historische Pflicht (47)

Quelle: NDL Heft 1, 1971. S. 34—35.

Otto Gotsche, geb. 1904; kommt aus der deutschen Arbeiterbewegung, schrieb mehrere Romane, in denen er die Geschichte der deutschen Arbeiterbewegung nachzuzeichnen versucht (Titel: Märzstürme, 1953; Die Fahne von Kriwoi Rog, 1959; Unser kleiner Trompeter, 1961); war nach dem Kriege erst als Ulbrichts persönlicher Referent, dann als Sekretär des Staatsrats der DDR einer der Hauptinitiatoren der „Bewegung schreibender Arbeiter".

10. Helmut Sakowski: Wir sind bei der Partei in die Lehre gegangen (49)

Quelle: ND, Berlin (Ost) 18. Juni 1971. S. 4.

Sakowski hielt diese Rede, aus der ein Ausschnitt wiedergegeben ist, auf dem VIII. Parteitag der SED (Juni 1971) in Berlin. Angaben zu Sakowski s. V,5.

11. Helmut Baierl: Über neuere DDR-Literatur, insbesondere auf der Bühne* (50)

Quelle: Helmut Baierl, Autor in drei Medien. Fragen und Antworten. In: Theater der Zeit. Organ des Verbandes der Theaterschaffenden der DDR. Heft 8, Berlin (Ost) 1970. S. 4—5.

Der Text ist Teil einer Rede, die Baierl im März 1970 in der Deutschen Akademie der Künste in Ostberlin aus Anlaß des 100. Geburtstags Lenins gehalten hat. Fast ein halbes Jahr später wurde sie erst veröffentlicht, was angesichts ihrer kritischen Aussagen verständlich ist. Die Kritik konzentriert sich auf Vorwürfe, die auch außerhalb der DDR, auch in früheren Jahren schon, der DDR-Literatur gegenüber erhoben wurden: Langeweile, Mangel an Emotionen, zu große Lehrhaftigkeit (der erhobene Zeigefinger!), Verflachung von Figuren, Behandlung der Leser als Klippschüler. Diese offen vorgetragene Kritik ist allerdings eingebettet in einen Vortrag mit dem Titel: „Helmut Baierl: Autor in drei Medien. Fragen und Antworten". Auch drückt Baierl seine Redeabsicht eingangs völlig anders aus: „Ich möchte darüber reden, welches Medium mir als Autor den größten Spaß und Spielraum gibt".

Da in dieser Rede kritische Aussagen zur DDR-Literatur aus der DDR selbst vorliegen, könnten sie an den in diesem Band mitgeteilten Texten gemessen werden.

Helmut Baierl, geb. 1926 in Rumburg/Tschechoslowakei; studierte Slawistik, später Studium am Literaturinstitut „Johannes R. Becher" in Leipzig; dann Mitarbeiter und Dramaturg am Brecht-Theater in Berlin (Ost); seit 1967 freier Schriftsteller, lebt in Berlin (Ost). Schrieb unter dem Einfluß Brechts Stücke didaktischen Charakters, die Themen der sozialistischen Entwicklung behandeln: Die Feststellung, 1958 — Frau Flinz, Komödie, 1961 — Der Dreizehnte (10 Agitationsszenen, die sich auf den 13. August beziehen), 1962 — Johanna von Döbeln, 1967 — Der lange Weg zu Lenin, 1970.

Kapitel III: Sozialistisches Bewußtsein

1. Christa Wolf: Sozialismus, realisierbares Angebot oder Utopie?* (53)

Quelle: Christa Wolf, Nachdenken über Christa T. Luchterhand Verlag, Neuwied u. Berlin 1969. S. 66—67.

Christa Wolf, geb. 1929 in Landsberg (Warthe), 1945 Umsiedlung nach Mecklenburg; Abitur, Studium der Germanistik, 1953—59 wissenschaftliche Mitarbeiterin beim DSV; dann Lektorin und Redakteurin der NDL; 1959—62 Kontakt zu einer Waggonfabrik; lebt heute als freischaffende Schriftstellerin in Kleinmachnow bei Berlin.

Weitere Werke: Moskauer Novelle, E. 1961 — Der geteilte Himmel, R. 1963 — Biographie der Anna Seghers, 1965. Lesen und Schreiben. Aufsätze und Betrachtungen. 1972 — Till Eulenspiegel, E. 1972 (zusammen mit Gerhard Wolf).

2. Walter Stranka: Hymne an die Republik (54)

Quelle: Lyrik der DDR, zusammengestellt von Uwe Berger und Günther Deicke. Aufbau-Verlag, Berlin und Weimar 1970. S. 205—206.

An diesem Gedicht wird deutlich, wie unkritische Zustimmung sich sprachlich äußert. Immerhin steht es in der neuen repräsentativen Anthologie des Aufbau-Verlags; der Autor gehört zu den Trägern des Heine-Preises, den das Ministerium für Kultur jährlich vergibt.

Walter Stranka, geb. 1920, Lyriker und Fernsehspielautor; das Schriftstellerlexikon deutschsprachiger Autoren, Leipzig 1968, erwähnt von ihm „sozialistische Massen-, Soldaten- und Jugendlieder, agitatorische Gedichte und Songs, kämpferische politische Lyrik".

3. Hanns Cibulka: Karl Marx (55)

Quelle: wie Text 2, S. 161—162.

Hanns Cibulka, geb. 1920, schrieb überwiegend Lyrik, darunter das Deutschland-Gedicht „Zwei Silben", das für einen seiner Gedichtbände den Titel lieferte.
Gedichtbände: Zwei Silben, 1959 — Arioso, 1962 — Sonate in C, 1965.

4. **Wulf Kirsten: satzanfang** (56)
Quelle: wie Text 2, S. 296.
Kirstens Gedichte haben bislang die ländliche Welt und ihre Menschen zum Thema. Sie zeigen, daß das seit den 60er Jahren wachsende Nationalgefühl der DDR-Bürger bis in die Natur- und Landschaftslyrik vordringt.
Wulf Kirsten, geb. 1934, Abitur an der ABF, Studium der Germanistik und Slawistik in Leipzig, Lektor im Aufbau-Verlag, lebt in Weimar; sein erster Gedichtband: Satzanfang, Berlin (Ost) 1970.

5. **Heinz Kahlau: Alle Sätze — Für Heiterkeit** (56)
Quellen: G. Kahlau, Alle Sätze. In: Saison für Lyrik. Auswahl: Joachim Schreck. Aufbau-Verlag, Berlin u. Weimar 1968. S. 105.
G. Kahlau, Für Heiterkeit. In: Poesiealbum 21, Verlag Neues Leben, Berlin (Ost) 1969.
Heinz Kahlau, geb. 1931; bis 1948 ungelernter Arbeiter, dann Traktorist, FDJ-Funktionär; ab 1953 Schüler Brechts, zu dessen Meisterschülern er zählt. Das Schriftstellerlexikon deutschsprachiger Autoren, Leipzig 1968, nennt ihn einen der „profiliertesten Lyriker der DDR" und lobt seine „präzise und verhaltene Diktion".
Gedichtbände:
Der Fluß der Dinge, 1964 — Balladen 1970 — Du. Liebesgedichte, 1971.

6. **Erik Neutsch: Partei — Gesellschaft — ökonomische Basis*** (57)
Quelle: Haut oder Hemd, Schauspiel in vier Akten. Probenfassung für das Landestheater Halle vom September 1970. In: NDL Heft 12, 1970. S. 21—24.
Erik Neutsch, geb. 1931, „gehört zu den sozialistischen Schriftstellern der jüngeren Generation, die — dem Aufruf der SED folgend — ihr Schaffen unmittelbar den Arbeitern in der sozialistischen Produktion widmen", sagt das Schriftstellerlexikon deutschsprachiger Autoren, Leipzig 1968, von ihm.
Werke: Bitterfelder Geschichten, En. 1961 — Spur der Steine, R. 1964 — Die andern und ich. En 1971 — Auf der Suche nach Gott, R. 1973.

7. **Volker Braun: Schauspiel — Fragen eines Arbeiters während der Revolution** (61)
Quelle: V. Braun, Wir und nicht sie. edition suhrkamp 397, Frankfurt/M. 1970. S. 19 und 73. Alle Rechte beim Mitteldeutschen Verlag, Halle/S.
Volker Braun, geb. 1939 in Dresden; Abitur, Bauarbeiter und andere Tätigkeiten, 1960—65 Studium der Philosophie und Germanistik in Leipzig; danach Assistent am Brecht-Theater in Berlin (Ost), lebt jetzt als freischaffender Schriftsteller in Berlin (Ost).
Weitere Werke: Provokation für mich. G. 1965 — Vorläufiges. G. Frankfurt/M. 1966 — Der Kipper Paul Bauch. Dr. 1966, westdeutsche Ausgabe in: Deutsches Theater der Gegenwart, Frankfurt 1967 — Freunde, Einakter. 1971 (s. IV, 6). — Das ungezwungene Leben Kasts. En. Berlin (Ost) und Frankfurt/M. 1972.

8. **Kurt Bartsch: Sozialist. Biedermeier — der redner — mut — kämpfer** (62)
Quelle: K. Bartsch, Zugluft. Gedichte, Parodien, Sprüche. Aufbau-Verlag, Berlin u. Weimar 1968. S. 83, 68, 69, 72.
Die meisten Texte dieses Bandes sind 1971 auch in West-Berlin herausgekommen: Kurt Bartsch „Die Lachmaschine, Gedichte, Songs und ein Prosafragment" (Quartheft 50, Wagenbach-Verlag).
Kurt Bartsch, geb. 1937; Arbeit in verschiedenen Berufen, u. a. als Lagerarbeiter, Telefonist, Leichenträger, Beifahrer und Lektoratsassistent, von 1964—65 Studium am Literaturinstitut „Johannes R. Becher" in Leipzig; lebt in Berlin (Ost).

9. Wolf Biermann: Gesang für meine Genossen (63)

Quelle: Tintenfisch. Jahrbuch für Literatur, Bd. 4. Verlag K. Wagenbach, Berlin 1971. S. 13—15.

Wolf Biermann, geb. 1936 in Hamburg; 1953 Übersiedlung in die DDR, studierte in Ostberlin Philosophie, Ökonomie und Mathematik; dann Regieassistent am Brecht-Theater; Kandidat der SED; wegen seiner kritischen Texte Auftrittsverbot, Ausschluß aus der Partei, Publikationsverbot; lebt in Berlin (Ost).
Werke: Die Drahtharfe, Balladen, Gedichte, Lieder. Quartheft 9, Wagenbach-Verlag, Berlin (West) 1965 — Mit Marx- und Engelszungen, Gedichte, Balladen, Lieder. Quartheft 31, Wagenbach-Verlag, Berlin (West) 1968 — Der Dra-Dra. Die große Drachentöterschau in acht Akten mit Musik. Quartheft 45/46, Wagenbach-Verlag, Berlin (West) 1970. — Für meine Genossen. Hetzlieder, Balladen, Gedichte. Quartheft 62, Berlin (West) 1972 — Deutschland. Ein Wintermärchen. Quartheft 63, Berlin (West) 1972.

10. Hermann Kant: Vier Daten (65)

Quelle: NDL Heft 8, 1970. S. 3—4.

In dieser Ansprache finden sich Merkmale des offiziellen historischen Bewußtseins in der DDR konzentriert beieinander: die angenommene Gesetzmäßigkeit der Entwicklung der DDR zum sozialistischen Staat, die enge Bindung an die Sowjetunion, das Freund-Feind-Denken, das betonte Selbstbewußtsein. Wie steht es bei kritischer Betrachtung um die Berechtigung dieses Selbstbewußtseins? Wie wird dieses feierlich vorgetragene Bewußtsein sich auf das Verhältnis der DDR-Bürger zu ihrem Staat auswirken?
Angaben zu H. Kant s. V, 4.

11. Hasso Grabner: Eine Deutung des 17. Juni 1953* (67)

Quelle: H. Grabner, Monolog einer Brücke. In: Wo das Glück sicher wohnt. Eine Festgabe Leipziger Schriftsteller und Künstler zum 20. Geburtstag der Deutschen Demokratischen Republik. List Verlag, Leipzig 1969. S. 54—55.

Hasso Grabner, geb. 1911, Buchhändler, seit 1926 in der Arbeiterbewegung, seit 1930 in der KPD; nach 1933 neun Jahre Zuchthaus bzw. KZ Buchenwald; nach 1945 u. a. Rundfunkintendant; freischaffender Schriftsteller in Leipzig.
Grabner schrieb Gedichte und zahlreiche Erzählungen; bekannt ist sein Roman „Die Zelle" (KZ-Roman).

12. Günter Kunert: Herein ohne anzuklopfen (68)

Quelle: G. Kunert, Tagträume in Berlin und andernorts. Verlag C. Hanser, München 1971.

Günter Kunert, geb. 1929 in Berlin, aus rassischen Gründen im NS-Staat von der Oberschule verwiesen; nach 1945 Studium an der Kunsthochschule Berlin-Weißensee; lebt als freischaffender Schriftsteller in Berlin (Ost).
Weitere Werke: Gedichte: Erinnerung an einen Planeten, München 1963 — Verkündigung des Wetters, München 1966 — Warnung vor Spiegeln, München 1970 — Notizen in Kreide, 1970 — Offener Ausgang. 1972
Prosa: Tagträume, München 1964 — Im Namen der Hüte, R. München 1967 — Die Beerdigung findet in aller Stille statt, En. München 1968 — Kramen in Fächern, En. 1968 — Ortsangaben, 1970 — Tagträume in Berlin und andernorts, En. München 1972 — Die geheime Bibliothek, En. 1973 — Gast aus England, E. 1973.

Kapitel IV: Sozialistische Arbeitswelt

1. Heiner Müller: Der Aktivist Balke* (70)

Quelle: H. Müller, Der Lohndrücker. In: Sozialistische Dramatik. Autoren der Deutschen Demokratischen Republik. Nachwort von Karl Heinz Schmidt. Henschelverlag, Berlin (Ost) 1968. S. 190—195.

Zum Inhaltlichen: Vgl. das Solidaritätsgefühl der Arbeiter im „Lohndrücker" — das Stück spielt 1948/49 — mit dem der Brigade in Volker Brauns „Freunde". Brauns Stück spielt Mitte der 60er Jahre.

Zum Formalen: Die Szenen zeigen Heiner Müllers Eigenart, in äußerster sprachlicher Konzentration eine dialektische Entwicklung zu verdeutlichen, hier die zu einer höheren Qualität der Arbeitsmoral. Die Szenen sind Extrakte der Handlung, Extrakte der jeweiligen Lage. Der Verknappung der Handlung entspricht eine äußerst knappe und einfache Sprache. Vgl. diese Arbeitersprache mit der in Volker Brauns „Freunde". Der Sprachstil Heiner Müllers ist auch in Beziehung zu Brecht zu sehen, in dessen Nachfolge er steht.

Heiner Müller, geb. 1929 in Eppendorf/Sachsen; nach 1945 Angestellter, dann Journalist, seit 1954 in Berlin (Ost), Mitarbeiter des Maxim-Gorki-Theaters; lebt dort als freischaffender Autor.

Weitere Stücke: Die Korrektur, 1959 — Die Umsiedlerin, 1961 — Der Bau (nach Motiven aus Erik Neutschs Roman „Spur der Steine") 1965 — Philoktet/Herakles 5. Frankfurt/M. 1966 — Ödipus, Tyrann, 1966.

2. Peter Hacks: Prolog zu „Die Sorgen und die Macht" (75)

Quelle: Peter Hacks, Fünf Stücke. Suhrkamp Verlag, Frankfurt/M. 1965. Alle Rechte beim Aufbau-Verlag, Berlin.

Nach traditioneller Vorstellung ist dies gewiß kein Stoff für die Bühne. Anders für DDR-Autoren, die davon ausgehen, daß es möglich sei, die neuen Realitäten der sozialistischen Arbeitswelt auf die Bühne zu holen. Hacks versucht dabei, mit der kargen und widerspruchsvollen Wahrheit der Arbeitsprobleme auch Schönheit zu verbinden; er schreibt in Versen, und die Sprache der Arbeiter und Arbeiterinnen stilisiert er vorsichtig aus dem Derben heraus. Hacks will damit eine neue „Klassik" gewinnen, eine „sozialistische". Er hält dies für möglich, da nach seiner Auffassung harmonisierte Gesellschaftsordnungen wie die sozialistische in der DDR Voraussetzung für Klassizität seien. —
Wegen der Mängel in Gesellschaft und Wirtschaft der DDR, die in diesem Stück bei grundsätzlicher Zustimmung zum Sozialismus dargestellt werden, zog Hacks heftige Kritik der SED auf sich; er verlor seine Position als Dramaturg des Deutschen Theaters in Ostberlin; sein Stück wurde verboten.

Peter Hacks, geb. 1928 in Breslau; nach 1945 in Westdeutschland, Studium der Soziologie, Philosophie, Literatur- und Theaterwissenschaft in München; 1955 Übersiedlung in die DDR; Mitarbeiter am Brecht-Theater, später (bis 1963) Dramaturg am Deutschen Theater in Berlin (Ost); lebt dort als freischaffender Schriftsteller. Hacks bearbeitete historische Stoffe, um daran marxistische Anschauungen zu verdeutlichen: Eröffnung des indischen Zeitalters, 1954 — Das Volksbuch vom Herzog Ernst, 1956 — Die Schlacht bei Lobositz, 1956 — Der Müller von Sanssouci, 1958; er schrieb Neufassungen älterer Stücke, z. B. Die Kindermörderin (nach H. L. Wagener) 1959 und Der Frieden (nach Aristophanes) 1962; edition suhrkamp 47, Frankfurt/M. 1963 — Stücke nach Stücken. Bearbeitungen 2. Frankfurt/M. 1965 — Zwei Stücke haben eine DDR-bezogene Thematik: Die Sorgen und die Macht, 1962; westdeutsche Ausgabe s. Quelle — Moritz Tassow, Komödie, 1965.

3. Werner Bräunig: So viel Sand hat nicht mal die Sahara (76)

Quelle: DDR-Reportagen. Eine Anthologie, hrsg. v. Helmut Hauptmann. Reclam 481, Leipzig 1969. S. 356—360.

Werner Bräunig, geb. 1934 in Chemnitz; Schlosserlehre, verschiedene Tätigkeiten (Steinkohlenbergbau, Wismut-SDAG); 1958—61 Studium am Literaturinstitut „Johannes R. Becher" in Leipzig; dort als Leiter des Seminars für Prosa tätig. *Werke:* In diesem Sommer, En. 1960 — Prosa schreiben. Anmerkungen zum Realismus, Essay 1968 — Gewöhnliche Leute, En. 1969.

4. Norbert Barth: Tägliche Planerfüllung ist unser Kampfauftrag (79)

Quelle: ND, Berlin (Ost), 18. Juni 1971.

Norbert Barth hielt diese Rede auf dem VIII. Parteitag der SED im Juni 1971.

5. Gedichte schreibender Arbeiter (82)
Helmut W. Kern: Feierabend
Ernst Zober: Vor dem Fenster

Quelle: Kürbiskern. Zeitschrift für Literatur und Kritik. Nr. 4. Damnitz Verlag, München 1969. S. 589 und 593.

Jürgen Köditz: Ungeahnte Perspektiven — Dreherin
Quelle: NDL Heft 8, 1970. S. 146.

Helmut W. Kern (geb. 1941) ist Arbeiter im VEB Elektrokohle Berlin; Ernst Zober (geb. 1916) ist Chemiefacharbeiter im VEB Leuna Werke „Walter Ulbricht"; Jürgen Köditz (geb. 1939) ist Bauschlosser im VEB Carl Zeiss Jena; alle drei sind Mitglieder in Zirkeln schreibender Arbeiter. — Wie spiegelt sich in diesen Beiträgen das gesellschaftliche und nationale Bewußtsein schreibender Arbeiter wider? Wie drückt sich dieses Bewußtsein sprachlich aus?

6. Volker Braun: Freunde (85)

Quelle: V. Braun, Freunde. In: Neue Stücke. Autoren der Deutschen Demokratischen Republik. Henschelverlag, Berlin (Ost) 1971. S. 367—387.

Im Mittelpunkt des Einakters stehen nicht mehr — wie im „Lohndrücker" — wirtschaftliche Schwierigkeiten, sondern menschliche Probleme in einer Brigade, die von einer Baustelle zur anderen zieht. In diese Brigade gerät der Arbeiter Mink, ein moralisch Gefährdeter. Wie verhalten sich Vertreter der Partei (Kaderleiterin) und des Betriebs (der Meister) zu ihm? Wie stehen die Mitglieder der Brigade zu ihm? Wie ist zu bewerten, daß es — im Gegensatz zu anderen DDR-Stücken — keine positive Lösung, d. h. keine Eingliederung Minks in die Brigade gibt? — Das Stück ist bis heute unaufgeführt geblieben. Zur Struktur und Sprache: die Nähe zu Büchner wird spürbar in den knappen Szenen, in der äußersten Konzentration der Aussage und dem glaubhaften Sprechen der Leute auf der Baustelle.
Angaben zu V. Braun s. III, 7.

Kapitel V: Junge Generation

1. Christa Löhn, Oberschule Landsberg, Bezirk Halle: Der Brigadier übergibt das Zeugnis (103)

Quelle: ND, Berlin (Ost) 28. Mai 1971.

Diese Rede einer jungen Lehrerin beim IX. Parlament der FDJ im Mai 1971 macht einiges deutlich, was die Schule in der DDR von westdeutschen Schulen unterscheidet: die enge Verbindung von Schule und Betrieb; die Lern- und Leistungskontrollen; die Leitung der Schule durch den Parteisekretär der FDJ und den Direktor. Wie bewerten Sie diese Aspekte der sozialistischen Einheitsschule der DDR?

2. **Horst Salomon: „Man muß ihn in nützliche Bahnen lenken, sonst verplempern wir den Menschen"*** (105)

Quelle: H. Salomon, Ein Lorbaß. In: Neue Stücke. Autoren der Deutschen Demokratischen Republik. Henschelverlag, Berlin (Ost) 1971. S. 440—442.

Horst Salomon, geb. 1929; Sohn eines Landarbeiters in Ostpreußen; kam 1945 nach Thüringen; bis 1950 Arbeit in der FDJ; dann bis 1958 Wismut-Kumpel; 1958—61 Studium am Literaturinstitut „Johannes R. Becher" in Leipzig. Lebte zuletzt als Journalist und Autor volkstümlicher Stücke in Gera. Gest. 1972.

3. **Arne Leonhardt: Zulassung zum Studium*** (108)

Quelle: A. Leonhardt, Der Abiturmann. Einakter. In: Neue Stücke. Autoren der Deutschen Demokratischen Republik. Henschelverlag, Berlin (Ost) 1971. S. 468 bis 476.

Arne Leonhardt, geb. 1931; studierte von 1958—61 am Literaturinstitut „Johannes R. Becher" in Leipzig; schrieb Erzählungen und Hörspiele. „Der Abiturmann" ist sein erstes Theaterstück; es wurde 1969 in Karl-Marx-Stadt uraufgeführt.

4. **Hermann Kant: „Kampf um Vera Bilfert, Schneiderin"*** (117)

Quelle: Hermann Kant, Die Aula. Fischer Bücherei 931, Frankfurt/M. 1968. S. 208—214. Alle Rechte beim Verlag Rütten u. Loening, Berlin (Ost).

Hermann Kant, geb. 1926 in Hamburg, Elektrikerlehre, Soldat, 1945—49 polnische Kriegsgefangenschaft. 1949 —52 Student und anschließend Dozent der ABF Greifswald. 1952—56 Germanistikstudium in Berlin (Ost), danach wissenschaftlicher Assistent an der Humboldt-Universität in Berlin (Ost); lebt als freischaffender Schriftsteller in Ostberlin.
Weitere Werke: Ein bißchen Südsee, En. 1962; Gütersloh 1968 — Das Impressum, R. 1972; Neuwied u. Berlin 1972.

5. **Helmut Sakowski: Der LPG-Vorsitzende Paul wirbt um die Genossenschaftsbäuerin Lisa*** (124)

Quelle: H. Sakowski, Steine im Weg. Volksstück in acht Bildern. In: Sozialistische Dramatik. Autoren der Deutschen Demokratischen Republik Nachwort von Karl Heinz Schmidt. Henschelverlag, Berlin (Ost) 1968. S. 253—256.
„Steine im Weg" gehört zu den meistgespielten Stücken in der DDR. Vgl. den Sprachstil der hier mitgeteilten Szene etwa mit dem in Volker Brauns Brigadestück „Freunde", das bislang unaufgeführt blieb.
Helmut Sakowski, geb. 1924; Forstlehre, nach 1945 in der Forstwirtschaft tätig; lebt jetzt als Schriftsteller in Neustrelitz. Das Schriftstellerlexikon deutschsprachiger Autoren, Leipzig 1968, nennt ihn einen „der erfolgreichsten Gegenwartsdramatiker", der vor allem Themen der „sozialistischen Umwandlung auf dem Lande" behandelt; Nationalpreisträger, Kandidat des ZK der SED.
Weitere Stücke: Die Entscheidung der Lene Mattke, 1958 — Weiberzwist und Liebeslist, 1961 — Letzter Sommer in Heidkau, 1965.

6. Fritz Rudolf Fries: Die Entbindung (126)

Quelle: Fritz Rudolf Fries, Der Fernsehkrieg und andere Erzählungen. Suhrkamp Verlag, Frankfurt/M. 1970. S. 127—134. Alle Rechte beim Mitteldeutschen Verlag, Halle/S.

Fritz Rudolf Fries, geb. 1935; Abitur, Studium in Leipzig; freier Übersetzer in Leipzig, dann Assistent an der Deutschen Akademie der Wissenschaften in Berlin (Ost); seit 1966 freischaffender Schriftsteller, lebt in Petershagen bei Berlin. *Weitere Werke:* Der Weg nach Oobliadooh. R. Frankfurt/M 1966 — Leipzig am Morgen, E. 1969 — See-Stücke, Rostock 1973 und Frankfurt/M. 1973.

7. Günther Deicke: Wehe dem Sohn* (131)

Quelle: Nachrichten aus Deutschland. Lyrik Prosa Dramatik. Eine Anthologie der neueren DDR-Literatur. Hrsg. und eingel. v. Hildegard Brenner. Rowohlt Paperback 50, Reinbek 1967. S. 120. Alle Rechte beim Verlag Der Nation, Berlin (Ost).

Günther Deicke, geb. 1922; nach dem Krieg zunächst Landarbeiter in Westdeutschland, dann Redakteur in Thüringen, heute Verlagslektor in Berlin (Ost). Seit 1954 hat Deicke Gedichte veröffentlicht. Titel einzelner Sammlungen: Liebe in unseren Tagen, 1954 — Geliebtes Land, 1954 — Traum vom glücklichen Jahr, 1959 — Du und dein Land und die Liebe, 1959 — Die Liebe fängt erst an, 1964 — Die Wolken, 1966 — Ortsbestimmung, 1972.

8. Andreas Reimann: Wegsuche (132)

Quelle: auswahl 66. Neue Lyrik — Neue Namen. Auswahl von Bernd Jentzsch und Klaus-Dieter Sommer. Verlag Neues Leben, Berlin (Ost) 1966. S. 78.
Andreas Reimann, geb. 1946 in Leipzig; Schriftsetzerlehre; von 1965—68 Studium am Literaturinstitut „Johannes R. Becher" in Leipzig.

9. Ulrich Plenzdorf: Der Bluejeans — Song (133)

Quelle: Ulrich Plenzdorf, „Die neuen Leiden des jungen W." Frankfurt/M. 1973, S. 26 ff.
Ulrich Plenzdorf, geb. 1934 in Berlin, Abitur, Studium der Philosophie, Bühnenarbeiter bei der DEFA (Staatliche Filmgesellschaft der DDR), Soldat, Studium an der Filmhochschule; seit 1963 Szenarist im DEFA-Studio. Verfaßte Libretti zu Filmen („Die Legende von Paul und Paula"), dramatisierte Prosa („Die neuen Leiden des jungen W." u. a.).

Kapitel VI: Individualismus und Innerlichkeit

1. Günter Kunert: Individueller Ausbruchsversuch (137)

Quelle: G. Kunert, Verkündigung des Wetters. C. Hanser Verlag, München 1966. S. 60. Angaben zu G. Kunert s. III, 12.

2. Wolf Biermann: Rücksichtslose Schimpferei (138)

Quelle: W. Biermann, Die Drahtharfe. Quartheft 9. Verlag K. Wagenbach, Berlin (West) 1965. S. 69—71. Dieser Text spiegelt die Auseinandersetzungen Biermanns mit der SED in den Jahren 1964/65 wider. Angaben zu W. Biermann s. III, 9.

3. Reiner Kunze: Von der Notwendigkeit der Zensur — Kurzer Lehrgang (139)

Quelle: R. Kunze, Sensible Wege. Rowohlt Verlag, Reinbek 1969. S. 35 und 37.
Reiner Kunze, geb. 1933 in Oelsnitz (Erzgebirge), Vater Bergarbeiter; 1951—55 Studium der Philosophie und Journalistik an der Universität Leipzig; 1955—59

wissenschaftlicher Assistent mit Lehrauftrag an der Universität Leipzig; kurz vor der Promotion brach er diese Tätigkeit ab und arbeitete als Hilfsarbeiter im Schwermaschinenbau; seit 1962 freischaffender Schriftsteller in Greiz/Thür. Seit seiner öffentlichen Verurteilung auf dem VI. Schriftstellerkongreß 1969 (siehe I, 6) hat er Schwierigkeiten in der DDR, die Fritz J. Raddatz in „Traditionen und Tendenzen. Materialien zur Literatur der DDR", Frankfurt/M. 1972, wie folgt mitteilt (S. 520):

Die Publikation des Bandes „Sensible Wege" beim Rowohlt-Verlag Reinbek trug dem Schriftsteller, der kurz zuvor den Preis des tschechoslowakischen Schriftstellerverbandes für Nachdichtungen erhalten hatte, ein Ordnungsstrafverfahren des Ministeriums für Kultur der DDR ein. Wegen „Verletzung der sozialistischen Gesetzlichkeit" wurde Kunze zu DM 500,— Geldstrafe verurteilt. Darüber hinaus erfolgten schärfste Angriffe der offiziellen Kulturfunktionäre gegen diese Publikation, und sämtliche Übersetzungsaufträge von DDR-Verlagen an den Autor wurden storniert.

In der 1970 erschienenen repräsentativen Anthologie „Lyrik der DDR"[1] ist Reiner Kunze nicht enthalten. Aus einem Band mit Nachdichtungen László Nagys, den der Verlag Neues Leben für seine Reihe „Poesiealbum" vorbereitet hatte, wurden Kunzes Übertragungen mit der Begründung entfernt, er stimme mit den kulturpolitischen Zielen des Verlages nicht mehr überein. Expressis verbis berief sich der Verlag dabei auf ein in der Oktober-Nummer der Zeitschrift „Akzente"[2] erschienenes Gedicht („Nach dem ersten verlorengegangenen brief im neuen jahr") von Kunze. Für die Teilnahme an der von Peter Härtling herausgegebenen Anthologie „Leporello fällt aus der Rolle", zu der Kunze das Märchen „Was ist aus Schneewittchens Großmutter geworden" beisteuerte, wurde er vom Kulturministerium der DDR zu 300 Mark Geldstrafe verurteilt. Vgl. zu dieser Frage auch Kunzes Brief an einen westdeutschen Verleger I, 8.

Weitere Werke: Vögel über dem Tau, G. 1959 — Lieder für Mädchen, die lieben. Liederkreis, 1960 — Aber die Nachtigall jubelt, G. 1962 — Widmungen, G. Bad Godesberg 1965 — Poesiealbum 11, G. 1968 — Der Löwe Leopold. Fast Märchen, fast Geschichten. Frankfurt/M. 1970. — Zimmerlautstärke, G. Frankfurt/M. 1972 — Brief mit blauem Siegel, G. Leipzig 1973.

4. Volker Braun: R. (140)

Quelle: V. Braun, Provokation für mich. Mitteldeutscher Verlag, Halle/S. 1956. S. 50 — Angaben zu V. Braun s. III, 7.

5. Sarah Kirsch: Der Droste würde ich gern Wasser reichen — Kleine Adresse (141)

Quellen: S. Kirsch, Gedichte. Verlag Langewiesche-Brandt, Ebenhausen bei München 1969. S. 66.

S. Kirsch, Kleine Adresse. In: Nachrichten aus Deutschland. Lyrik Prosa Dramatik. Eine Anthologie der neueren DDR-Literatur. Hrsg. von Hildegard Brenner. Rowohlt Paperback 50, Reinbek 1967. S. 317. Alle Rechte beim Verlag Neues Leben, Berlin (Ost).

Sarah Kirsch, geb. 1935; Arbeit in einer Zuckerfabrik; Studium der Biologie in Halle; 1963—65 Studium am Literaturinstitut „Johannes R. Becher" in Leipzig. Lebt als freischaffende Schriftstellerin in Berlin (Ost).

Weiterer Gedichtband: Gespräch mit dem Saurier. Gedichte von Sarah und Rainer Kirsch. 1965 — Zaubersprüche, G. 1973.

---

[1] Vgl. dazu III, 2, 3, 4. [2] Zeitschrift für Literatur, München.

6. Christa Wolf: „Nichts weiter als ein Mensch sein"* (143)

Quelle: Ch. Wolf, Nachdenken über Christa T. Luchterhand Verlag, Neuwied u.
Berlin 1969. S. 44—47.

Der Roman „Nachdenken über Christa T." war den DDR-Bürgern, sieht man von
Kulturfunktionären ab, lange nicht zugänglich. Es sei ein subjektives Buch,
meinten DDR-Kritiker, auch sei es zu traurig und die Heldin Christa T. sei zu
wenig positiv. Wegen seiner „Innerlichkeitsproblematik" wurde dieser Roman
auch auf dem VI. Schriftstellerkongreß in Berlin 1969 kritisiert (vgl. I, 6). Angaben zu Christa Wolf s. III. 1.

7. Johannes Bobrowski: Das Wort Mensch (144)

Quelle: J. Bobrowski, Wetterzeichen. Quartheft 19. Verlag K. Wagenbach,
Berlin 1967. S. 78.

„Das Wort Mensch" ist Bobrowskis letztes Gedicht, geschrieben kurz vor
seinem Tode. Seinem Staat gegenüber verhielt sich Bobrowski loyal, kritische
Äußerungen sind in seinem Werk nicht anzutreffen. Wie ist aber sein Verhältnis
zu seiner Umwelt aufzufassen, wenn er in seinem letzten Gedicht — er lebte in
Berlin (Ost), der Stadt, die er hier als „schön und belebt" darstellt — den Miß-
brauch des Wortes Mensch benennt? Vgl. dazu Kunze: „Im Mittelpunkt steht
der Mensch, nicht der Einzelne" in „Kurzer Lehrgang" (VI, 3²).
Johannes Bobrowski, geb. 1917 in Tilsit, Studium der Kunstgeschichte; 1939—1949
Soldat und Kriegsgefangenschaft in Rußland; ab 1949 Verlagslektor in Berlin
(Ost), zuletzt (ab 1959) im Union-Verlag, dem Verlag der Ost-CDU, deren
Mitglied Bobrowski war; gestorben 1965. Er schrieb Gedichte und Prosa, die
in der DDR wie der Bundesrepublik uneingeschränkte Anerkennung gefunden
haben.
Werke:
Lyrik: Sarmatische Zeit, Stuttgart 1961, Berlin (Ost) 1961; Schattenland Ströme,
Stuttgart 1962, Berlin (Ost) 1963; Wetterzeichen, Berlin (Ost) 1967, Berlin (West)
1967; Im Windgesträuch (Gedichte aus dem Nachlaß) Berlin (Ost) 1970, Stutt-
gart 1970.
Prosa: Levins Mühle, R. Berlin (Ost) 1964, Frankfurt/M. 1964; Mäusefest und
andere Erzählungen, Berlin (West) 1965; Boehlendorff und andere. En. Stuttgart 1965; Boehlendorff und Mäusefest, En. Berlin (Ost) 1965; Litauische
Claviere, R. Berlin (Ost) 1966, Berlin (West) 1967; Der Mahner (Prosa aus dem
Nachlaß), Berlin (Ost) 1967, Berlin (West) 1968.

Kapitel VII: Abgrenzung zur Bundesrepublik

1. Aussagen zur „Abgrenzung" bzw. zur „nationalen Frage" (145)
Walter Ulbricht: Zur nationalen Frage

Ausschnitt aus einer Rede, die Ulbricht am 17. Dezember 1970 zur Vorbereitung
des 25. Jahrestages der SED gehalten hat.
Quelle: W. Ulbricht, Zur nationalen Frage. In: Deutschland-Archiv. Zeitschrift
für Fragen der DDR und der Deutschlandpolitik. Heft 3, Köln 1971. S. 309—310.
Neben der Abgrenzungsideologie Ulbrichts ist hier noch die Vorstellung vom
sozialistischen deutschen Nationalstaat, den die DDR nach seiner Meinung bildet,
aufschlußreich. Aus dem Gesamtzusammenhang läßt sich schließen, daß die DDR
sich als legitime Fortsetzung des deutschen, nun sozialistischen Nationalstaats
sieht, während der BRD keine nationale Eigenständigkeit zuerkannt wird.
Erich Honecker: Normalisierung — ein nicht mehr zu umgehendes Gebot

Ausschnitt aus einer Rede, die Honecker auf einer Großveranstaltung der SED am 10. März 1972 in Leipzig gehalten hat, einige Tage vor der Eröffnung der internationalen Leipziger Messe.

Quelle: E. Honecker, Normalisierung — ein nicht mehr zu umgehendes Gebot. In: Deutschland-Archiv. Zeitschrift für Fragen der DDR und der Deutschlandpolitik. Heft 4, Köln 1972. S. 427—428.

In Honeckers Ausführungen, ein gutes Jahr später, fällt einmal der Verzicht auf eine Erklärung zum Begriff der Nation auf, während andrerseits die Bindung an die SU mehrfach unterstrichen und durch Berufung auf Lenin auch ideologisch begründet wird. Wie sucht Honecker seine Ansicht zu begründen, daß sich die beiden gegensätzlichen Tendenzen der DDR-Außenpolitik — Entspannung und Abgrenzung — miteinander vereinbaren lassen?

2. Jens Gerlach: ich weiß nicht was soll es bedeuten (147)

Quelle: J. Gerlach, okzidentale snapshots. gedichte auf bundesdeutsch. Aufbau-Verlag, Berlin u. Weimar 1965. S. 90—93.

Welche Funktion mag die Anlehnung an Heines romantisches Lied, etwa durch die Übernahme der ersten Zeile und des Versmaßes, haben? — Das negative Bild der BRD — Gerlachs Hauptvorwürfe sind Faschismus, Militarismus, Revanchismus — gehört zur Agitationsliteratur der DDR. Differenzierter, wenngleich ebenfalls negativ ist das Bild der BRD in Hermann Kants „Aula", in den Romanen der Christa Wolf, in dem Roman „Das Klassentreffen" von Wolfgang Joho (1968) und anderen Texten.

Jens Gerlach, geb. 1926 in Hamburg, Kriegsdienst, 1945 wegen „Wehrkraftzersetzung" in ein Straflager eingeliefert, ein Jahr amerikanische Kriegsgefangenschaft, dann Hafenarbeiter, Angestellter und Werbefachmann; 1947—51 Studium der Kunstgeschichte und Literatur; 1953 Übersiedlung in die DDR; dort Filmarbeit, Kritiker; lebt in Ostberlin. Das Schriftstellerlexikon deutschsprachiger Autoren, Leipzig 1968, nennt Gerlach eine „satirische Begabung"; er habe „parodistische, grimmig-polemische und mit agitatorischer Sicherheit vorgetragene Gedichte auf bundesdeutsch" verfaßt.

Andere Werke: Das Licht und die Finsternis, G. 1962 — Jazz, G. 1967 — Dorotheenstädtische Monologe, G. 1973 — Sprung ins Hafermeer, G. 1973.

3. Max Oswin Schubert: Mauer im August (148)

Quelle: NDL Heft 8, 1970, S. 117—118.

Verfasser ist Betriebsarzt und Mitglied des Zirkels schreibender Arbeiter bei der Volkspolizei in Dresden.

Verteidigung des „antifaschistischen Schutzwalls", des „Friedenswalls", wie die Mauer nach der Sprachregelung in der DDR genannt wird, ist Thema von DDR-Literatur; eine Verurteilung der Mauer, wie in einigen Texten Biermanns, wird nicht publiziert.

4. Karl Mickel: Der Sohn der Scheuerfrau (150)

Quelle: Tintenfisch. Jahrbuch für Literatur. Bd. 2. Verlag K. Wagenbach, Berlin (West) 1969. S. 58—63. Alle Rechte beim Aufbau-Verlag, Berlin (Ost).

Karl Mickel, geb. 1935 in Dresden, 1953—58 wirtschaftswissenschaftliches Studium in Berlin (Ost); Dozent für Politökonomie in Berlin (Ost).

Werke: Vita nova mea. Mein Neues Leben, G. 1966 — Vita nova mea, G. Reinbek bei Hamburg 1967.

177

5. Claus Hammel: Sabines Entscheidung zwischen Michael [BRD] und Moritz [DDR]* (155)

Quelle: C. Hammel, Um neun an der Achterbahn. In: Sozialistische Dramatik. Autoren der Deutschen Demokratischen Republik. Henschelverlag, Berlin (Ost) 1968. S. 554—557 und 559—560.

Claus Hammel, geb. 1932; Abitur, journalistische Tätigkeit als Theaterkritiker des ND, später als Redakteur der NDL (bis 1958). Schreibt gegenwartsbezogene Stücke, die Probleme junger Menschen behandeln.
Andere Stücke: Fischerkinder, 1962 — Ein Yankee an König Artus' Hof, 1967 — Morgen kommt der Schornsteinfeger, 1967.

6. Reiner Kunze: Weckruf [für einen jungen Dichter im geteilten Deutschland] (159)
Düsseldorfer Impromptu

Quelle: R. Kunze, Sensible Wege. Rowohlt Verlag, Reinbek 1969. S. 66 und 57.
Angaben zu R. Kunze s. VI, 3.

7. Günter Kunert: Schillers Bett (159)

Quelle: G. Kunert, Warnung vor Spiegeln. Reihe Hanser 33, München 1970. S. 32
Angaben zu G. Kunert s. III, 12.

8. Wolf Biermann: Deutschland — ein Wintermärchen. Kapitel I (160)
Mit freundlicher Genehmigung des Autors.
Heinrich Heine schrieb 1844 das Versepos „Deutschland. Ein Wintermärchen", eine politische Dichtung, in der er Eindrücke einer Reise von Paris nach Hamburg im November 1843 darstellt, wobei er kritisch über Geschichte und Gegenwart der Deutschen urteilt. Mehr als 100 Jahre danach greift Wolf Biermann das Thema inhaltlich und formal auf und schildert die politische Situation der Deutschen heute aus Anlaß einer Reise von Berlin (Ost) nach Hamburg. Er machte diese Reise, seine letzte Westreise, im Dezember 1964. Daß die „Wintermärchensituation" der beiden Autoren Ähnlichkeiten aufweist, gibt Biermann so an: beide gingen nach Hamburg, um ihre Mutter wiederzusehen; beide sind Juden; beide mußten Staatsgrenzen überschreiten; beide sahen Deutschland aus der Distanz mit geschärfter Kritik. Vgl. dazu: „Geständnisse. Heine im Bewußtsein heutiger Autoren". Herausgegeben von Wilhem Gössmann unter Mitwirkung von Hans Peter Keller und Hedwig Walwei-Wiegelmann. Düsseldorf 1972, S. 244.
Angaben zu Wolf Biermann III, 9.

Verzeichnis der Abkürzungen

ABF   = Arbeiter- und -Bauern-Fakultät; diese wurden 1949 an den Universitäten eingerichtet; zugelassen wurden Arbeiter- und Bauernkinder, die über eine abgeschlossene Grundschul- und Berufsausbildung verfügten und sich durch hervorragende Leistungen in der Produktion auszeichneten, um ihnen die Erlangung des Abiturs und anschließend eines Studiums zu ermöglichen. Anfang der 60er Jahre sind nahezu alle ABF aufgelöst worden.

DFD   = Demokratischer Frauenbund Deutschlands; gehört zu den Massenorganisationen wie FDJ und FDGB, Mitgliederzahl 1968: 1,3 Millionen.

DSF = Gesellschaft für deutsch-sowjetische Freundschaft; Aufgaben: Werbung für sowjetische Politik und Kultur; die Mitgliedschaft gilt als das Mindeste, um gesellschaftliche Betätigung nachzuweisen. 1966 gab die DSF 3,43 Millionen Mitglieder an.

DSV = Deutscher Schriftstellerverband: Berufsverband der Schriftsteller, der wie alle Verbände von „Kulturschaffenden" von der SED kontrolliert wird.

EOS = Erweiterte Oberschule; sie umfaßt nach der 10jährigen polytechnischen Oberschule, die für alle Schüler verpflichtend ist, die 11. und 12. Klasse und schließt mit dem Abitur.

FDGB = Freier Deutscher Gewerkschaftsbund; Einheitsorganisation für alle abhängig Beschäftigten; 1967: 6,8 Millionen Mitglieder; größte Massenorganisation der DDR. Im Gegensatz zu Gewerkschaften in westlichen Industrieländern haben die Mitglieder des FDGB kein Streikrecht und kein Mitbestimmungsrecht.

FDJ = Freie Deutsche Jugend; die einzige Jugendorganisation in der DDR; bezeichnet sich als „sozialistische Massenorganisation", bekennt sich zur führenden Rolle der SED. Die Pionierorganisation „Ernst Thälmann" (Kinderorganisation) wird von ihr geleitet. Von den etwa 600000 Schülern der 8.—12. Klassen sind rund 98% Mitglieder der FDJ (1967).

KPdSU = Kommunistische Partei der Sowjetunion.

LPG = Landwirtschaftliche Produktionsgenossenschaft; „sozialistischer landwirtschaftlicher Großbetrieb" sowjetischer Prägung. 1967 gehörten 85,8% der landwirtschaftlichen Nutzfläche der DDR zu LPGs.

ND = Neues Deutschland; Zentralorgan der SED Berlin (Ost); „Neues Deutschland" und die 15 Bezirkszeitungen der SED haben eine tägliche Auflage von etwa 4,2 Millionen.

NDL = Neue Deutsche Literatur, Monatzeitschrift des Schriftstellerverbandes der DDR, Berlin (Ost).

SED = Sozialistische Einheitspartei Deutschlands: entstand 1946 aus dem Zusammenschluß von SPD und KPD; Mitgliederstand 1969: etwa 1,8 Millionen.

VEB = Volkseigener Betrieb: „nach 1945 enteignete und verstaatlichte Betriebe; desgleichen die seitdem neu errichteten Staatsbetriebe".

ZK = Zentralkomitee der SED; Parteivorstand der SED, der 1950 im Zuge der Angleichung der Struktur der SED an die der KPdSU in ZK umbenannt wurde. Das ZK ist das höchste Organ der Partei zwischen den (meist alle 4 Jahre stattfindenden) Parteitagen; es wählt das Politbüro und das Sekretariat des ZK der SED.

Alle Angaben sind entnommen aus: A bis Z. Ein Taschen- und Nachschlagebuch über den anderen Teil Deutschlands. Herausgegeben vom Bundesministerium für gesamtdeutsche Fragen. Bonn 1969.

Bibliographie (Auswahl) zur Literatur und Literaturwissenschaft der DDR.

Hans Peter Anderle: Mitteldeutsche Erzähler. Eine Studie mit Proben und Porträts Köln 1965.

Sabine Brandt: Der sozialistische Realismus. In: Deutschland. Kulturelle Strömungen seit 1945. München 1969.

Hildegard Brenner, Hrsg.: Nachrichten aus Deutschland. Lyrik, Prosa, Dramatik. Eine Anthologie der neueren DDR-Literatur. Rowohlt Paperback 50, Reinbek bei Hamburg 1967.

Werner Brettschneider: Zwischen literarischer Autonomie und Staatsdienst. Die Literatur in der DDR. Berlin 1972.

Hans-Jürgen Geerdts: Die deutsche Nationalliteratur nach 1945. In: Deutsche Literaturgeschichte in einem Band. Verlag Volk und Wissen, Ostberlin 1968.

Hans Jürgen Geerdts (Hrsg.): Literatur der DDR in Einzeldarstellungen. Stuttgart 1972. Kröners Taschenausgabe Band 416.

Manfred Jäger: Sozialliteraten. Funktion und Verständnis der Schriftsteller in der DDR. Düsseldorf 1973.

Heinz Klunker: Theater in der DDR. Hannover 1972.

Gregor Laschen: Lyrik in der DDR. Frankfurt/M. 1971.

Hans Mayer: Zur Literatur der DDR. In: Zur deutschen Literatur der Zeit. Reinbek bei Hamburg 1967.

Jan Peddersen: Die literarische Situation in der DDR. In: Handbuch der deutschen Gegenwartsliteratur. München 1965.

Erwin Pracht: Realismus — Abbild — Methode. Zur Theorie des sozialistischen Realismus. Halle/Saale, 1971.

Fritz J. Raddatz, Hrsg.: Marxismus und Literatur. Eine Dokumentation in drei Bänden, Reinbek bei Hamburg 1969.

Fritz J. Raddatz: Traditionen und Tendenzen. Materialien zur Literatur der DDR. Frankfurt/M. 1972.

Marcel Reich-Ranicki: Deutsche Literatur in West und Ost. München 1963.

Marcel Reich-Ranicki: Literarisches Leben in Deutschland. Kommentare und Pamphlete. München 1965.

Marcel Reich-Ranicki: Literatur der kleinen Schritte. Deutsche Schriftsteller heute. München 1967.

Marcel Reich-Ranicki: Zur Literatur der DDR. Frankfurt/M. 1974. Serie Piper 94.

Jürgen Rühle: Literatur und Revolution. Die Schriftsteller und der Kommunismus. Knaur Taschenbuch 10, 1963.

Hans-Dietrich Sander: Marxistische Ideologie und allgemeine Kunsttheorie. Tübingen 1970.

Hans-Dietrich Sander: Geschichte der Schönen Literatur in der DDR. Freiburg 1972.

Max Walter Schulz: Stegreif und Sattel. Anmerkungen zur Literatur und zum Tage. Halle/Saale 1967.

Wissenschaft und Gesellschaft in der DDR. Eingeleitet von Peter Christian Ludz. München 1971.
